DROEMER

Von Hamed Abdel-Samad sind bereits folgende Titel erschienen:

- Der Untergang der islamischen Welt. Eine Prognose
- Mein Abschied vom Himmel.
  Aus dem Leben eines Muslims in Deutschland
- Krieg oder Frieden.
  Die arabische Revolution und die Zukunft des Westens
- Der islamische Faschismus. Eine Analyse
- Mohamed. Eine Abrechnung
- Der Koran. Botschaft der Liebe, Botschaft des Hasses

Über den Autor:

Hamed Abdel-Samad, geboren 1972 bei Kairo, studierte Englisch, Französisch, Japanisch und Politik. Er arbeitete für die UNESCO, am Lehrstuhl für Islamwissenschaft der Universität Erfurt und am Institut für Jüdische Geschichte und Kultur der Universität München. Abdel-Samad ist Mitglied der Deutschen Islam Konferenz und zählt zu den profiliertesten islamischen Intellektuellen im deutschsprachigen Raum.

Die Bücher des Bestsellerautors sorgen regelmäßig für Aufsehen: »Was er von seinen Landsleuten erwartet, hat er selbst vorgemacht: Aufklärung durch Tabubruch.« *ZDF-Aspekte*

Hamed Abdel-Samad

Integration

Ein Protokoll des Scheiterns

DROEMER

Besuchen Sie uns im Internet:
www.droemer.de

FSC
www.fsc.org
MIX
Papier aus verantwortungsvollen Quellen
FSC® C083411

Vollständige Taschenbuchausgabe Oktober 2019
Droemer Taschenbuch

Ein Imprint der Verlagsgruppe
Droemer Knaur GmbH & Co. KG, München

Covergestaltung: ZERO Werbeagentur, München
Satz: Adobe InDesign im Verlag
Druck und Bindung: CPI books GmbH, Leck
ISBN 978-3-426-30152-4

2 4 5 3 1

*»Man kann die Realität ignorieren,
aber man kann nicht die Konsequenzen
der ignorierten Realität ignorieren.«*

Ayn Rand

Inhalt

8
Die »Generation Allah« und das Schweigen der anderen
Warum junge Muslime sich radikalisieren

9
Orient und Okzident
Antithese mit Tradition

10
Synthese bedeutet nicht Burkini
Warum manche Werte nicht verhandelbar sein sollten

11
Flüchtlinge
Bremser oder Motoren einer gelungenen Integration?
210

12
Integration ist möglich
Ein neuer Marshallplan für Deutschland
234

13
Ein Blick in die Zukunft
262

Anhang
269

Einführung

Das Märchen von der gelungenen Integration

Der Begriff Integration ist abgeleitet vom lateinischen *integrare,* das »erneuern«, »ergänzen« oder »geistig auffrischen« meint. Im Lexikon findet man zwei Hauptdefinitionen für Integration. Erstens: Integration bezeichnet einen Vorgang, dass jemand bewusst durch bestimmte Maßnahmen dafür sorgt, dass jemand anders ein Teil einer Gruppe wird. Und zweitens: die Herstellung oder Vervollständigung einer Einheit.

In diesen beiden Erklärungen schimmern bereits die Fallstricke durch, über die eine Gesellschaft beim Thema Integration stolpern kann. Nach Definition eins sollen der Staat und die Gesellschaft mit Maßnahmen und Engagement die Aufnahme anderer in die Gemeinschaft vorantreiben. Knackpunkt eins: Welche Maßnahmen müssen hierfür ergriffen werden? Knackpunkt zwei: Integration ist keine Einbahnstraße, der andere muss auch aufgenommen werden wollen. Will er das nicht, aus welchen Gründen auch immer, können der Staat und die Mehrheitsgesellschaft tun, was sie wollen, ohne einen Erfolg zu erzielen.

Nach Definition zwei meint Integration die Herstellung oder Komplettierung einer Einheit. Welche Einheit ist damit gemeint? Es gibt nicht *die* Gesellschaft oder *die* Deutschen, es gibt eine Gemeinschaft von Individuen, die in den Grenzen dieses Landes zusammenlebt und im Idealfall seine Werte, die Verfassung und das Grundgesetz achtet. Ist das die Einheit, der Grundkonsens, auf den man sich mit den Neuankömmlingen und alteingesessenen Migranten verständigt? Geht es um eine Art Verfassungspatriotismus? Oder geht es um mehr, um eine »Leitkultur« gar, die *die anderen* nicht nur zu respektieren haben, sondern sogar annehmen sollen, unter Aufgabe ihrer eigenen? Der türkische Präsident Recep Tayyip Erdoğan ließ im Mai 2010 in einer Rede in Köln keinen Zweifel daran, was er von einer solchen Anpassung hält: »Niemand kann von Ihnen erwarten, Assimilation zu tolerieren. Niemand kann von Ihnen erwarten, dass Sie sich einer Assimilation unterwerfen. Denn Assimilation ist ein Verbrechen gegen die Menschlichkeit. Sie sollten sich dessen bewusst sein«,[1] wetterte er vor begeisterten Anhängern.

Der Begriff »Leitkultur« stammt aus dem Jahr 1996. Damals erschien ein Artikel des Politologen Bassam Tibi in der Wochenzeitung *Das Parlament,* einem Organ der Bundeszentrale für politische Bildung. Tibi sprach von einer europäischen Leitkultur, beruhend auf westlich-liberalen Wertevorstellungen. Zwei Jahre später präzisierte er: »Die Werte für die erwünschte Leitkultur müssen der kulturellen Moderne entspringen, und sie heißen: Demokratie, Laizismus, Aufklärung, Menschenrechte und Zivilgesellschaft.«[2] Seitdem poppt der Begriff immer wieder auf, zuletzt bei der aktuellen Integration der Flüchtlinge, die seit 2015 verstärkt nach Deutschland strömen. Allerdings wurde der Begriff inzwischen längst gekapert und um Elemente erweitert, die über Tibis Grundgedanken weit hinausgehen. Der Begriff dient der sogenannten Neuen Rechten als Steilvorlage gegen Vielfalt und Multikulti, Politiker aus konservativen Kreisen dehnen ihn aus auf das Christentum, die Begriffe Heimat und Patriotismus sowie Nationalsymbole wie Fahne und Hymne. Die politische Linke und Teile der Medien stören sich an der Hierarchie, die der Begriff »*Leit*-Kultur« impliziere, an der vermeintlichen Überlegenheit einer Kultur gegenüber einer anderen. Der eigentliche Kerngedanke Tibis von einer europäischen Leitidee als identitätsstiftendes Moment ist in der teils hysterisch und unsachlich geführten Debatte längst verloren gegangen.

Doch wenn wir selbst nicht wissen, wofür wir stehen, was wir meinen, wenn wir von gelungener Integration sprechen, wie sollen wir dann die richtigen Maßnahmen ergreifen, die richtigen Forderungen stellen, einen Erfolg oder Misserfolg messen können?

Thilo Sarrazin hat mit seinem Buch *Deutschland schafft sich ab* eine heftige, zum Teil emotionale Debatte über dieses Thema ausgelöst, die bis heute andauert und dennoch keine klaren Ergebnisse hervorgebracht hat. Der ehemalige Finanzsenator von Berlin geriet wegen seiner Thesen öffentlich ins Kreuzfeuer, die Bevölkerung war gespalten. Die einen bejubelten ihn, weil er ihren dumpfen Ängsten eine Stimme verlieh. Die anderen verteufelten ihn, weil sie befürchteten, er würde die Geister aus der deutschen Vergangenheit wieder heraufbeschwören.

In der Folge erschienen zahlreiche wissenschaftliche Studien zum Thema Integration, allerdings mit widersprüchlichen Ergebnissen. So kam eine Studie der Universität Münster aus dem Jahr 2016 zu dem Schluss, dass fast die Hälfte der hier lebenden Muslime die Scharia über das Grundgesetz stellen würde. Über 13 Prozent würden sogar stark fundamentalistische Züge aufweisen. Der niederländische Sozialwissenschaftler Ruud Koopmans, der eine Studie mit Muslimen aus sechs europäischen Staaten durchführte, kam zu ähnlichen Ergebnissen. Drei Viertel der Befragten gaben an, es gebe nur eine mögliche Auslegung des Korans (womit einer Liberalisierung oder einem aufgeklärten Islam bereits der Garaus gemacht wird), außerdem waren 45 Prozent überzeugt, dass der Westen den Islam zerstören wolle. Beide Studien wurden von einigen Migrationsforschern und Islamvertretern als einseitig kritisiert. So wurde Koopmans vorgehalten, er habe nur muslimische Migranten befragt, nicht aber Vergleichsgruppen aus anderen Herkunftsländern. Auch würde er den Nährboden für Rassismus bereiten, da er aufgrund seiner Untersuchungen glaube, dass sich Muslime schlechter integrieren würden als andere Migrantengruppen (ohne diese befragt zu haben). Diese Reaktion kommt häufig beinahe reflexartig und erschwert einen nüchternen Blick auf die Fakten. Es geht nicht darum, eine Gruppe zu diskreditieren oder an den Pranger der Integrationsverweigerung zu stellen. Aber wer sich scheut, tatsächlich vorhandene Auffälligkeiten zu thematisieren, wird auch keine Lösungen für die schwärenden Probleme finden.

Kurz vor den Bundestagswahlen 2017 veröffentlichte die Bertelsmann Stiftung eine Studie mit dem Titel »Muslime in Europa: integriert, aber nicht akzeptiert?«, die wieder ganz andere Ergebnisse präsentierte: Muslime seien sehr viel besser integriert als vermutet, 96 Prozent fühlten sich mit Deutschland »verbunden«. Hier wurden sowohl der Zeitpunkt der Veröffentlichung kritisiert als auch die Art der Fragestellungen zu den Themenbereichen Bildung und Spracherwerb, Arbeitsmarkt, Freizeitkontakten und Identifikation mit dem Aufnahmeland. Einige monierten, dass mit dieser Studie der Eindruck erweckt worden sei, sie sei politisch motiviert gewesen, mit dem Zweck, die Wähler kurz vor den Wahlen mit positiven Integrationsmeldungen zu beruhigen, damit sie keine Protestparteien wählen. Anders als die eher kritischen Studien und Bücher zum Thema Integration stieß diese Studie aber auf eine breite Akzeptanz in Wissenschaft und Politik, obwohl etwa die Erhebungen über die Erwerbstätigkeit von Muslimen von den Zahlen der Agentur für Arbeit deutlich abweichen und obwohl sie wichtige Fragen wie die zu Fundamentalismus oder der Gleichberechtigung von Mann und Frau ausklammerte.

Eine dreiteilige Studienreihe des Berliner Instituts für empirische Integrations- und Migrationsforschung mit dem Titel »Deutschland postmigrantisch« schließlich versuchte, die oben genannten Kritikpunkte zu umschiffen. Hier wurden nicht nur Muslime befragt, sondern generell Menschen mit Migrationshintergrund, also auch EU-Bürger, Russlanddeutsche, Asiaten und so weiter. Gefragt wurde nach den Themen Gesellschaft, Religion und Identität. Das Ergebnis: Menschen mit Migrationshintergrund identifizieren sich fast genauso mit Deutschland wie Herkunftsdeutsche.

Was fängt man nun mit all diesen Daten an? Reichen sie aus, um darüber Auskunft zu geben, ob Migranten in Deutschland gut integriert sind oder nicht? Reicht das Erlernen oder Beherrschen der deutschen Sprache, um Teil der deutschen Kultur zu sein? Helfen uns anonymisierte Telefonbefragungen und Fragebögen, um die Geisteshaltung von Migranten gegenüber der Mehrheitsgesellschaft zu ermitteln, oder brauchen wir da andere Parameter? Und reden wir überhaupt von *allen* Migranten oder nur von einer bestimmten Gruppe, wenn es um die Frage nach gelungener oder gescheiterter Integration geht?

Tatsächlich wird die Integrationsdebatte dominiert von einer Gruppe, als seien Menschen mit Migrationshintergrund eine homogene Masse: Annähernd bei jedem Artikel zum Thema Migration oder Integration taucht das Bild eines bärtigen Muslims oder einer verschleierten Muslima auf, obwohl die meisten Migranten in den letzten Jahrzehnten keine Muslime waren und obwohl die meisten muslimischen Frauen in Deutschland kein Kopftuch tragen. Es gibt eine Islamkonferenz, aber keine Buddhisten-, Hindu- oder Atheistenkonferenz. Es gibt Präventions- und Deradikalisierungsprojekte nur für junge Muslime. Wenn es Streit gibt an Schulen und Universitäten über Gebetsräume, Essen, Sport, Schwimm- und Religionsunterricht, geht es um Muslime. Warum hören wir nur selten von Problemen, wenn es um Schüler mit griechischen, vietnamesischen oder portugiesischen Wurzeln geht? Spricht daraus nicht eigentlich ein Generalverdacht gegen alle Muslime? Haben Italiener, Portugiesen, Griechen, Chinesen und Vietnamesen, säkulare Exil-Iraner und Aleviten andere Maßnahmen in Anspruch genommen, um sich hier gut zu integrieren?

Das Problem ist, dass über Integration nur da geredet wird, wo sie fehlt, beziehungsweise da, wo sie fehlgeschlagen ist. Millionen von Migranten haben sich im Laufe der Jahrzehnte durch Eigenleistungen und ohne staatliche Maßnahmen in dieses Land integriert. Über diese Migranten redet man nicht. Sie haben Deutschland reicher und bunter gemacht, sie haben ihre Persönlichkeit eingebracht und zur Entwicklung dieses Landes beigetragen. Weil sie ihre mitgebrachte Religion und Kultur als einen Teil ihres Selbst verstanden haben, als Ergänzung zur bestehenden, nicht aber als maßgebliches Kriterium ihrer Identität.

Selbstverständlich haben sich auch viele Muslime in Deutschland durch Eigenleistung und Engagement integriert. Doch, siehe oben, über sie redet man nicht. Gleichwohl werden sie mit einverleibt, wenn es um das Scheitern von Integration geht, um Parallelgesellschaften, Gewalt, religiösen Fanatismus. Diese positiven Beispiele verschwinden hinter jenen, deren Integration schiefgelaufen ist oder die sich bewusst gegen ein Einfügen in die Mehrheitsgesellschaft entschieden haben.

Die gut integrierten Muslime haben all das, was sie in dieser Gesellschaft erreicht haben, nicht geschafft wegen des Islam und auch nicht wegen der politischen Aufwertung der Islamverbände. Sondern weil sie auf vielen verschiedenen Ebenen ganz individuelle Entscheidungen getroffen haben. Gescheitert ist aus meiner Sicht dagegen der Versuch, Muslime als

Kollektiv zu integrieren, durch Institutionalisierung des Islam, durch Religionsunterricht oder durch Staatsverträge mit den konservativen Islamverbänden. Der Versuch, Muslime als Kollektiv zu integrieren, hat jedoch zwei Schönheitsfehler: Es gibt nicht *die Muslime;* leider fallen die konservativen stärker auf und sind lauter, deshalb bestimmen sie nicht nur den Diskurs, sondern auch das Bild, das weite Teile der Gesellschaft von Muslimen haben. Die Konzentration auf sie stärkt Integrationsverweigerer und wertet die Kultur des Patriarchats politisch auf. Gleichzeitig wird es für die hiesigen Gegner der Integration leichter, all jene zu ignorieren, die sich längst als Teil dieses Landes verstehen. Hinzu kommt, dass der Staat bei den oben genannten Maßnahmen den Fehler machte, die Integrationsbemühungen zu islamisieren und damit letztlich die Gegner der Integration auf muslimischer Seite zu Wächtern des Integrationsprozesses zu machen. Nicht das Individuum wurde in seinen Rechten und Kompetenzen bestärkt, sondern das religiöse und patriarchalische Kollektiv, das dem Individuum eigentlich im Wege steht. Hat man ein Problem mit muslimischen Schülern, die sich danebenbenehmen und ihre Lehrerinnen nicht respektieren, so holt man Lehrerinnen und Lehrer mit Migrationshintergrund in die Schule, um diese Schüler zu disziplinieren. Hat man ein Problem mit arabisch- und türkischstämmigen Straftätern, so engagiert man mehr Polizisten mit arabischem und türkischem Hintergrund, um die Jungs zu disziplinieren. Hat man ein Problem mit Flüchtlingen, die aus muslimischen Ländern kommen, so überlässt man sie den konservativen Islamverbänden und Moscheevereinen, die sich dieser Menschen nur zu gerne annehmen.

An diesen drei Beispielen wird klar, dass der Staat das Problem nur verlagert, indem er nach Lösungen innerhalb des patriarchalischen Systems sucht, das ja für das Scheitern der Integration mitverantwortlich ist. Denn wenn der Schüler eine

Lehrerin nur respektieren kann, wenn sie die gleiche Herkunft und Religion wie er hat, signalisiert der Staat letztlich, dass eine Lehrerin ohne einen solchen Hintergrund nicht respektiert werden muss. Wenn der Staat nicht imstande ist, einen Polizisten mit der notwendigen Autorität auszustatten, sondern diese zusätzlich mit einer religiösen oder ethnischen Autorität zu verstärken versucht, ist das eine Bankrotterklärung an die Idee des Gemeinwesens. Wenn ein Straftäter einen Polizisten nur respektieren kann, weil er eine bestimmte Religion oder Ethnie hat, nicht aber, weil er den Staat repräsentiert, dann legitimiert und vertieft der Staat dadurch die Clanstrukturen und die Parallelgesellschaften.

Überspitzt formuliert könnte man sagen: Nach all den Bemühungen, Konferenzen und Integrationsprojekten sind vor allem der politische Islam und die Kultur des Patriarchats in Deutschland gut integriert, und das mit staatlicher und kirchlicher Unterstützung. Integration kann aus meiner Sicht aber nur gelingen, wenn das Individuum sich vom Würgegriff des Kollektivs befreit und seinen eigenen Weg in die freie Gesellschaft beschreitet. Sie kann nur gelingen, wenn der Einzelne alle moralischen und gesellschaftlichen Mauern zwischen sich und der Gastgesellschaft eliminiert und sich ohne Wenn und Aber mit seiner neuen Heimat und deren Werten identifiziert. Geschieht das nicht, findet keine Integration statt, selbst wenn uns das manche Studie glauben machen will.

Diese vorbehaltlose Identifikation scheint besonders Menschen mit muslimischem Background schwerzufallen. Verglichen mit früheren Generationen gibt es zwar eine positive Entwicklung in den Bereichen Bildung und Arbeit. Immer mehr junge Muslime machen Abitur; immer mehr durchlaufen eine Ausbildung und haben gute Jobs oder machen sich selbstständig. Dass sich hier Fortschritte feststellen lassen, liegt jedoch eigentlich in der Natur der Sache: Die Eltern und Großeltern dieser jungen Menschen kamen einst als Gastarbeiter mit geringer Bildung und Qualifikation nach Deutschland, sie übernahmen einfache Jobs, mit denen sie sich ein besseres Auskommen sichern konnten als in der alten Heimat. Eine positive Bildungsentwicklung und damit bessere Aufstiegschancen sind für die nachfolgenden Generationen zwangsläufig gegeben, allein schon aufgrund der Schulpflicht. Verglichen mit der Bildungsentwicklung der autochthonen Deutschen und anderer Migrantengruppen sind diese Schritte bei Muslimen jedoch deutlich kleiner: In Statistiken liegen Schulabbrecher mit muslimischem Hintergrund vorne, weniger als 60 Prozent schaffen den Hauptschulabschluss, nur 5 Prozent einen akademischen Abschluss.[3]

Eine fundierte (Aus-)Bildung, Sprachkompetenz, ein Studienplatz oder ein guter Job sind wichtige Voraussetzungen, aber keine ausreichenden Belege für eine gelungene Integration. Denn sie sagen nichts darüber aus, ob jemand die westlichen Werte ablehnt oder gar verachtet. Mohammed Atta, der Anführer der Hamburger Gruppe, die für den Anschlag auf das World Trade Center am 11. September 2001 verantwortlich war, erfüllte in Sachen Bildung alle Voraussetzungen für eine perfekte Integration und war dennoch ein brutaler Mörder, der die westliche Zivilisation nicht nur verachtete, sondern sie vernichten wollte. Ebenso wie die anderen 19 Attentäter auch und manche jener, die seitdem in Europa in die Fußstapfen dieser mörderischen Fundamentalisten getreten sind. Sie waren Angehörige der zweiten und dritten Generation, geboren und aufgewachsen in westlichen Ländern. Und auch die vielen jungen Menschen mit türkischen Wurzeln, die sich 2016 in Köln versammelten, um dem autoritären Staatspräsidenten Erdoğan zu huldigen, und für die Wiedereinführung der Todesstrafe in der Türkei demonstrierten, waren nicht unbedingt sozial schwache, gesellschaftlich »abgehängte« oder gar ungebildete Türken. Es war ein Querschnitt durch alle Schichten, der sich da versammelt hatte. Was mich vor allem irritierte, waren die vielen Jungen, die sich ausgezeichnet artikulieren konnten. Sie sind hier aufgewachsen, sie leben hier und genießen die Vorzüge der Freiheit und der Demokratie und votieren dennoch für ein Referendum in der Türkei, welches das Land zurück zum autoritären Einmann- und Einparteiensystem katapultiert! Sie beklagen sich, wenn sie von den deutschen Medien als Minderheit nicht fair behandelt werden, und stimmen dennoch für einen Mann, der kurdische Parlamentarier und westliche Journalisten einsperren lässt und sie als »Terroristen« bezeichnet, nur weil sie seiner Linie nicht folgen. Die wenigsten haben vor, in die Türkei zu ziehen, die mit ihrer Hilfe in ein autoritäres System verwandelt werden konnte. Während in der Türkei das Ergebnis denkbar knapp ausfiel, stimmten in Deutschland 63 Prozent mit »Ja«. Knapp die Hälfte der hier lebenden Wahlbeteiligten gab die Stimme ab – es waren ganz offensichtlich vor allem jene, die bis heute die Grundprinzipien von Demokratie und (Meinungs-)Freiheit nicht verinnerlicht haben. Sie werden weiterhin in Deutschland leben und sich darüber beschweren, dass sie von der Mehrheitsgesellschaft nicht akzeptiert oder ausgegrenzt werden.

In diesem Land herrscht eigentlich Konsens darüber, dass die Würde des Menschen, nicht nur die der eigenen Gruppe, unantastbar ist. Es herrscht Konsens über Rechtsstaatlichkeit, Achtung der Menschenrechte, Gleichberechtigung von Mann und Frau und die Meinungsfreiheit. Wie kann man hier gut integriert sein und diese Werte dennoch mit Füßen treten oder auch nur infrage stellen?

Viele, die Erdoğan in Köln zujubelten, waren »Produkte« unseres Bildungssystems. Spätestens als ich einem deutsch-türkischen Akademiker bei einer Podiumsdiskussion in der

Bundeszentrale für politische Bildung zuhörte, wie er Adorno und Horkheimer zitierte, um zu beweisen, dass Erdoğan mit seinem Vorgehen in der Türkei recht hatte, stellte ich mir die Frage: Was ist bei uns so schiefgelaufen, dass unsere Gesellschaft und unser Bildungssystem Menschen hervorbringt, die die Instrumente der Aufklärung benutzen, um die Aufklärung rückgängig zu machen?

Integration besteht nicht nur aus Bildung, Sprache und Arbeit. Es gibt eine Matrix von vier Feldern: strukturelle Integration, kulturelle Integration, soziale Integration sowie emotional-affektive beziehungsweise identifikative Integration. Wer nur die Erfolge auf dem ersten Feld preist und von gelungener Integration spricht, erzählt den Menschen in diesem Land ein Märchen. Nur wenn Erfolge auf allen vier Gebieten verzeichnet werden können, ist eine Integration wirklich gelungen. Wer sich mit diesem Land nicht identifiziert und die mitgebrachte Kultur (die häufig die der Eltern und Großeltern ist) als bessere Alternative betrachtet, will sich nicht integrieren. Wer immer neue Angebote an Migranten macht, aber nicht weiß, was man von Migranten erwarten darf, schafft keine Integration, sondern eine Integrationsindustrie, die viele Zwecke hat, aber nicht automatisch zu einer gelungenen Integration führt. Kurz, es geht um die vielfach bemühte Formulierung vom Fördern und Fordern: Wer nur Appelle an Migranten und Flüchtlinge sendet, aber keine Steuerungs-, Kontroll- und Sanktionierungsmechanismen hat, wird nicht ernst genommen. Wer Neuzugewanderten nicht schon an der Pforte ehrlich sagt, dass sie sich nur gut integrieren können, wenn sie auf Teile ihrer mitgebrachten Kultur verzichten, vor allem auf jene, die die hiesige Kultur verachten und ablehnen, lügt sich letztlich selbst in die Tasche.

Wir wissen mittlerweile, was wir Migranten anbieten können, aber wir wissen nicht, was wir von ihnen erwarten dürfen und wie wir die Erfüllung unserer Erwartungen messen können. Weder das Bildungs- noch das Justizsystem noch die anderen staatlichen Organe und Behörden haben dafür den Willen, geschweige denn die Kapazität. Deshalb ist es viel leichter, eine Studie durch Fragebögen oder anonymisierte Telefonbefragung zu organisieren, die beweist, dass alles ganz gut läuft oder wenigstens halb so schlimm ist! Statt den politischen Islam und das Patriarchat effektiv zu bekämpfen, rollt man ebendiesem politischen Islam den roten Teppich aus und festigt das Patriarchat durch den Rückzug der Staatsgewalt aus Migrantenvierteln und durch faule Kompromisse an den Schulen. Statt mehr für die Gleichberechtigung von Mann und Frau zu tun, rehabilitiert man das Kopftuch als angebliches Zeichen der Toleranz, Diversität und Selbstbestimmung. Statt die vielen Probleme des Islam ehrlich anzusprechen, setzen Politiker hilflose Behauptungen in die Welt wie »Der Islam gehört zu Deutschland« oder »Wir schaffen das«. Menschen mit muslimischem Glauben, die die hiesige Gesellschaft respektieren, gehören zu Deutschland. Und ja, wir können das schaffen, aber kaum jemand hat den Mut, zu sagen, was es braucht, damit Integration tatsächlich gelingt.

Die Diskussion ist vielfach geprägt von Maulkörben. Die Politik und die exportorientierte Wirtschaft wollen arabische Investoren nicht verärgern. Die verkrampfte Streitkultur, der moralische Zeigefinger, die Demagogie von links und rechts verhindern ebenfalls eine kritische Debatte über Islam und Integration. Viele Muslime halten kritische Töne schnell für Rassismus und Ausdruck von Islamophobie und reagieren beleidigt oder diskursunfähig. Und die Mehrheitsgesellschaft an sich hat nach wie vor Probleme, selbst Migranten mit einem deutschen Pass als Deutsche zu betrachten. Es gibt Alltagsdiskriminierungen, die sehr weit reichen. Das belegt unter anderem eine Studie der Universität Linz aus dem Jahr 2016.

Verschiedene fiktive Bewerbungen waren an 1500 deutsche Unternehmen geschickt worden, alle mit dem gleichen Lebenslauf, dem gleichen Foto, der gleichen Qualifikation, die für das jeweilige Jobangebot gefordert war, nur die Namen der Bewerberinnen wechselten: »Sandra Bauer« wurde in 18,8 Prozent der Fälle eingeladen, »Meyrem Öztürk« dagegen nur in 13,5 Prozent. Trug »Meyrem« auf dem Bild ein Kopftuch, sank die Rate auf 4,2 Prozent. Je höher die ausgeschriebene Position war, umso stärker war die Diskriminierung.[4]

Integration ist keine Einbahnstraße, beide Seiten müssen etwas dafür tun – und beide müssen es wollen. Aufseiten der Migranten, vor allem aufseiten der Muslime, setzt Integration Verweigerung voraus. Nein, Sie haben sich nicht verlesen. Ich meine damit Folgendes: Wenn man sich in eine offene, freie Gesellschaft wie die deutsche integrieren will, muss man sich weigern, Teil von unfreien, undemokratischen Strukturen zu bleiben. Es ist eine Illusion, zu glauben, dass man zwei völlig unterschiedliche, sich in bedeutenden Teilen sogar ausschließende Wertesysteme konfliktfrei zu einer Deckungsgleichheit bringen könnte. Multikulturalität und Hybridität, also die Mischung von zwei eigentlich getrennten Systemen, können nur Früchte tragen, wenn sich Menschen mit Migrationshintergrund von jenen Teilen ihrer Kultur trennen, die die Konfrontation mit der anderen Kultur fördern, und wenn sie die Vermischung als Bereicherung für ihre Identität auffassen und nicht mit einem Verlust derselben gleichsetzen. Integration bedeutet Entscheidung. Ent-Scheidung bedeutet ein Ende der Zerrissenheit. Das aber setzt Freiheit voraus. Eine patriarchale Kultur, die auf Ehre und Gehorsam setzt, räumt dem Individuum diese Freiheit nicht ein. Die Mainstream-Theologie des Islam und die Stammesmentalität zwingen Muslime dazu, sich entweder als Muslim *oder* als Europäer zu definieren. Integration bedeutet deshalb eine klare Positionierung gegen diese Theologie und dieses Patriarchat. Wer das auf der einen Seite nicht fordert und wer das auf der anderen Seite nicht umsetzt, betreibt Augenwischerei, denn zwischen Freiheit und Unfreiheit gibt es keinen Mittelweg. Auch deshalb glaube ich nicht an kollektive Integration. Vor allem nicht von Menschen, die ihre Individualität dem Kollektiv opfern. Man kann nicht ganze Gruppen auf einen Sitz integrieren, sondern nur Individuen, indem man ihnen den Weg aufzeigt, wie sie sich vom Zwang des Kollektivs emanzipieren können und wie sie ohne Diskriminierung oder Marginalisierung am Wohlstand und der Kultur der Mehrheitsgesellschaft als freie Bürger teilhaben können.

Integration ist kein Zustand, den man im Hier und Jetzt durch Fragebögen oder Statistiken messen kann, sondern ein langer, komplizierter Prozess, den man nur durch Langzeitbeobachtungen und ehrliche Analysen nachzeichnen kann. Ich werde versuchen, genau das in den folgenden Kapiteln zu tun. Zunächst anhand meiner eigenen Integrationsgeschichte in Deutschland, dann anhand der Geschichte, die mit der Ankunft der ersten Gastarbeiter begann und mit dem Flüchtlingsstrom des Jahres 2015 einen vorläufigen Höhepunkt erreichte. Ich möchte hier nicht nur aufzeigen, was schiefgelaufen ist – seitens des Staates und seitens der Migranten selbst –, sondern auch hervorheben, was gut läuft und was noch getan werden muss, um die Schieflage in manchen Bereichen zu korrigieren. Ich würde mir wünschen, dass dieses Buch als ausgestreckte Hand betrachtet wird, als Anstoß für eine offene Debatte über die Zukunft Deutschlands. Und ich hoffe, dass man, anders als bei vielen anderen kritischen Büchern zum Thema Integration, sachlich und konstruktiv über die Thesen und Vorschläge diskutieren wird, statt mit der üblichen Abwehrhaltung oder gegenseitigen Beschuldigungen zu reagieren. Wir haben ein ernsthaftes Problem, und es muss in unserem Interesse liegen, dass wir alle daran arbeiten, es zu lösen. Um nicht eine weitere Generation von jungen Migrantenkindern zu verlieren und um die freiheitlich-demokratischen Werte und die innere Sicherheit im Land nicht noch weiter zu gefährden.

1

Wie ist es wirklich um die Integration bestellt?

Forschung und gefühlte Wahrheit

Früher war die Forschung eine Autorität. Die Ergebnisse wissenschaftlicher Studien wurden in der Regel von der Bevölkerung akzeptiert, und die Medien hatten die Aufgabe, die Wissenschaft für das Volk durch Vereinfachung zugänglicher zu machen. Nur Wissenschaftler, die ähnliche Qualifikationen wie die Verfasser einer Studie hatten, waren imstande, deren Ergebnisse anzufechten oder zu korrigieren. Heute entwickelt sich die Wissenschaft immer mehr zu einer Glaubenssache, vor allem wenn es um drei Themen geht: Islam, Migration und Klimawandel. Je nachdem, was man selbst glaubt oder erwartet, werden Studien herangezogen, die die eigene Sicht bestätigen.

Diese »confirmation bias« prägt seit Jahren auch die Integrationsdebatte. Und durch das Aufkommen der neuen Medien, bei denen man sich ausschließlich in »Echokammern« bewegen kann, die die eigene Meinung unterstützen, hat sich das noch einmal verstärkt. Als Laie findet man sich kaum zurecht in diesem Dickicht aus Studien, die mal dem eigenen Bauchgefühl oder den persönlichen Erfahrungen entsprechen, mal etwas ganz anderes präsentieren. Die Medien spielen längst nicht mehr nur die Rolle des Vermittlers, sondern oft die des Schiedsrichters. Sie ordnen ein und bewerten und scheuen sich auch nicht, den moralischen Zeigefinger zu erheben. Dazu kommt – ich erwähnte es bereits in der Einleitung –, dass viele

Studien zum Thema Integration einander widersprechen. Während die eine davon ausgeht, dass die Mehrheit der Muslime die Scharia höher schätzt als das Grundgesetz, behauptet die andere, Muslime seien mehrheitlich Verfassungspatrioten. So kommt eine Studie der Universität Münster aus dem Jahr 2016 mit dem Titel »Integration und Religion aus der Sicht von Türkeistämmigen in Deutschland« zu dem Ergebnis, dass fast ein Drittel der hier lebenden Menschen mit türkischen Wurzeln der Aussage zustimmen, Muslime sollten die Rückkehr zu einer Gesellschaftsordnung wie zu Zeiten des Propheten Mohamed anstreben. Der Aussage »Die Befolgung der Gebote meiner Religion ist für mich wichtiger als die Gesetze des Staates, in dem ich lebe« stimmen sogar 47 Prozent der Befragten zu. 36 Prozent sind darüber hinaus überzeugt, dass nur der Islam in der Lage sei, die Probleme unserer Zeit zu lösen.

Nach Aussage der Münsteraner Forscher haben jene Befragten, die allen drei Aussagen zustimmten, ein »umfassendes und verfestigtes islamisch-fundamentalistisches Weltbild«. Ihr Anteil liegt bei 13 Prozent. 86 Prozent der Mitglieder der zweiten und dritten Generation denken laut Studie, man solle selbstbewusst zur eigenen Herkunft stehen; eine Aussage, der unter den Befragten der ersten Generation interessanterweise nur 67 Prozent zustimmten.

Auf der anderen Seite kommt jene Studie der Bertelsmann Stiftung aus dem Jahr 2017 zu dem Ergebnis, dass 96 Prozent der hier lebenden Muslime eine tiefe Verbundenheit zu Deutschland verspürten. Sie würden sich hier nicht nur wohlfühlen, sondern seien auch auf dem Arbeitsmarkt integriert. Rund 60 Prozent würden in Vollzeit arbeiten, 20 Prozent in Teilzeit, die Erwerblosenquote gleiche sich jener der »Biodeutschen« an. Damit stehe Deutschland – verglichen mit der Schweiz, Österreich, Frankreich und Großbritannien – hinsichtlich der gelungenen Arbeitsmarktintegration an der Spitze.

Das wäre ein großer Erfolg, würden nicht die neuesten verfügbaren Statistiken der Bundesagentur für Arbeit wieder anderes vermelden. Demnach war im Dezember 2016 der Anteil von Personen mit Migrationshintergrund unter den Arbeitslosen mit 43 Prozent überproportional hoch. Unter den 4,3 Millionen »erwerbsfähigen Leistungsberechtigten« – dazu zählen zum Beispiel auch Hartz-IV-Aufstocker – liegt der Anteil der Personen mit Migrationshintergrund noch höher, nämlich bei 52,6 Prozent. Zur Einordnung: Der Bevölkerungsanteil der Muslime insgesamt liegt bei lediglich rund sechs Prozent.

Die Diskrepanz zwischen den unterschiedlichen Ergebnissen dieser Studien und die eingangs erwähnte Kritik an ihnen (etwa die Konzentration auf nur einen Aspekt, wie etwa den Arbeitsmarkt, und die Ausklammerung wichtiger Bereiche wie Fragen zu Fundamentalismus, Sexualität, Gleichberechtigung etc.) zeigen ein grundlegendes Problem der Empirie, vor allem wenn es um emotionale Themen geht. Und kaum etwas ist emotional aufgeladener als Integration.

Als ich vor 15 Jahren eine Studie über die Radikalisierung von jungen Muslimen in der Fremde machen wollte, begann ich damit, Fragebögen an arabische Studenten und Kinder der zweiten Generation von Migranten in Deutschland und Frankreich zu verteilen. Auf den Bögen standen Fragen zum Grad der Religiosität, zu westlichen Werten, der Scharia, Geschlechterrollen, Diskriminierung, Dschihad und Kalifat. Beim Sichten der Antworten wurde mir klar, dass sie die Realität nicht wirklich abbildeten. Erstens hatten längst nicht alle, denen ich die Fragebögen geschickt hatte, darauf geantwortet. Nicht weil sie keine Zeit gehabt hätten, sondern weil sie die Motive meiner Studie infrage stellten. Ihre Skepsis galt allen Forschern, die zum Thema Islam arbeiteten. Es war kurz nach dem 11. September, und unter den Muslimen herrschte große Verunsicherung. Einige hatten Angst, dass die Studie in Wirklichkeit im Auftrag der Geheimdienste durchgeführt würde und dass sie in einen Konflikt mit der Justiz geraten könnten, wenn sie ihre wahre Einstellung offenbaren würden. Zweitens hatten jene, die man tatsächlich als Fanatiker hätte bezeichnen können, kein Interesse daran, ihre Ansichten zu artikulieren und zu Papier zu bringen. Und so blieben drittens am Ende die weltoffenen Muslime, die nichts zu verbergen hatten, und diejenigen, die die Fragen eher »vorsichtig« beantworteten. Mit anderen Worten: Das, was nicht gesagt worden war, war deutlich mehr als das, was ich schließlich in Händen hielt.

Ich hätte dennoch die Fragebögen nach den üblichen Standards der Feldforschung auswerten und die Studie veröffentlichen können, und sie wäre wissenschaftlich einwandfrei gewesen. Die Studie hätte das durch den Anschlag auf das World Trade Center reichlich angekratzte Image der Muslime in Deutschland vielleicht ein wenig verbessert, aber die wahre Stimmungslage hätte sie nicht abgebildet. Zu viel war nicht gesagt worden.

Also entschied ich mich, in Zukunft auf Fragebögen zu verzichten und stattdessen das Gespräch direkt zu suchen. Das ist mitunter etwas mühsam, denn es dauert, ein Vertrauensverhältnis zu den Interviewpartnern zu entwickeln und in ihre Gedankenwelt vorzudringen. Viele wussten zu Beginn unserer Gespräche oft nicht, wo sie stehen. Erst im Laufe der Zeit haben sie ihre Position definieren oder präzisieren können. Das merkte ich auch daran, dass ich bei den erneuten Treffen »alte« Fragen noch einmal stellte. Bei vielen entdeckte ich Unterschiede zwischen den früheren und den späteren Aussagen. Die späteren Aussagen waren häufig weniger konform oder erwartbar, sie offenbarten eher eine kritische Haltung, teils auch eine radikalere.

Auch für dieses Buch führte ich zahlreiche Interviews nicht nur mit Migranten, sondern auch mit Flüchtlingen aus dem Irak und aus Syrien. Da sie aus Polizeistaaten kommen, in denen die Menschen ständig von den Geheimdiensten beobachtet werden, hatten viele von ihnen Angst, dass ihre Aussagen Einfluss auf ihr Asylverfahren haben könnten. Deshalb begannen sie unsere Gespräche oft mit einer Lobeshymne auf Deutschland, die Kanzlerin und die großen Errungenschaften der Demokratie und der Freiheit. Erst als ihnen klar wurde, dass sie keine Repressalien zu befürchten haben und ich ihre Äußerungen nur für mein Buch verwenden würde, wurden sie mutiger und erzählten offener von ihren Schwierigkeiten und ihren Einstellungen. Auch hier gab es eine Entwicklung von Gespräch zu Gespräch. Einer, der im ersten Interview sagte, er sei einzig wegen der Demokratie nach Deutschland gekommen, sagte einige Wochen später im Gruppengespräch: »Ehrlich gesagt, wenn es für mich in Deutschland keine Sozialhilfe gibt, werde ich schon morgen nach Aleppo zurückkehren.«

Der Mensch ist nicht statisch. Er bewegt sich und verändert sich ständig, passt sich an neue Gegebenheiten an. Die klassische Wissenschaft arbeitet mit fixen Kategorien und Methoden, wie sie in den Naturwissenschaften ganz selbstverständlich sind. Empfindungen und Geisteshaltungen kann man aber nicht so leicht erfassen und kategorisieren. Es sind immer nur Momentaufnahmen, Schnappschüsse, nicht das eine allumfassende Bild. Vor allem dann nicht, wenn es um hochemotionale Themen geht, bei denen es eine klare Asymmetrie zwischen dem Fragenden und dem Befragten gibt. Führt man sich die gegenseitige Skepsis und Polarisierung vor Augen, die den Diskurs um Migration, Integration und Islam momentan prägen, so kann fast jede Frage als eine Provokation oder eine Unterstellung verstanden werden. Es ist kein Wunder, dass viele Migranten, die zu Studienzwecken befragt werden, mit

Ablehnung reagieren oder telefonische bzw. schriftliche Fragen taktisch beantworten. Hinzu kommt, dass man mit der Art und der Reihenfolge der Fragestellung Einfluss auf das Ergebnis nehmen kann: Wenn ich will, dass der Befragte etwas Positives über den Dschihad sagt, stelle ich die ersten Fragen zu den Kreuzzügen, dem Kolonialismus oder der dramatischen Lage der Muslime in Palästina, Syrien oder Burma. Im Anschluss daran muss ich die Dschihad-Frage zum Beispiel so formulieren: »Würden Sie in den Dschihad ziehen, um den unterdrückten Muslimen weltweit zu helfen?« Dann ist mir eine hohe Zustimmungsquote garantiert. Will ich eine niedrige Zustimmungsquote erreichen, dann muss ich zunächst Fragen stellen zu den Gräueltaten und den unschuldigen Opfern des IS-Terrors.

Nach dem gleichen Prinzip kann man mit Fragen über westliche Werte verfahren. Wenn ich jemanden frage, ob er/sie sich diskriminiert fühlt oder ob er/sie das Gefühl hat, dass die Deutschen die islamischen Werte nicht akzeptieren, ist es sehr wahrscheinlich, dass eine Mehrheit dem zustimmen würde. Wenn ich ihn/sie aber unverblümt frage, ob er/sie die deutschen Werte akzeptiert, ist der Befragte fast genötigt, diese Frage zu bejahen. Denn wie kann man sich über etwas beschweren – dass die Deutschen seine Werte nicht akzeptieren –, wenn man umgekehrt die Werte der Deutschen nicht akzeptiert?

Ein etwas anderes Bild wird man erhalten, wenn man die Frage nach den Werten präzisiert und beispielsweise nach dem Umgang der Deutschen mit Alkohol, Sexualität und Homosexualität fragt. Die Zustimmungsrate wird fallen. Gleiches wird man feststellen, wenn man wissen will, ob der Befragte die persönliche Freiheit und die Meinungsfreiheit als ein hohes Gut erachtet oder nicht. Die meisten Muslime dürften diese Frage mit »Ja« beantworten. Fragt man aber, ob die eigene

Tochter einen Freund oder Sex vor der Ehe haben darf (persönliche Freiheit) oder ob man den Propheten Mohamed kritisieren oder zum Gegenstand von Satire machen darf (Meinungsfreiheit), werden die Zustimmungsraten in den Keller rauschen.

Sie sehen schon, es ist nicht so einfach, wenn es darum geht, mithilfe von empirischen Studien das Gelingen oder Scheitern von Integration zu messen. Um ein umfassendes Bild zu erhalten, ist es aus meiner Sicht notwendig, andere Parameter mit einzubeziehen. Welche das sein sollen, auf diese Frage hat die Sozialwissenschaft klare Antworten. In Berlin bin ich mit Naika Foroutan verabredet, der stellvertretenden Direktorin des Berliner Instituts für empirische Integrations- und Migrationsforschung (BIM). Sie erklärt mir, dass Integration in den Sozialwissenschaften üblicherweise auf vier Ebenen gemessen wird:

1. Auf der strukturellen Ebene, die aus Bildungs-, Arbeitsmarktdaten und weiteren strukturellen Daten etwa zur Gesundheit besteht.
2. Auf der kulturellen Ebene, die sogenannte Signifikanten umfasst wie Fragen zum Kopftuch, zur Teilnahme am Sport- und Schwimmunterricht oder zur Sprachkompetenz.
3. Auf der sozialen Ebene, wo sich Integration zum Beispiel durch die Anzahl von Freundschaften, Vereinsmitgliedschaften und weitere Außenkontakte wie das Verhältnis zu Nachbarn bemessen lässt.
4. Und schließlich auf der identifikativen Ebene, mit der die emotionale Verbundenheit mit bzw. die Zugehörigkeitsgefühle zu einem Land bewertet werden.

Seit dem Jahr 2006 werden diese Integrationsdaten explizit für Muslime zusammengetragen. Foroutan ist der Meinung, dass mit Ausnahme der emotionalen Verbundenheit auf allen Feldern empirisch Fortschritte und Erfolge nachgewiesen worden seien. Allerdings halte sich die Überzeugung, dass die Integration von Migranten, vor allem von Muslimen, stagnieren oder gar zurückgehen würde, hartnäckig. Für Foroutan ist das ein Beleg dafür, »dass es bei der Integrationsdebatte nicht allein um Integration geht. Sondern auch um gängige Narrative, die sich aus der etablierten Vorstellung speisen, Muslime gehörten nicht zu Deutschland. Als sichtbare Minderheit gehören sie somit trotz Staatsbürgerschaft – mehr als die Hälfte der in Deutschland lebenden Muslime besitzt die deutsche Staatsbürgerschaft – nicht zum nationalen Narrativ, sondern werden als religiöse Minderheit außerhalb des Kollektivs platziert.«

Diese Sichtweise sieht sie durch die Erhebung ihrer Studie »Deutschland postmigrantisch« bestätigt. Trotz einer generellen Modernisierung in der Wahrnehmung werde Deutschsein vonseiten der Mehrheitsgesellschaft nach wie vor als etwas Exklusives gesehen: So denken 37 Prozent der Deutschen nach wie vor, dass deutsche Vorfahren wichtig seien, um als deutsch zu gelten. Das bedeutet, dass Menschen, die in Deutschland geboren wurden, die deutsche Staatsangehörigkeit besitzen, Deutsch sprechen und sich deutsch fühlen, trotzdem nicht als deutsch angesehen werden, wenn ihre Eltern oder Großeltern als Migranten nach Deutschland kamen.

Lange unterhalte ich mich mit Foroutan über die Voraussetzungen einer gelungenen Integration und darüber, was zuerst kommen sollte: die Annahme der Kultur und der Werte des »Gastlandes« oder die strukturelle Integration im Bildungs- und Arbeitssektor. Die Assimilationstheoretiker würden von einem liberalen Denken ausgehen, das die Eigenverantwortung betont. »Erst musst du dich kulturell und sozial integrieren, dann hast du Zugang zu den Strukturen. Das heißt, erst musst du die Sprache beherrschen, die Kultur und Werte der Aufnahmegesellschaft annehmen, dann hast du auch bessere Chancen in der Bildung und auf dem Arbeitsmarkt. Das ist theoretisch nachvollziehbar. Aber für Foroutan reicht das nicht. »Du kannst dich mit dem Land so stark identifizieren, wie du willst, aber wenn du keine Arbeit hast, bist du nicht gut integriert«, meint sie. Denn nicht alle sind Selbstmotivatoren, die alleine den Weg in die Strukturen finden. Nicht alle sind neugierig und gehen auf andere zu. »Aber wenn sie dann Arbeit finden, bekommen sie die Möglichkeit, mit anderen zu interagieren und zu kommunizieren. Sie lernen dadurch neue Freunde kennen, was ihnen wiederum das Erlernen der Sprache erleichtert. Mit anderen Worten: Über die Struktur kommst du zur Kultur.«

Für die Migrationsforscherin spielt es letztlich keine Rolle, auf welchem Weg man das Ziel erreicht. Hauptsache, man geht los. An der Debatte stört sie, dass sie sich zu sehr auf die negativen Beispiele konzentriert: »Berlin-Neukölln und Duisburg-Marxloh sind nicht prototypisch für Deutschland. Rheinland-Pfalz ist prototypisch. Und in Frankfurt, Nürnberg und Augsburg leben prozentual gesehen mehr Migranten als in Berlin. Gleiches gilt für München und Stuttgart, doch dort wird anders über das Thema Integration gesprochen, weil schlicht ein größeres Angebot an Arbeitsplätzen vorhanden ist.«

Es stimmt natürlich, dass da, wo es bessere Aufstiegschancen und mehr Arbeitsplätze gibt, die Aussicht auf Integration besser ist. Dennoch sind Stuttgart, München, Nürnberg und Augsburg ebenso wenig wie Rheinland-Pfalz sorgenfrei, wenn es um die Integration von Muslimen geht. Ein Arbeitsplatz löst ein Problem, aber, wie wir noch sehen werden, gibt es eine Vielzahl, die zu bewältigen ist.

Foroutan will sich mehr auf das Positive konzentrieren. Nicht nur bei den Migranten, sondern auch bei den Deutschen. »Das Land und seine Bewohner entwickeln sich. Und Krisen mobilisieren Kräfte, die man vorher nicht auf dem Schirm hatte. Anfang September 2015 dominierten die Bilder vom Münchner Hauptbahnhof die Medien. Geflüchtete Menschen wurden unter Applaus begrüßt, es zeigte sich eine überwältigende Willkommensbereitschaft. Aus Ungarn angereist, wurden die Flüchtlinge mit Lebensmitteln, Wasser und Babywindeln von Münchner Bürgerinnen und Bürgern empfangen – es gab emotional überwältigende Aktionen von helfenden Menschen, die viele in ihrem Deutschlandbild überraschte. Und wer hätte gedacht, dass konservative Rentner neben Antifa-Leuten stehen würden und gemeinsam arbeiteten?«

Die Migrationsforscherin verbreitet einen ansteckenden Optimismus, wenn es um die Zukunft von Integration geht. Sie glaubt, dass die positiven Strukturdaten sich auch weiterhin positiv entwickeln werden. Auch das Bewusstsein in der Gesellschaft, dass diskriminierende Strukturen im Endeffekt der Gesamtgesellschaft schaden, wird ihrer Meinung nach zunehmen. »Früher hat man von Schülern mit Migrationshintergrund automatisch weniger erwartet in der Annahme, die Eltern seien nicht bildungsorientiert, und ohne deren Unterstützung könnten die Kinder das sowieso nicht schaffen. Dahinter steckt nicht unbedingt Diskriminierung, sondern eine Fehleinschätzung, mit der auch Kinder ohne Migrationshintergrund, aber aus sozial schwachen Schichten zu kämpfen haben. Das sind systematische Verzerrungseffekte, die nicht ohne Folgen bleiben. Diese Kinder erreichen tatsächlich schlechtere Ergebnisse, weil sie nicht rechtzeitig gefördert wurden.«

Das, was für viele ein Horrorszenario ist, ist für Foroutan eine Chance. »In Frankfurt am Main haben 70 Prozent aller Kinder einen Migrationshintergrund, Tendenz steigend. In vielen Stadtteilen in Berlin und Nordrhein-Westfalen ist es ähnlich. Das hat natürlich Auswirkungen, nicht nur auf die Schulen.« Jeder, der nicht gerade im Bereich Integration forscht, wird sich angesichts solcher Zahlen fragen, wer sich denn dann noch wohin integrieren soll. Oder ob die »Biodeutschen« aus diesen Städten verschwinden werden und Migranten das Geschehen und die Kultur dort bestimmen werden. Man muss ja nicht gleich von der drohenden »Umvolkung« sprechen, wie es manche Rechtsausleger tun, doch ich kann mir vorstellen, dass diese Zahlen Angst machen können. Für Foroutan geben sie dagegen keinen Anlass zur Sorge: »Das bedeutet nicht automatisch, dass die Schüler abgehängt werden. Viele Schülerinnen mit Kopftuch machen inzwischen das Abitur. In der Schule meines Kindes ist der Klassenbeste ein Kind mit Migrationshintergrund. Herkunftsdeutsche Eltern haben ein Interesse daran, dass ihr Kind mit diesem Kind befreundet ist und mit ihm lernen, damit es ihre Kinder nach oben zieht. So verändern sich soziale Strukturen und soziale Beziehungen. Wir werden mehr Aufstieg durch Bildung erleben und vielerorts mehr Vermischung.«

Diese Vermischung würde auch dazu führen, dass sich langfristig die Vorstellung von nationaler Identität verändere. Dass sie weiter gefasst würde als der alte »Blut-und-Boden«-Ansatz, was in unserer globalisierten Welt nur folgerichtig sei. Voraussetzung dafür sei jedoch, dass unsere Gesellschaft ein gemeinsames Narrativ entwickle, das Migranten nicht länger außerhalb des Kollektivs stelle, sondern als dessen Teil betrachte. Und zwar als bereichernden Teil, nicht als Belastung. Dem könnte man nun entgegenhalten, dass gerade die Auflösung von alten Kategorien und Gewissheiten, wie sie die

Globalisierung mit sich gebracht hat, in weiten Teilen der Bevölkerung nicht gerade freudig begrüßt wird, sondern Angst macht. Das gilt für »Biodeutsche« ebenso wie für Migranten, die sich hier einmal einig sind: in der Zunahme nationalistischer Tendenzen, in der Rückbesinnung auf Wurzeln, die längst als überkommen galten. Aber dazu später mehr.

Mein Gespräch mit Naika Foroutan, auf das ich im weiteren Verlauf des Buches wieder zu sprechen kommen werde, bildet einen Eckpunkt in der Integrationsdebatte ab. Den anderen nehmen Kritiker ein, wie der Islamismusexperte Ahmad Mansour, mit dem ich mich ebenfalls mehrfach getroffen habe. Er gehört nicht zu jenen »Schreibtischtätern«, die sich auf Statistiken berufen, er ist einer, der dort hingeht, wo es wehtut. Er betreut junge Dschihadisten und diskutiert mit ihnen über Religion, und er besucht Schulen, nicht nur an Brennpunkten, um sich ein Bild zu machen von den Einstellungen der Schüler. Bei einem unserer Treffen konfrontiere ich Ahmad Mansour mit den neuesten Studien zum Thema Integration, darunter jene der Bertelsmann Stiftung, die konstatiert, dass die meisten Muslime im Land gut integriert sind und sich mit Deutschland identifizieren. Das Hauptproblem bei einem Scheitern von Integration sieht die Studie eher darin, dass gläubige Muslime von der Mehrheitsgesellschaft nicht akzeptiert würden und kaum Teilhabemöglichkeiten hätten. Mansours Urteil über solche Studien ist vernichtend: »Ich glaube den meisten Studien nicht, die behaupten, die Integration sei auf einem guten Weg. Sie sind oft politisch motiviert, gehen nicht in die Tiefe und fangen die wirkliche Stimmung nicht auf. Die meisten Studien haben auch gar nicht die Absicht, die Realität abzubilden, sondern sie sollen der besorgten Bevölkerung ein beruhigendes Ergebnis präsentieren.«

Zwischen diesen beiden Polen mache ich mich also auf die

Suche nach einer Antwort auf die Frage, ob Integration Realität ist oder doch im Bereich des Märchens zu verorten ist. Eine Suche, die nicht einfach werden wird und bei der ich am Ende feststellen werde, dass der Ansatz der persönlichen Begegnung sehr viel mehr Erhellendes liefern wird als so manche Statistiken. Die Geschichten von Migranten, mit denen ich gesprochen habe, offenbaren die vielfältigen Gründe sowohl für ein Scheitern als auch für ein Gelingen von Integration.

2

Migrationshintergrund oder Migrationsvordergrund?

Die Geschichte meiner Integration

Während meiner ersten Jahre in Deutschland waren die Schlagzeilen in den Medien völlig andere als heute. Man diskutierte über Verpackungsverordnungen, Mülltrennung und Ladenöffnungszeiten. Was musste das für eine glückliche Gesellschaft sein, die sich mit solchen Themen beschäftigen kann, dachte ich mir damals. Heute diskutieren wir über Terrorabwehr, Gewaltprävention und Entradikalisierung von IS-Heimkehrern. Wir diskutieren über Flüchtlinge und Familiennachzug, Obergrenzen und ein Einwanderungsgesetz. Über ein Burkaverbot, Frauen und Mädchen mit Kopftuch an Schulen und im öffentlichen Dienst, Burkini und getrennte Schwimmzeiten für Männer und Frauen, schweinefleischfreie Kantinen und Gebetsräume für Muslime an Universitäten und an Arbeitsplätzen.

Mehr als zweihundert Jahre nach Voltaire diskutieren wir, ob man dessen Theaterstück *Le fanatisme ou Mahomet le prophète* aufführen kann oder ob man einen Mann zeichnen darf, der vor 1400 Jahren gestorben ist. In den 1990er-Jahren besuchte ich mehrere europäische Metropolen und sah dort kaum Polizisten auf der Straße. Ich flog ohne besondere Kontrolle an Flughäfen. Heute ist die Polizeipräsenz überall in Europa nicht zu übersehen. Sicherheitskontrollen an Flughäfen und in Regierungsgebäuden sind sehr viel strikter geworden. Poller und Blumenkübel aus Beton schützen Plätze oder

Märkte, in Paris und Brüssel patrouilliert das Militär schwerbewaffnet in der Innenstadt. In mehreren europäischen Städten gibt es zahlreiche No-go-Areas, in denen sich Gangs mit Migrationshintergrund austoben und wo sich selbst die Polizei nur mit massivem Aufgebot hineinwagt. Viertel, in denen islamische Friedensrichter ein paralleles Rechtssystem auf der Grundlage der Scharia etabliert haben, das höher steht, als die deutsche / die europäische Justiz. 73 Jahre nach dem Holocaust kann ein Jude immer noch nicht mit einer Kippa durch die Straßen Berlins laufen, ohne damit rechnen zu müssen, beleidigt, bespuckt oder körperlich angegriffen zu werden. Die Begriffe »Jude« und »Deutscher« gelten an manchen Schulen mittlerweile als Schimpfworte wie »schwul« oder »Opfer«. Immer mehr Moscheen stehen unter Beobachtung des Verfassungsschutzes. Allein in Nordrhein-Westfalen sind es 73. Was genau in den anderen Moscheen des Landes gepredigt wird, weiß man nicht so genau. Erst im November 2017 warnte Scheich Nahjan Mubarak Al Nahjan, der das Ressort für Toleranz in den Vereinigten Arabischen Emiraten leitet, vor zu laschen Kontrollen. »Man kann nicht einfach eine Moschee eröffnen und jedem erlauben, dorthin zu gehen und zu predigen.« Auch wenn Europa es gut gemeint habe und die Auswahl der Prediger beziehungsweise die Erlaubnis, ein Gebetshaus zu eröffnen, von der Religionsfreiheit gedeckt seien.[1] Noch nicht einmal die exakte Zahl der Moscheen in Deutschland ist bekannt, nicht alle sind in Verbänden registriert, nicht alle offiziell genehmigt. Schätzungen sprechen von etwa 3000. Stichproben von Behörden und dem Verfassungsschutz, verschiedene Reporte und Studien aus Deutschland und Österreich zeigen, dass die wenigsten Moscheen aktiv für Integration und die Annahme westlicher Werte werben. Die Kapazität, 3000 Moscheen zu beobachten, haben weder die Sicherheitsbehörden, noch kann die akademische Welt so schnell Imame hervorbringen, die hier geschult wurden und einen aufgeklärten Islam predigen. Nicht einmal die über 500 islamistischen Gefährder und an die 360 potenziellen Sympathisanten kann die Polizei lückenlos überwachen.

Die Angst und die gegenseitige Skepsis sind so groß wie noch nie. Jede Debatte über Migration und Integration führt irgendwann zum Thema Islam. Nicht Vietnamesen, Polen, Russen und die anderen Zuwanderer aus über 150 Ländern, die in Deutschland leben, prägen die Debatte, sondern jene, mit deren Integration es Probleme gibt. Man muss sich ehrlich fragen, warum diese Gruppe die Integrationsdebatte dominiert, die dadurch einen negativen Anstrich erhält, weil die vielen positiven Beispiele übersehen werden. Man muss sich fragen, warum diese Gruppe den Löwenanteil der Integrationsangebote braucht und auch in Anspruch nimmt und trotzdem in Teilen diese Gesellschaft mit ihren Werten nicht schätzen kann. Warum selbst junge Muslime, die hier sozialisiert wurden, einer anderen Gesellschaftsordnung den Vorzug geben – einer autoritären, nicht säkularen. Wenn man sich diesen Fragen ehrlich stellt, wird man nicht umhinkommen, die Religion und den Einfluss des muslimischen Kollektivs zu beleuchten. Und Muslime auch mit der unbequemen Frage zu konfrontieren, warum es ihnen so schwerfällt, Hass und Rassismus in den eigenen Reihen zu bekämpfen.

Als ich 1995 als junger Student nach Deutschland kam, war das Land vielleicht etwas langweiliger und weniger bunt als heute. Das ist aber die Sicht eines Schriftstellers, der über gesellschaftliche Umwälzungen schreibt. Aus der Sicht eines einfachen Arbeiters, eines Rentners oder eines mittelständischen Unternehmers und auch aus der Sicht einer Frau mag das Land heute aber unsicherer, unberechenbarer und gefährlicher geworden sein. Weil die Welt an sich unsteter geworden ist, weil die Globalisierung Folgen hat, sich auf Berufsbiografien und den Alltag auswirkt. Aber auch, weil die Gesellschaft nicht zuletzt durch die Einwanderung von Menschen aus anderen Kulturen und mit anderen Religionen vor großen Herausforderungen steht.

Mit meinen 23 Jahren hatte ich hohe Erwartungen, sowohl an mein Gastland als auch an mich selbst. Ich wollte damals von ganzem Herzen so schnell wie möglich Deutscher werden. Ich lernte die Sprache, hörte klassische Musik, trennte den Müll, ging zum Wandern in die Berge und versuchte mich sogar im Skifahren. Doch mein Ziel, Deutscher zu werden, konnte ich zunächst nicht erreichen. Ich scheiterte an meiner Umgebung, die in mir den Ausländer sah, aber auch an mir selbst und den inneren Mauern, die ich aus Ägypten mitgebracht hatte. Ich war tiefreligiös und hegte Zweifel an der Moral der Deutschen. Die größte Hürde war, dass mein Migrationshintergrund eher ein Migrationsvordergrund war. Fast alle um mich herum, Deutsche wie andere Ausländer, definierten mich über meine Herkunft. Und auch ich selbst tappte immer wieder in diese Falle. Mal tat ich dies zum Selbstschutz, um mich abzugrenzen von den Verlockungen, die diese Gesellschaft bereithielt, mal aus innerer Zerrissenheit. Erst Jahre später ist es mir gelungen, meinen Migrationshintergrund ganz bewusst in den Vordergrund zu rücken, um ihn zu analysieren, zu dekonstruieren und dann in seine Schranken zu weisen. Aus dieser Auseinandersetzung entstanden etliche Bücher, die sich mit meiner eigenen Biografie, meiner Religion und meinem islamischen Kulturkreis beschäftigen. Doch der Weg dorthin war sehr lang und mit vielen Stolpersteinen und Minenfeldern gespickt.

Mit dem Begriff Integration war ich schon kurz nach meiner Ankunft in Deutschland konfrontiert. Was dahintersteckte, verstand ich nicht so recht. Damals gab es weder spezielle

Konzepte noch eine breite gesellschaftliche Diskussion darüber. Aber gelegentlich fiel der Begriff in den Medien, teils in einen Vorwurf gekleidet, teils als Appell gemeint, niemals aber verknüpft mit einem Plan, wie Integration zu erreichen sei. Besonders in Bayern, wo ich damals studierte, gehörte es zum Ritual vieler Politiker, in schöner Regelmäßigkeit zu fordern, dass Ausländer sich gefälligst integrieren sollen. Gemeint war damit, dass sie in erster Linie Deutsch zu lernen haben. Nun, Deutsch habe ich ziemlich schnell gelernt. Doch integriert habe ich mich trotzdem noch lange nicht. Ich studierte Politikwissenschaften an der Uni, jobbte nebenbei in einer Autowaschanlage, bezahlte Steuern und heiratete eine Deutsche. Was also fehlte noch? Wenn ich mit Deutschen sprach, erklärten sie mir die lexikalische Bedeutung von Integration als die Eingliederung von etwas Kleinem in etwas Großes. Dementsprechend sollte sich die kleine Gruppe der Migranten in das große Ganze namens Deutschland integrieren. Aber wo war dieses Deutschland als Ganzes? Wer vertrat es? Wer konnte mir mit gutem Gewissen sagen, was Deutschland genau ist und was es ausmacht, Deutscher zu sein? Mir erschien Deutschland wie ein kompliziertes Gerät, für das ich keine Gebrauchsanweisung hatte. Ob Deutscher oder Ausländer, jeder hatte sein eigenes Bild von Deutschland und seine eigenen Probleme damit. Jeder hatte seine Erwartungen, seine Stärken und seine Unzulänglichkeiten. Es gab weder die eine Gruppe Migranten als monolithischen Block noch das große Deutschland.

Bevor ich hierherkam, hatte ich viele Bilder von diesem Land im Kopf, manche waren Zerrbilder. Goethe und Hitler, Luther und Nietzsche, Marx und Mercedes, Helmut Kohl und Lothar Matthäus. Es waren widersprüchliche Bilder: Deutschland, das Europa ins Elend zweier Kriege gestürzt hatte, und Deutschland, das den europäischen Einigungsprozess energisch vorantrieb. Die Wiedervereinigung ohne einen Tropfen Blut und die brennenden Asylbewerberheime nach dem Mauerfall. Die Entwicklungshilfe für arme Länder, darunter Ägypten, und Waffenexporte in alle Welt, darunter auch in die arabische. Made in Germany und deutsche Touristen, die in Ägypten dafür bekannt waren, dass sie mit Trinkgeld knausern, aber gerne orientalische Teppiche kaufen.

Diese widersprüchlichen Bilder hatte ich im Gepäck, als ich hier ankam, und es kamen neue hinzu: die Debatte über den demografischen Wandel, die »Kinder statt Inder«-Kampagne, das *Wort zum Sonntag* und die Telefonsexwerbung im Fernsehen, Loriot und Edmund Stoiber, der gepflegte Angestellte in meiner Bankfiliale und der alkoholisierte Bettler in der Fußgängerzone. Die alte nette Nachbarin, die mir eine Matratze spendete, und der strenge Beamte in der Ausländerbehörde, der mir das Gefühl vermittelte, ich sei nicht willkommen. Ich wusste nicht, wer von ihnen Deutschland repräsentierte und an wem oder was ich mich orientieren sollte, um die deutschen Werte zu lernen.

Wenn man in einem fremden Land ankommt, vermisst man sofort alles, was die alte Heimat ausmacht, selbst Dinge, die einen früher gestört haben. Mir fehlten das vertraute Essen, das Temperament der Menschen und die Wärme, aber auch die Kommunikation über religiöse Inhalte. Heute ist immer wieder die Rede davon, dass Migranten Orientierung bräuchten, Menschen, denen sie vertrauen, die ihnen sagen, wie Deutschland tickt. Doch genau das war für mich ein Problem. Die ersten Deutschen, die ich hier traf, waren politisch links, engagierte Leute, die zum Teil allerdings ein hochproblematisches Verhältnis zu ihrem eigenen Land hatten. Sie definierten Deutschland über das dunkelste Kapitel seiner Geschichte und über seine aus ihrer Sicht negative Rolle als führende Industrienation, die ihre Produkte, auch Waffen, in alle Welt exportiert, aber Ländern der Dritten Welt weder ihre Märkte noch ihre Grenzen für Migration öffnet. Moralische Empörung und ein schlechtes Gewissen prägten ihr Deutschlandbild. Einer der ersten Sätze, die ich als Ganzes verstehen konnte, kam von einer Bekannten aus der grün-alternativen Szene und lautete: »Wenn der Kaffeebauer in Brasilien genauso viel verdienen würde wie ein deutscher Bauer, dann könnte sich kein Deutscher mehr seinen Kaffee leisten.« Ich musste daran denken, dass in Ägypten die Bohnen damals keine 10 Pfennig pro Kilo kosteten, während ich im deutschen Supermarkt drei Mark für 200 Gramm bezahlen musste. Deutschland, der Klassenfeind, der Unterdrücker ärmerer Weltregionen? Von meinen linken deutschen Freunden bekam ich ein ganz eigenes Bild vermittelt, nicht aber brauchbare Handlungsanweisungen, um mich in diesem »System« Deutschland zurechtzufinden. Ein System, das sie auch nicht reformieren, sondern überwinden wollten. Ich wunderte mich über diese Leute, die sich den Luxus gönnten, jenes Land zu verachten, das ihnen Wohlstand und Freiheit garantierte. Doch ich übernahm diese kritische Haltung zunächst, weil sie bequem war und weil sie die allmählich in mir aufkeimenden Identitätskonflikte milderte. Statt die Schwachpunkte meiner eigenen Kultur zu sehen und mich meinen eigenen Unzulänglichkeiten zu stellen, suchte und fand ich die Fehler bei Deutschland

Die anderen ausländischen Studenten um mich herum konnten mir ebenfalls wenig wirkliche Orientierungshilfe bieten. Außer dem Erlernen der deutschen Sprache gab es kaum einen gemeinsamen Nenner, wenn es um die Erwartungen des Gastlandes ging. Der erste arabische Student, den ich damals kennenlernte, war ein Algerier, der einige Jahre vor mir nach Deutschland gekommen war. Nach einem gescheiterten Medizinstudium studierte er wie ich Politikwissenschaft. Ich fragte ihn, was Integration bedeutet. Seine Antwort war: »Integration ist eine große Illusion. Weder diejenigen, die es verlangen, noch die, die sich integrieren sollen, wollen es.« Seiner Meinung nach wollten die Deutschen, dass Ausländer Ausländer bleiben und irgendwann in ihre Herkunftsländer zurückkehren. »Sie sagen etwas und meinen etwas anders. Sie sagen, integriert euch, aber sie meinen, werdet nicht kriminell, kriegt nicht so viele Kinder und beantragt nicht so viel Sozialhilfe! Und umgekehrt beschweren sich die Ausländer, dass sie nicht wie Deutsche behandelt werden, aber sie benehmen sich nicht wie Deutsche. Sie wollen bleiben, wie sie sind, ihre Kultur hier ohne Abstriche und Einschränkungen leben, als wären sie noch in ihrer Heimat.«

Sein erster Rat für mich war verbunden mit der Warnung, dass die Speisen in der Mensa Schweinefett enthalten würden. Für einen gläubigen Muslim, der ich damals war, der reine Horror. Er zeigte mir, wo sich die nächste Moschee befand. Dort gab es auch eine Metzgerei, in der ich Halal-Fleisch und andere orientalische Lebensmittel kaufen konnte. Und einen Barbierladen, wo ich mir für fünf Mark die Haare schneiden lassen konnte.

Sehr bald freundete ich mich mit dem Barbier an, der einfaches und daher auch für einen Anfänger leicht verständliches Deutsch sprach. Außerdem hatte er einen Sinn für Humor. Auch ihn fragte ich, ob er das Wort Integration kenne. Zu meiner Überraschung sagte er mit zynischem Unterton: »Ja, ja, ich mache Integration.« Sein Konzept von Integration war: »Du gehst Puff, aber Frau nix wissen. Das ist Integration!« Er erzählte mir, dass er sich alle Freiheiten nehme, vieles davon heimlich. Er sei zum Beispiel mit zwei Frauen verheiratet, mit einer in der Türkei und mit einer in Deutschland. Weil dies hier verboten sei, habe er den Behörden nichts davon erzählt. Genauso wenig wisse das Finanzamt davon, dass er noch schwarz in einem anderen Friseurladen arbeite und keine

Steuern bezahle. Und die Leute in der Moschee glaubten, er sei ein guter Muslim, dabei trinke er Bier und Raki. Das Motto des Barbiers war: »Kunde wollen, dann musst du Kunde geben, egal Haareschneiden, egal Religion, egal Integration, alles zappzarapp.« Mit anderen Worten: Solange der Schein gewahrt war, konnte das Sein sein, wie es wollte.

Immer wenn ich später das Wort Integration hörte, musste ich an diese zwei Definitionen von Integration denken – hier die meines algerischen Freundes, dort die des türkischen Barbiers. Auch wenn beide natürlich ziemlich verkürzt und in ihren Aussagen eher negativ sind, steckt eine Menge Wahrheit darin. Und mehr noch: Diese beiden Haltungen stehen für zwei Ansätze, die den Umgang mit dem Thema Integration bis heute bundesweit prägen. Die eine Haltung ist von Kränkung und Skepsis bestimmt und geht davon aus, dass die Integration daran scheitert, weil die Biodeutschen unter sich bleiben wollen und Ausländer, vor allem Muslime, niemals als Teil dieser Gesellschaft akzeptieren werden. Daraus ist die Geisteshaltung der Integrationsverweigerung entstanden, die die eigenen Versäumnisse ausblendet und die Versäumnisse der Mehrheitsgesellschaft überbetont. Der algerische Freund steht stellvertretend für die apologetischen Islamvertreter, die sich ständig über Rassismus und die Diskriminierung von Muslimen beschweren, sich aber nie selbstkritisch zu den Missständen innerhalb der muslimischen Communitys, Moscheen und Bildungseinrichtungen äußern. Die Haltung des Barbiers dagegen mündete in das lukrative Integrationsgeschäft: Der deutsche Kunde will gerne Integration, also verkaufe ihm die Integration so teuer, wie du nur kannst. Er steht für die unzähligen Vereine, Integrationslotsen und Kiezmanager, die ihre Existenz gerade einer nicht gelungenen Integration verdanken. Je gescheiterter die Integration, desto mehr Fördergelder fließen in solche Projekte.

Aber zurück zu meiner eigenen Integrationsgeschichte. Eines führte bei mir zum anderen. Der algerische Freund brachte mich zur Moschee und zum Barbier. Zur Frömmigkeit und Religion und zum Jonglieren mit verschiedenen Identitäten. Schein und Sein. Als Sohn eines Imams stamme ich aus einem religiösen Elternhaus, aber die Religion spielt in der Fremde eine andere Rolle als zu Hause. In Ägypten war mein Muslimsein eine Selbstverständlichkeit, die ich weder ständig betonen noch verteidigen musste. Hier nun war die Religion mein einziger Identitätsanker, mein Schutzschild gegen fremde, unislamische Einflüsse. Um mich herum waren die Verführungen groß: Frauen, Alkohol und viele verbotene Früchte, die mich vom rechten Weg hätten abbringen können. Die Moschee war der Ort, an dem ich mich vor alldem verstecken konnte. Es war eine türkische Moschee, eine radikale noch dazu, die vom Verfassungsschutz beobachtet wurde. Doch das wusste ich damals nicht, und es hätte mich auch kaum interessiert. In der Moschee lernte ich Leute kennen, die mich direkt oder indirekt vor Deutschland und den Deutschen warnten. Es waren oft nette, hilfsbereite Menschen, die nicht besonders radikal waren. Aber irgendetwas hat sie an Deutschland abgestoßen. Einer von ihnen lief einmal mit mir in Augsburg am Dom vorbei und sagte: »Hamed, das ist heute eine Kirche, aber in hundert Jahren, *inschallah,* eine Moschee. Vielleicht in fünfzig Jahren.« Er war weder Mitglied einer islamistischen Vereinigung noch ein Befürworter des Dschihad, dennoch träumte er davon, dass Deutschland eines Tages islamisch wird. Das war eine Vision, die mir viele nette ungefährliche Muslime vermittelten: Das Land wäre perfekt, wenn es nur den Islam annehmen würde.

Nach zwei Jahren wechselte ich die Moschee. Diesmal war es eine arabische, doch auch dort fühlte ich mich nicht wirklich daheim. Der Imam war ein höflicher und freundlicher

Akademiker, doch auch er warnte die Gläubigen davor, die Grundlagen ihres Glaubens zu vernachlässigen und sich mit Deutschen anzufreunden oder ihnen ihre wahre Gesinnung zu offenbaren. Er wollte den Deutschen nur das Gesicht zeigen, das sie von einem guten Migranten erwarteten. Er war äußerlich unauffällig und sehr gepflegt, sprach perfekt Deutsch und hatte einen guten Job – nach heutigen Maßstäben war er perfekt integriert. In der Moschee aber warnte er die Gläubigen oft: »Vorsicht, Brüder, das Gesetz ist nicht auf unserer Seite.« Einige Jahre später, kurz nach den Anschlägen vom 11. September, sah ich ihn bei einem Integrationsfest in Augsburg. Er unterhielt sich mit einem Polizisten darüber, warum junge Muslime sich radikalisieren. Der Imam meinte, ihnen fehlten die positiven Vorbilder. Ich musste schmunzeln und dachte, dass er selbst mit einigen seiner Predigten oder Warnungen vor den Versuchungen des Westens das beste Vorbild abgegeben hätte – vielleicht nicht gleich für künftige Attentäter, aber doch für Menschen, deren Integration gar nicht anders kann, als zu scheitern. Aber offenbar hatte er gemerkt, aus welcher Richtung der Wind nun wehte, und bot sich als Deradikalisierer an. („Fähnchen nach dem Wind drehen")

Drei Jahre waren inzwischen seit meiner Ankunft in Deutschland vergangen. Weder war ich im Land integriert, noch fühlte mich wirklich fest verwurzelt in einer Moscheegemeinde. Diese »doppelte Integrationsverweigerung« barg jedoch eine Chance. Aus heutiger Sicht würde ich sagen, es ist kein Problem, wenn man in Deutschland nicht richtig integriert ist. Das Problem beginnt, wenn man aus der falschen Ecke Integrationshilfen bekommt, Einflüsterungen lauscht, die automatisch die Tür zur Mehrheitsgesellschaft zuschlagen. Deutschland stand mir trotz meiner Schwierigkeiten immer noch offen und ließ zu, dass ich meine Grenzen austestete. Wäre ich aktives Mitglied einer Glaubensgemeinschaft geworden, wäre ich schnell vereinnahmt und manipuliert worden, sodass sich meine Integrationschancen weiter verringert hätten.

Ich schwankte zwischen Religiosität und »deutschem Lebensstil«. Mal besuchte ich die Moschee, mal eine Kneipe. Mal gab ich Frauen nicht die Hand, und mal gab ich ihnen den ganzen Körper. Ich litt an moralischer Desorientierung und unter einem Identitätskonflikt. Aber das war nichts Besonderes. Um mich herum sah ich Dutzende arabische Studenten und junge Türken der zweiten Generation, die mit dem gleichen Dilemma lebten. Ein freies Land wie Deutschland, das gewisse Rahmenbedingungen setzt, seinen Einwohnern aber keine Vorgaben macht, löst dieses Dilemma nicht von oben. Es ist wie ein großes Buffet, auf dem die verschiedensten Identitäten angerichtet sind, und jeder kann sich etwas herauspicken. Manche meisterten dieses Dilemma, andere strauchelten. Zu Letzteren gehörte ich. Irgendwann war es zu viel für mich, ein frommer Discobesucher zu sein. Ich bekam den Spagat nicht mehr hin. Hinzu kamen damals familiäre Probleme, und als ich dann noch vom Selbstmord eines Freundes in Ägypten erfuhr, ertappte ich mich dabei, Deutschland zu hassen, ohne einen erkennbaren Grund. Wobei ich mir einbildete, den Grund zu wissen. Das Land hatte mich verwirrt und verführt. Es wollte mich von meinem Glauben abbringen, mich verunsichern. Die Deutschen waren viel zu neugierig und stellten oft unangenehme Fragen wie »Warum darf ein Muslim vier Frauen heiraten?«. Oder sie erinnerten einen zum falschen Zeitpunkt in der Kneipe an eine Verfehlung mit Sätzen wie »Ich dachte, ein Muslim darf keinen Alkohol trinken!«. Es lag bestimmt an mir, denn ich wusste nicht genau, wo ich stand, doch ich sah die Schuld hauptsächlich bei Deutschland.

Ich hatte einen ägyptischen Freund, der damals fast zeitgleich mit mir ausgewandert war. Er war nach Amerika gegangen und identifizierte sich nach nur wenigen Jahren voll und ganz mit den USA, hisste sogar die amerikanische Fahne auf seinem Balkon. Ich dagegen saß da, umgeben von arabischen Studenten, und schimpfte über Deutschland. Lag die schnelle Integration meines Freundes an Amerika, das auf eine lange Einwanderungsgeschichte zurückblicken kann und einen Migranten optimistisch in die Zukunft sehen lässt? Oder lag das an meinem Freund, an seiner Offenheit und seinem Respekt für seine neue Heimat? Und was war mit mir? Lagen die Gründe für mein Scheitern nur an mir? Oder spielt auch Deutschland dabei eine entscheidende Rolle? Vielleicht fehlten mir die positiven Vorbilder tatsächlich. Nicht die, deren Fehlen der Imam beklagt hatte, sondern ganz andere: zum einen die selbstbewussten Deutschen, die ihr Land lieben und wissen, wo seine Stärken sind, und die keine Berührungsängste vor Ausländern haben. Zum anderen weltoffene Migranten, die mir hätten helfen können, Deutschland wirklich kennenzulernen, statt es zu fürchten oder gar zu verachten. Ich glaube, genau hier liegt der Schlüssel, nicht nur in meinem Fall.

Bei mir war nach drei Jahren alles schiefgelaufen, was im Leben eines neu Zugewanderten schieflaufen kann. Ich war psychisch instabil, hatte finanzielle Nöte, Beziehungsprobleme, Identitätskonflikte, und zu allem Überfluss kam ich mit dem Studium nicht klar. Ich entschied mich, Deutschland den Rücken zu kehren, ich wollte nur noch weg, weit weg. Ägypten war keine Option, denn das wäre ein Eingeständnis gewesen, dass ich in der Fremde gescheitert war. Außerdem wollte ich einen neuen Anlauf wagen, was das Studium anging. Nach einigem Hin und Her entschied ich mich für ein Land, zu dem ich keinerlei Bezug hatte. Aber ich mochte die Idee, dass dieses Land geografisch und kulturell so weit entfernt von allem war, was ich kannte. Ich ging nach Japan, studierte an einer Uni nahe Osaka, besuchte japanische Gärten in Kyoto und meditierte in buddhistischen Tempeln. In Japan leben Buddhisten, Schintoisten, Christen, Muslime und Atheisten friedlich zusammen. Unzählige andere Sekten dürfen ebenfalls ihre Gedanken verbreiten. Dazu kommen Hunderttausende Chinesen und Koreaner, die in Japan seit Generationen leben. Trotz historischer Spannung zwischen China und Korea einerseits und Japan andererseits wegen der japanischen Kriegsverbrechen während des Zweiten Weltkriegs gibt es keine großen Konflikte mit Migranten aus diesen Ländern. Das liegt vermutlich auch daran, dass der Ausländeranteil insgesamt in Japan nur bei 2 Prozent liegt. Die Zahl der Migranten macht bei ihrer Integration in der Tat viel aus, weder die Behörden noch die Zuwanderer selbst sind dadurch überfordert. Es gibt strikte Einwanderungsgesetze, sodass ein Ausländer seinen Aufenthaltsstatus sofort verliert, wenn er in Konflikt mit der Justiz gerät, unabhängig davon, ob es sich um Gewaltdelikte, Diebstahl oder Steuerhinterziehung handelt.

Migranten genießen in Japan eine große Autonomie, wenn es darum geht, was sie etwa in ihren Vereinen machen, aber sie stellen weder ihre kulturellen Symbole öffentlich zur Schau, noch stellen sie Forderungen an das Gastland. Sie sind Ausländer zu Hause und Japaner auf der Straße. Viele Asiaten aus anderen Herkunftsländern geben ihren Kindern sogar japanische Vornamen, um ihnen später bessere Chancen zu ermöglichen. Sicherlich machen auch hier Zuwanderer Diskriminierungserfahrungen, doch sie antworten darauf mehrheitlich weder mit Verachtung noch mit Gewalt gegen ihr Gastland, sondern mit juristischen Schritten. Dazu kommt, dass die Trennung zwischen Religion und Staat viel strikter ist als in Deutschland. Weder in der Bildung noch bei der Erziehung der Kinder spielt Religion eine Rolle. Auch der Alltag wird kaum vom Glauben beeinflusst. Nur zu bestimmten Anlässen und Feierlichkeiten wird die Religion herangezogen, und da kombinieren die Japaner die verschiedensten Richtungen. Bei einer Geburtsfeier oder der Segnung eines neuen Autos geht man in den schintoistischen Tempel. Für die Beerdigungsrituale ist der buddhistische Tempel zuständig. Geheiratet wird oft in einer christlichen Kirche, auch wenn die Eheleute keine Christen sind. Es gilt als modern, in einer Kirche zu heiraten. Mir gefiel auch, dass die Japaner die Glocken läuten, wenn sie in den Tempel gehen, um die Götter aufzuwecken, dann sprechen sie ihre Bittgebete aus und gehen wieder. Die Götter dürfen wieder schlafen gehen und verfolgen die Gläubigen nicht in den Alltag hinein. Der Mensch erweckt den Gott oder die Götter, nicht umgekehrt. Der Mensch hat ein Anliegen und wendet sich an eine höhere Instanz, die dem Menschen im Alltag Autonomie und Freiraum lässt. Dieser unverkrampfte Umgang mit Religion ist das Ergebnis der Toleranz des Staates gegenüber den Religionen, aber auch der Toleranz der Religionen untereinander, die nicht nach Einfluss in Bildung, Politik und Gesetzgebung streben.

Aber auch die Japaner sind Menschen, die nur mit Wasser kochen, auch sie haben ihre Probleme. Die Globalisierung geht an diesem Industrieland nicht spurlos vorüber, und die Spannungen mit der Atommacht Nordkorea nebenan wühlen nationalistische Gefühle im Kaiserreich auf. Das Erstarken der rechten Szene in Japan polarisiert die Gesellschaft. Chinesen und Koreaner, die dort leben, beobachten das zwar mit Sorge, doch sie sehen sich nicht als potenzielle Opfer. Sie haben verinnerlicht, was den Kern des Zusammenlebens in Japan ausmacht: Man muss sich nicht gegenseitig umarmen oder miteinander über alles diskutieren. Es herrscht das Prinzip vom »Leben und leben lassen« oder, wie es Friedrich der Große treffend formulierte: Jeder soll nach seiner Fasson selig werden. Dieses Prinzip kann aber nur Früchte tragen, wenn der Staat über genug Autorität und Kontrollmechanismen verfügt und wenn alle Untertanen diesem Staat gegenüber loyal sind. In der hiesigen Integrationsdebatte wird das Toleranzprinzip leider sehr viel stärker betont als das der Loyalität.

Loyalität heißt gleichwohl nicht, dass es keine Diskussionen geben darf. Wohl aber, dass es einen Konsens über gewisse Werte gibt, die nicht verhandelbar sind. Für mich als kritischen Geist war es damals verblüffend zu erleben, dass die Japaner und die dort lebenden Ausländer gelernt haben, ihre Umgebung elegant zu ignorieren. Man kann anziehen oder ausziehen, was man will, ohne schief angeguckt oder überhaupt bemerkt zu werden. Jede Sekte kann auf offener Straße predigen oder Broschüren verteilen. Man begegnet sich mit einer Mischung aus Respekt und Distanz, die bis zur Ignoranz reicht. Die Gesellschaft hat sich einer Harmonie verschrieben, die in der Vermeidung von politischen Diskussionen oder gesellschaftlichen Debatten gipfelt. Das ist die Kehrseite dieses Modells.

Das Leben in Japan war ruhig und angenehm, aber wirklich wohl fühlte ich mich nicht. Ich ertappte mich dabei, Deutschland zu vermissen. Erst aus der Ferne sah ich die Vorzüge, die ich während meiner ersten Zeit dort nicht hatte sehen können. Das Individuum wird stärker wahrgenommen, nicht das Kollektiv. Man ist ehrlicher beim Diskutieren. Man streitet gerne, wenn auch manchmal verkrampft und rechthaberisch. Aber im Streit kann man lernen und wachsen.

Also kehrte ich nach einem Jahr ins Land der Dichter und Philosophen zurück, nahm mein Studium wieder auf und arbeitete nebenbei im Auslandsamt der Universität. Mir wurde klar, dass ich sowohl meine Haltung zur Religion als auch meine Haltung zu meinem Gastland ändern musste. Religion ist dafür da, Menschen Halt und Hoffnung zu geben, und nicht, um Mauern zwischen sich und anderen zu errichten. Mit der Zeit setzte ich mich zunehmend kritisch mit dem Islam auseinander. Ich versuchte zu trennen zwischen dem, was ich als spirituelle Ebene betrachtete, und dem, woraus sich ein politisch-gesellschaftlicher Auftrag des Islam ableiten ließ. Diese Trennung hat mir den Blick darauf eröffnet, woran meine Integration bislang gescheitert war. An meiner Abgrenzung und an meinem Misstrauen gegenüber Deutschland.

Ich wollte heraus aus der Rolle des Beleidigten, des Anklagenden, des Fordernden und mich einbringen, etwas anbieten, nicht nur nehmen. Eine Möglichkeit dazu ergab sich an der Universität. Bei meiner Ankunft hatte ich Orientierungshilfen vermisst und Begegnungen mit deutschen Mitstudenten außerhalb der Vorlesungen. Also bot ich nun neuen ausländischen Studenten Touren durch die Universität an, organisierte für sie Kulturveranstaltungen und Kochabende gemeinsam mit deutschen Studenten. Auch Diskussionen über den Islam und Integration moderierte ich. Wenngleich ich nicht behaupten würde, dass ich damals bereits integriert war. Es waren erste Schritte, aber insgesamt lag noch ein weiter Weg vor mir.

Für meine Umgebung, namentlich die Uni, war ich aber aufgrund meines Engagements plötzlich der Mustermuslim, ich wurde mit Preisen und Ehrungen überhäuft. Alles lief wunderbar. Doch ich wollte diese Vorzeigerolle nicht und zog erneut die Karte der Integrationsverweigerung. Bei meiner Rede anlässlich der Ehrung als bester ausländischer Student der Universität schimpfte ich über den Rektor der Uni sowie über den Bürgermeister, die mich als »musterintegriert« bezeichnet hatten. Ich warf ihnen vor, Lobesreden auf mich zu halten, ohne mich je wirklich kennengelernt zu haben. Diese Gleichgültigkeit sei symptomatisch für den Umgang mit Ausländern in Deutschland. Ich beschwerte mich darüber, dass ich als Feigenblatt benutzt wurde, während ausländische Studierende Tag für Tag in der Ausländerbehörde gedemütigt wurden. Ich klagte an und wies Schuld zu – die klassische Taktik derer, die sich letztlich nicht integrieren wollen. Die übersehen, dass auch sie etwas dafür tun müssen. Eine Krankheit, die man nicht nur bei jungen Muslimen findet, die gesellschaftlich abgehängt sind oder sich so fühlen, sondern auch bei vielen erfolgreichen und säkular eingestellten Muslimen. Jammern auf einem sehr hohen Niveau.

Nachdem ich nun also der Musterintegrierte war, wollte ich mich in die akademische Welt integrieren. Meine wissenschaftliche Laufbahn begann an der Uni Erfurt und führte mich später nach München. Dort hatte ich die Aussicht auf eine stabile Karriere, bis ich mein erstes Buch *Mein Abschied vom Himmel* veröffentlichte. Mein Professor, zu dem ich ein sehr freundliches und vertrauensvolles Verhältnis hatte, lobte mich zwar für meinen Mut im Umgang mit den Themen Religion und Sexualität, warnte mich aber, dass dieses Buch meinen akademischen Werdegang bremsen könnte. Die Bereiche Orientalistik und Islamwissenschaft seien nach wie vor sehr konservativ.

Ich hatte Ägypten verlassen, um meine Meinung ohne Angst und ohne Maulkorb frei äußern zu können. Ich hatte geglaubt, mich in einer akademischen Welt zu bewegen, in der es keine Denkverbote gab. In der der Intellekt Grenzen setzen mochte, nicht aber eine veröffentlichte Biografie, die auch der Frage nachgeht, woher in einer muslimischen Gesellschaft wie der meiner Heimat Ägypten jene Mischung aus Ohnmacht und Allmacht kommt, die junge Menschen zu einer leichten Beute für Demagogen macht. Und warum diese so fromme Gesellschaft gleichzeitig so voller Gewalt ist.

Die Warnung meines Professors mag gut gemeint gewesen sein, in mir hat sie den Entschluss reifen lassen, die Uni zu verlassen. Seitdem bin ich im wahrsten Sinne des Wortes ein freier Autor. Ich schreibe, was ich denke, und lasse mich in keine Schublade mehr stecken. Ich habe die Muslimbrüder in

Kairo kritisiert, als sie auf dem Höhepunkt ihrer Macht waren. Ich habe die Kanzlerin bei einer Veranstaltung der CDU kritisiert und die AfD auf einer Veranstaltung der AfD. Selbst den von mir sehr verehrten Helmut Schmidt habe ich kritisiert, als er mich zu sich nach Hause zum Abendessen eingeladen hatte, um mit mir über mein Buch *Der islamische Faschismus* zu diskutieren. Dieser Besuch war sicherlich einer der Höhepunkte meiner Migrationsgeschichte, dennoch konnte ich nicht allem, was mein Idol sagte, zustimmen.

Ich habe gelernt, mich von allen Bindungen zu lösen, die mein Weltbild oder meine Meinung hätten beeinflussen können. Ich muss niemandem gefallen. Ich werde dafür von vielen geliebt und von vielen gehasst. Heute lebe ich unter ständigem Polizeischutz. Doch weder Applaus noch Drohungen beeinflussen meine Gedanken. Ich bin ein Denker, weder Lenker noch Opfer. Ich bin Teil eines Konflikts. Ich war noch nie unfreier in meiner Bewegung als heute, aber ich war noch nie freier im Geiste als jetzt. Ich hasse niemanden und beabsichtige nicht, irgendjemanden zu kränken, doch ich stehe zu meiner Meinung, egal zu welchem Preis. Ich repräsentiere bestenfalls nur mich selbst. Ich will weder die Welt retten noch die Muslime erleuchten. Ich will nur von meinem Recht Gebrauch machen, frei zu denken und frei zu sprechen, egal wo und egal wann. Ich habe mich von dem Druck befreit, für oder gegen den Islam zu sein. Ich habe eine elastische Identität entwickelt, die an geografische Vorstellungen nicht gebunden ist. 23 Jahre meines Lebens habe ich in Ägypten verbracht. Dort haben mich der Islam und die ägyptischen Bräuche geprägt. Nur der genetische Zufall hat mich zum Ägypter und zum Muslim gemacht, nicht meine Entscheidung. Nach Deutschland kam ich aber freiwillig, hier verbrachte ich inzwischen auch fast 23 Jahre, die meine Gedanken und meine Persönlichkeit mehr geprägt haben als die Jahre in Ägypten zuvor.

Die Frage, ob ich nun Ägypter oder Deutscher bin, stelle ich mir nicht mehr. Für die Ägypter bin ich kein Ägypter mehr, für die Deutschen bin ich noch nicht deutsch genug. Ich selbst definiere meine Identität in erster Linie über die simple Tatsache, dass ich ein Mensch bin. Ein Mensch, der mit der Mehrheit der Erdbewohner die gleichen universellen Werte teilt. Und dennoch bin ich anders, weil ich mich nicht vereinnahmen lasse. Weder sitze ich zwischen den Stühlen, noch spiele ich die eine Identität gegen die andere aus. Ich höre nicht auf mit der Suche nach mir selbst. Ich höre nicht auf, mich immer wieder neu zu definieren und infrage zu stellen. Ich brauche keine Gruppe oder Gemeinschaft, die mir bestätigt, dass ich recht habe. Ich brauche nur Luft zum Atmen, etwas zum Essen und Meinungsfreiheit. All das hat mir Deutschland als freies Land zugestanden. Und doch erkennt man an meiner konkreten Lebenssituation, dass Demokratie und freiheitliche Werte kein Selbstläufer sind. Ein Schriftsteller, der sich kritisch zum Islam äußert, braucht rund um die Uhr Polizeischutz. Dass der Staat mir diesen Schutz uneingeschränkt zur Verfügung stellt, zeigt, dass die Meinungsfreiheit immer noch ein hohes Gut ist. Es zeigt aber auch, dass es Bedrohungen von innen und außen gibt, die danach trachten, das, was dieses Land ausmacht, zu zerstören.

3

Migration damals und heute

Ein kurzer Blick zurück

Die Geschichte der Menschheit ist eine Geschichte von Krieg, Migration und Innovation. Immer führte das eine zum anderen. Wanderungsbewegungen wurden ausgelöst von Konflikten und begleitet von Konflikten. Zerstörung und Gewalt führten zu Wiederaufbau, zu neuen Entwicklungen. Im Rückblick barg Migration aber auch Chancen, sowohl für Zuwanderer als auch für die Aufnahmegesellschaft. Die Einwanderung der letzten Jahre scheint allerdings mehr Konflikte als Chancen hervorzubringen. Das hat mit der kulturellen Prägung vieler Migranten zu tun, aber nicht nur. Auch die Geisteshaltung der Aufnahmegesellschaft sowie die Globalisierung, die Digitalisierung und die sich rasant immer weiterentwickelnden Kommunikationstechnologien spielen eine Rolle bei der Abschottung und mangelnden Integration der neuen Zuwanderer.

Die erste Migrationswelle schwappte bereits vor 9000 Jahren vom Nahen Osten nach Südeuropa und von dort weiter bis zu den Britischen Inseln und nach Nordeuropa. Seitdem ist die Kette der Wanderung zwischen den Erdteilen nicht abgerissen. Doch im Zuge der Eroberungskriege wurden die Migrationsströme noch eher gezielt gesteuert. Alexander der Große, der über ein gewaltiges Reich herrschte, begnügte sich nicht mit der Unterwerfung der »Barbaren«, sondern sorgte ganz bewusst für eine Durchmischung der Völker etwa in Alexandria und in der Levante. In diesem Schmelztiegel der Nationen gedieh eine wirtschaftliche und kulturelle Blüte. Später sorgten die Römer für die erste Phase der Globalisierung der Geschichte, ermöglicht durch militärische Eroberungen, aber auch durch Einwanderung. Und als die Araber sich im 8. Jahrhundert in Andalusien niederließen, ging das zwar nicht ohne Konflikte und Pogrome vonstatten, doch es folgte eine wirtschaftliche und wissenschaftliche Blütezeit, während der Muslime, Juden und Christen weitgehend friedlich zusammenlebten und voneinander profitierten.

In der Neuzeit löste die Entdeckung der sogenannten Neuen Welt eine Migrationswelle aus, die drei Kontinente besonders prägte: Nordamerika, Südamerika und Australien. Viele Ureinwohner wurden im Zuge der Einwanderung vernichtet oder marginalisiert. Manche unterlagen im Kampf gegen die mächtigen Eroberer, andere fielen Krankheiten zum Opfer, gegen die sie keine Abwehrkräfte hatten. Wieder andere, die sich in der neuen Welt mit ihren neuen Regeln nicht zurechtfanden, gingen in die innere oder äußere Isolation.

Wie der italienische Demograf Massimo Livi Bacci in seinem Buch *Kurze Geschichte der Migration*[1] bemerkt, erzeugt jeder Migrationsprozess einerseits Konflikte und Konfrontationen, andererseits kann er zu befruchtenden Impulsen führen – in kultureller, demografischer und sozialer Hinsicht. Bacci argumentiert, dass Migration in der Vergangenheit vor allem ökonomisch vorteilhaft war, und zwar sowohl für die Einwanderer als auch für die Aufnahmegesellschaft.

In der jüngeren Vergangenheit waren Armut und Hunger Auslöser dafür, dass von 1830 an immer mehr Menschen Europa Richtung Amerika verließen. Laut Bacci überquerten zwischen 1840 und 1932 achtzehn Millionen Menschen aus Großbritannien und Irland, 11,1 Millionen aus Italien, 6,5 Millionen aus Spanien und Portugal, 5,2 Millionen aus Österreich-Ungarn, 4,9 Millionen aus Deutschland und 2,1 aus Schweden und Norwegen den Ozean, um nur die größeren

Herkunftsländer zu nennen. Die Auswanderungswelle erreichte ihren Höhepunkt in den ersten 15 Jahren des 20. Jahrhunderts, als jährlich eine bis anderthalb Millionen Europäer ihren Kontinent verließen.

Nicht nur Hunger, Armut und Kriege drängten und drängen Menschen zur Migration, sondern auch Verfolgung und Diskriminierung. Im 20. Jahrhundert löste der erstarkte Nationalismus in Europa eine hässliche Phase des Antisemitismus aus, die ihren Höhepunkt im Holocaust fand. Millionen von Juden emigrierten nach Amerika oder Palästina. Das wiederum heizte die Konflikte im Nahen Osten an, der unter den Folgen des Kolonialismus litt und durch Unabhängigkeitskriege ein ständiger Unruheherd war.

Auch damals hatten die Neuankömmlinge zunächst Schwierigkeiten, sich in ihrer neuen Heimat einzufinden. Mit der Zeit gliederten sie sich – ohne Integrationsprogramme – in die neuen Gesellschaften ein, auch wenn manche von ihnen alte Bräuche und Rituale beibehielten. Das sehen wir zum Beispiel bei den Iren und den chassidischen Juden in Amerika, bei den deutschen Protestanten in Chile oder bei den russischen und afrikanischen Juden in Israel. Was diese Migranten aber von vielen heutigen unterschied, ist, dass sie ihre mitgebrachte Identität nicht als eine Antithese oder eine Alternative zu jener Kultur betrachteten, in die sie eingewandert waren. Es gelang ihnen, ihre Kultur sozusagen zu Hause zu pflegen, aber im öffentlichen Raum als Bürger des neuen Staates aufzutreten, mit allen Rechten, aber auch mit allen Pflichten.

Mitte des 20. Jahrhunderts, nach den Verheerungen des Zweiten Weltkriegs, führten die zunehmende Industrialisierung und demografische Veränderungen zu einer neuen Phase der Einwanderung. Westliche Staaten begannen, Migranten gezielt anzuwerben. Doch nicht alle durften überall hinkommen. Ausländergesetze und befristete Aufenthaltsregeln sorgten dafür, dass es Einwanderungswilligen schwerer gemacht wurde, sich eine Existenz jenseits des Willens des Einwanderungslands aufzubauen. Die USA, Kanada und Australien verabschiedeten Einwanderungsgesetze, die dafür sorgten, dass hauptsächlich gebildete und gut qualifizierte Migranten ins Land kamen. Europäische Staaten warben dagegen eher um geringer qualifizierte Gastarbeiter aus »ärmeren« Regionen der Welt. Viele kamen aus den ehemaligen Kolonien nach Frankreich, Großbritannien und in die Niederlande. Die Beziehung der Migranten zu ihren neuen Gastländern war oftmals problematisch, geprägt von Verbitterung und Ressentiments.

Nach Deutschland kamen Gastarbeiter aus Italien, Portugal, dem damaligen Jugoslawien und aus Griechenland. Sowohl die Migranten als auch die Deutschen gingen anfangs davon aus, dass es sich um einen »Deal« auf Zeit handeln würde. Nach einigen Jahren würden die »arbeitenden Gäste« wieder in ihre Heimatländer zurückkehren. Deutschland stellte kaum Erwartungen an die Migranten, außer jenen, die ihnen die aufgenommene Arbeit stellte. Und auch die Migranten stellten kaum Ansprüche an das Gastland, außer der Möglichkeit, Geld zu verdienen. Doch anders als erwartet blieben viele der Migranten nicht für kurze Zeit als Gäste, sondern dauerhaft. Ihre Familien zogen hinterher, Kinder wurden hier geboren und wuchsen hier auf. Mittlerweile leben Nachkommen der ehemaligen Gastarbeiter in der dritten und vierten Generation in Deutschland.

Über Integration machte man sich erst Gedanken, als sich die wirtschaftlichen Strukturen des Landes veränderten und die Arbeitslosigkeit anstieg, was sich vor allem in Bereichen auswirkte, in denen schlechter Qualifizierte tätig waren. Seitdem gehört das Wort Integration zum politischen Vokabular eines jeden Wahlkampfs, ohne dass es durch ein umfassendes

Konzept begleitet worden wäre. Obwohl man gerade bei türkischstämmigen Migrantenkindern eine Bildungslücke im Vergleich zu dem Rest der Gesellschaft feststellte. Obwohl schon damals erste Studien belegten, dass viele von ihnen ihre Identität eher in Abgrenzung zu Deutschland definierten, und obwohl sich bereits andeutete, dass sich gefährliche Parallelgesellschaften gebildet hatten, in denen sich gewisse Kreise abschotteten.

In der Politik gab es zwar ein Bewusstsein, dass man hier etwas unternehmen sollte, aber einen Plan gab es nicht. Zwischen den beiden Polen – hier die manchmal als Traumtänzer verlachten Verfechter von Multikulti, dort die teils als Ausländerfeinde gebrandmarkten Verfechter von bedingungsloser Anpassung – gab es wenig Stimmen, die Gehör fanden. Und mit dem Fall der Mauer bestimmten mit einem Mal andere Themen die politische Debatte. Das Augenmerk verlagerte sich nach Ostdeutschland, um die neuen Bundesbürger in die Demokratie und die Marktwirtschaft zu integrieren. Dann folgte eine Welle von Kriegen, in Afghanistan, auf dem Balkan, im Irak und schließlich in Syrien und Afrika, die dazu führte, dass sich Hunderttausende Flüchtlinge auf den Weg nach Europa machten. Auch wenn die Hauptlast nach wie vor Anrainerstaaten in den Krisenregionen tragen und Europa lange Zeit die Verantwortung auf Mittelmeerstaaten wie Italien und Griechenland abgewälzt hat, ist das Problem spätestens seit der Flüchtlingskrise von 2015 mit voller Wucht auf dem Kontinent angekommen.

Die Frage ist, ob Europa darin eine Chance sehen kann oder nur eine Belastung. Und ob die Neuankömmlinge ihrerseits darin eine Chance sehen können und sie auch ergreifen oder ob sie in der Gesellschaft ihrer neuen Heimat eine Bedrohung sehen. Bei der Beantwortung dieser Fragen hilft ein Blick zurück: Was ist in der Vergangenheit schiefgelaufen, und was ist im Bereich Integration gelungen? Es reicht aus meiner Sicht nicht aus, die unzähligen Studien und Artikel zu diesem Thema zu lesen, denn die wenigsten liefern eine befriedigende Antwort auf die Frage, ob die Integration nun gelungen oder gescheitert ist. Ich halte es für eine Berufskrankheit vieler Migrationsforscher, dass sie dazu neigen, Migranten in Schutz zu nehmen und die Schuld bei Problemen allein dem Staat und der Mehrheitsgesellschaft in die Schuhe zu schieben. Deshalb habe ich mich entschieden, mit Migranten aus unterschiedlichen Generationen zu reden und sie nach ihrer ganz persönlichen Integrationsgeschichte zu fragen. Ich habe mit Migranten der ersten, zweiten und dritten Generation gesprochen, mit Flüchtlingen und Flüchtlingshelfern, mit Islamisten und ehemaligen Radikalen, mit Schülern und Lehrern, mit Psychologen, Soziologen, Polizisten und Migrationsforschern. Es ging mir dabei nicht um die Sammlung von Anekdoten und Argumenten, die wahlweise die These des Scheiterns oder des Erfolgs der Integration hätten bekräftigen können, sondern um die Suche nach strukturellen und ideologischen Fehlern aus der Vergangenheit, die bis heute nachwirken oder noch bestehen. Die Ergebnisse dieser Gespräche werde ich in den folgenden Kapiteln präsentieren, doch in wenigen Worten lässt sich vorab zusammenfassen: Die Integration scheitert an Versäumnissen in den Bereichen Bildung, Erziehung und Wertevermittlung. Sie scheitert an Identitätshygiene, an Ab- und Ausgrenzung. Die rückwärtsgewandten Utopien im Kopf vieler Migranten, aber auch die nationalistischen Vorstellungen des rechten Randes in Deutschland gefährden das Zusammenleben und die innere Sicherheit. Die Integration scheitert an der Politisierung und Institutionalisierung des Islam in Deutschland, an der Naivität der Politiker und an der Passivität der friedlichen Muslime. Sie scheitert an konkurrierenden Wertesystemen und Zukunftsvisionen, an Opferhaltung und Anspruchsmentalität. Sie scheitert an Radikalisierung und Gewalt, an gegenseitiger Angst und Misstrauen. Sie scheitert an der starken Emotionalisierung der Debatte um Islam und Migration und am Fehlen einer offenen Streitkultur. Sie scheitert am Begriff Integration selbst, der für die einen ein Reizwort ist und für die anderen ein Märchen aus Tausendundeiner Nacht.

Wir sind an einem Punkt angelangt, an dem wir sehr viel ändern müssen. Deutschland schafft sich mit Sicherheit nicht gleich ab, aber dem Land droht eine große Spaltung, die später vielleicht nicht mehr rückgängig zu machen ist. Der Staat und seine Organe, die Zivilgesellschaft, die bislang weitgehend schweigende Masse aus Deutschen und liberalen Muslimen müssen endlich handeln!

4

Was ist schiefgelaufen?

Von Sünden, Wendepunkten und Rückschlägen in der Integrationsgeschichte

Alles begann sehr friedlich und vielversprechend. Auf das erste Anwerbeabkommen mit Italien 1955 folgten bis 1968 acht weitere, darunter 1961 mit der Türkei. Im September 1964 wurde der Portugiese Armando Rodrigues de Sá als millionster Gastarbeiter in Deutschland begrüßt. Die Wirtschaft boomte, und alle profitierten davon. Die Worte Parallelgesellschaft und Integration waren noch nicht erfunden. Doch die Idylle trog. Denn, wie Max Frisch es formulierte, »man hat Arbeitskräfte gerufen und es kamen Menschen«.[1] Menschen, die Bedürfnisse und Ängste hatten und die in eine Gesellschaft kamen, deren Mitglieder laut einer Umfrage des Allensbacher Instituts mehrheitlich der Meinung waren, es gebe eigentlich genügend deutsche Arbeitskräfte. Im Zuge der Ölkrise und einer ersten großen Entlassungswelle wurde 1973 ein Anwerbestopp verfügt, von dem nur Italien ausgenommen war. Zehn Jahre später versuchte die Bundesregierung, mit finanziellen Anreizen die Rückkehrbereitschaft der Gastarbeiter zu fördern. Denn, das hatte die Vergangenheit gezeigt, nicht alle waren nach ein paar Jahren zurückgekehrt, um sich mit dem hier verdienten Geld ein Haus in der Heimat zu kaufen oder dort einen Laden zu eröffnen.

Der Anwerbestopp ließ den hier lebenden ausländischen Arbeitnehmern die Möglichkeit, ihre Familien nachzuholen. Mit dem Familiennachzug kamen neue Probleme: Frauen, die keinen Job hatten und kein Deutsch sprachen. Kinder, die in der alten Heimat sozialisiert waren und kaum Chancen hatten, sich als vollwertiges Mitglied in die Gesellschaft der neuen Heimat einzugliedern. Denn, auch wenn die Erfahrungen anderes gezeigt hatten, ging die Politik nach wie vor von einer temporären Episode aus, die Diskussion drehte sich um die Wirtschaft und den Arbeitsmarkt, nicht um die Menschen an sich. So blieb das Verhältnis der Gastarbeiter zu Deutschland ebenso ambivalent wie das der Deutschen zu ihren ausländischen Nachbarn.

Die zweite Ölkrise, die Krisen in Bergbau und Stahlindustrie sowie später die New Economy, die Globalisierung und Digitalisierung veränderten die Arbeitsstrukturen im Land massiv. 1983 lag die Arbeitslosenquote bei 9,1 Prozent, unter den ausländischen Arbeitnehmern bei 15 Prozent. Das Rückkehrhilfegesetz sollte für eine Entlastung auf dem angespannten Arbeitsmarkt sorgen. Was es für die Menschen bedeutete (siehe oben), war sekundär.

In den folgenden Jahrzehnten gab es weitere Eckpunkte, die das Zusammenleben stark belasteten. Ich greife hier nur einige wenige heraus: die Welle der Gewalt gegen Gastarbeiter und Asylbewerber in den 1990er-Jahren, der 11. September, die Sarrazin-Debatte, der NSU-Skandal, die Flüchtlingskrise, die Silvesternacht 2015/2016 in Köln, der Anschlag auf den Weihnachtsmarkt 2016 in Berlin, das Referendum für eine neue Verfassung in der Türkei und der Einzug der AfD in den Bundestag. Vieles hat sich hier aufgestaut. Konflikte erschweren nicht nur das Leben, sie haben auch das Potenzial, zu wachsen und sich zu verselbstständigen. Die Frage ist, ob genau das nicht längst schon passiert ist.

Segregation und die Macht des Kollektivs

Seyran Ateş ist eine deutsch-türkische Rechtsanwältin, die durch ihre kritischen Bücher zum Thema Integration bekannt wurde. Weltberühmt wurde sie aber, als sie 2017 in Berlin die erste liberale, inkludierende Moschee in Deutschland mitinitiierte, in der Muslime aller Glaubensrichtungen willkommen sind, ohne Kopftuchzwang und ohne Trennung zwischen Mann und Frau in den Gebetsreihen. Ateş ist zudem Imamin der neuen Ibn Rushd-Goethe-Moschee, in der auch Schwule und Lesben willkommen sind. All das löste eine Welle der Empörung nicht nur unter den konservativen Muslimen in Deutschland aus, sondern weltweit. Ateş wurde mit viel Kritik, Spott und Beleidigungen überzogen, sie erhielt sogar Morddrohungen. Es gab aber auch Zuspruch und Unterstützung von jungen Muslimen aus aller Welt.

Bevor ich mit Ateş über diese kleine Revolution und ihre Auswirkungen spreche, will ich mit ihr über die Anfänge ihres Lebens in Deutschland reden und erfahren, was gut und was schiefgelaufen ist. Ateş zog Ende der 1960er-Jahre von Istanbul nach Berlin-Wedding, wo ihre Eltern bereits lebten. Für die Sechsjährige war die klassische Mädchenrolle vorgesehen: Sie sollte Eltern und Brüder bedienen, durfte allein die Wohnung nicht verlassen. Zu ihrem Glück wohnte eine alte Dame im Haus, eine Deutsche, die sich um Seyran kümmerte. Sie war für Seyran der Türöffner für Deutschland – menschenzugewandt, interessiert, empathisch und hilfsbereit. »Sie war für mich wichtiger als so manches Familienmitglied«, meint Ateş. »In der Vorschule war ich wegen meiner fehlenden Sprachkenntnisse ziemlich isoliert. Und in der Grundschule war ich das einzige türkische Kind in der Klasse.« Da sie anfangs noch nicht mithalten konnte, wurde sie vorübergehend in eine reine Ausländerklasse gesteckt. »Das war überhaupt die Ursünde und der Beginn der Parallelgesellschaft«, sagt sie. In dieser Klasse waren die meisten türkischen Kinder aus ihrer Straße versammelt, was für beide Seiten der vermeintlich leichteste Weg war. Man blieb unter sich, warum auch nicht, es war ja alles nur vorübergehend. Diese ewige Vorläufigkeit prägt die Integrationsdebatte bis heute.

Von ihren Eltern lernte die kleine Seyran, die Deutschen zu fürchten, aber nicht unbedingt, sie zu respektieren. »Sie hatten Angst vor den Deutschen«, sagt sie. Diese Angst war vielschichtig, aber oft ging es um Moralvorstellungen und darum, dass die konservativen Eltern fürchteten, ihre Tochter könne so freizügig wie die Deutschen leben wollen. »Meine Eltern kamen zu einer Zeit nach Deutschland, als hier die wilden Sechziger tobten und die sexuelle Revolution voll im Gange war. Sie haben überhaupt nicht begriffen, was vor sich ging, und waren total verunsichert.« Mal war es aber auch die Angst der materiell unterlegenen, tolerierten, aber nicht akzeptierten Gastarbeiter vor dem System, das so perfekt zu funktionieren schien und keine Fehler tolerierte. »Wenn wir laut waren, schimpften uns unsere Eltern und sagten: Seid still, unter uns wohnen Deutsche. Sie werden die Polizei rufen und uns ausweisen.« Man akzeptierte, dass man hier nur zu Gast war, keine Ansprüche stellen durfte und sich zu benehmen hatte. Unter diesem Gesichtspunkt betrachtet ist es aus meiner Sicht falsch, wenn behauptet wird, die erste Generation sei besser integriert gewesen als die zweite und die dritte. Diese erste Generation wurde weder dazu eingeladen, dazuzugehören, noch hat sie es selbst in großen Teilen angestrebt. Wegen ebenjener Vorläufigkeit, mit der man auf allen Ebenen konfrontiert war.

Seyrans Mutter war Türkin, sie blieb Türkin, und sie wollte nie etwas anderes werden. Seyran selbst wollte Deutsche werden, ohne ihre türkischen Wurzeln zu verleugnen. Ihrer eigenen Tochter, so erzählt sie, dürfe man mit der Frage nach Heimat und Wurzeln gar nicht kommen. Die Welt sei Heimat für sie. Das erinnerte mich an das, was mir Henryk M. Broder einmal erzählt hat. Sein Großvater sei ein Pferdehändler gewesen, sein Vater ein Handwerker, der sich alles, was er konnte, selbst beigebracht hatte. Nur vier Jahre lang hatte er eine Dorfschule besucht. Henryk war elf, als er mit seinen Eltern von Polen nach Deutschland kam, wo er 1966 Abitur machte. Seine Tochter hat in Paris, Bologna, Tel Aviv und Washington studiert und ihr Studium an einer amerikanischen Eliteuniversität abgeschlossen. »Das ist gelungene Integration. Aber so etwas geht über drei, vier Generationen. Einen Integrationskurs zu belegen ist nicht genug«, sagte er.

Wenn die Familie das zulässt und dem Kind ermöglicht, seine Identität um andere Komponenten zu erweitern und sich frei zu entwickeln, liegt darin eine große Chance. Kinder der zweiten Generation wie Ateş haben viel verändert. Sie haben nicht nur den sozialen Aufstieg geschafft, auch ihre Geisteshaltung gegenüber Deutschland ist eine andere als noch die ihrer Eltern. Das ist aber eher die Ausnahme, und das gelingt oft nur gegen Widerstände, die auch Ateş erlebt hat. Während sie in der Schule erfolgreich war und große Anerkennung genoss, herrschten zu Hause Repression und Unterdrückung. Ein kleiner Koffer war alles, was sie mitnahm, als sie noch vor dem Abitur heimlich ihr Elternhaus verließ.

Die meisten Eltern aus jener ersten Gastarbeitergeneration standen vor einer Zerreißprobe: Sie wollten natürlich, dass ihre Kinder beruflich erfolgreicher wurden als sie selbst, waren offen für schulische Bildung als Grundlage für einen guten Job. Gleichzeitig machten sie einen Rückzieher, fürchteten die offene Gesellschaft, wenn es um Moral und die Haltung zu Religion und Traditionen ging. Und selbst wenn den Eltern Letzteres persönlich fremd war, gab es immer noch die Community, die enormen Druck aufbauen konnte, Eltern und Kinder sozial kontrollierte und sie vor Sittenverfall und einer Verschmelzung mit der deutschen Gesellschaft warnte.

Die Familie kann sehr viel verhindern, doch ein Kind kann sich – wie Seyran – später davon lösen und sich durchsetzen oder so lange mit der Familie verhandeln, bis ein Kompromiss erreicht wird. Das ist aber nur möglich, wenn das Kollektiv der Migrantencommunity nicht eingreift. Selbst wenig konservative Eltern beugen sich meist dem Druck der Community und erziehen ihre Kinder im Sinne von Religion und Tradition. Das Fatale an dieser Erziehung ist, dass das Wohlwollen und die Anerkennung der Community mehr zählen als das Wohl des Kindes. Diese Communitys haben auch deshalb so eine große Macht, weil sich mit der Zeit beinahe homogene Stadtviertel entwickelten. Keine Durchmischung mit anderen Ausländern und schon gar nicht mit Deutschen. Verglichen mit den Anfängen haben sich diese Infrastrukturen und damit auch die Kontrollmechanismen des Kollektivs enorm ausgeweitet. Das ist meines Erachtens auch einer der Gründe, warum es die Kinder der dritten und vierten Generation schwerer haben.

»Meine eigentliche Integration begann erst, als ich von zu Hause abgehauen bin. Fünfzehn Jahre lang lebte ich nur unter Deutschen. Ich konnte erst Deutsche werden, als der Einfluss der Familie und des Kollektivs nicht mehr da waren«, meint Seyran Ateş. »Es hat mich immer gekränkt, dass für meine Eltern die Meinung unserer türkischen Nachbarn wichtiger war als meine Meinung. Deshalb musste ich gehen.« Ganz abschütteln ließ sich das Kollektiv aber bis heute nicht, obwohl ihre Eltern, wie Seyran sagt, nach ihrem Weggang große Schritte vollzogen hätten und es inzwischen wichtig fänden, dass sie glücklich ist. Doch als sie die liberale Moschee gegründet hatte, rief ihre Mutter bei ihr an, um ihr mitzuteilen, dass die Tanten und Onkel das nicht gut fänden. Sie könne doch nicht zulassen, dass Männer und Frauen Seite an Seite in der Moschee beteten.

Und genau hier liegt ein zentrales Problem der Integration. Das Kind, das nach Freiheit und Selbstbestimmung strebt, wird gleich von mehreren Seiten in die Zange genommen. Die deutsche Gesellschaft will, dass es sich von den alten Strukturen löst, um Teil der neuen Strukturen, Teil der Mehrheitsgesellschaft zu werden. Die Eltern und/oder die Community wehren sich vehement dagegen und verfügen über effektive emotionale und materielle Sanktionsinstrumente. Schafft einer dann den Aus- und Aufstieg, wirkt er selten in seine Community zurück. Sein Erfolg wird eher als Verrat an den eigenen Werten und Traditionen verstanden. Auch deshalb lebt Seyran Ateş nun unter Polizeischutz und erfährt nur leise Unterstützung von einigen Muslimen. Die Mehrheit reagiert entweder gleichgültig oder sieht sie als Nestbeschmutzerin. Leider hat sich unter den Muslimen noch kein Gegenkollektiv gebildet, das die Freiheit nicht nur toleriert, sondern auch zelebriert. Der freie Muslim ist nach wie vor ein Einzelkämpfer, der nicht nur für seine Freiheit kämpfen, sondern sich dafür bei vielen sogar entschuldigen muss.

Auch mit der Journalistin Güner Balcı, einem Kind der zweiten Generation, das in Berlin-Neukölln unter Migranten aufgewachsen ist, treffe ich mich, um mit ihr über das Dilemma der dritten und vierten Generation zu reden. Ähnlich wie Ateş sieht sie das Hauptproblem bei der Integration darin, dass ein Großteil der jungen Muslime, Jungs wie Mädchen, ihre Identität über ihre Rolle in diesem konservativen Kollektiv definieren. Statt sich dagegen zu wehren oder es von innen heraus zu verändern, würden sie sich fügen und es nach außen auch noch verteidigen. Viele lebten in regelrechten »gated communities«, wo den jungen Leuten kaum eine Alternative bleibe, als sich einzugliedern. Die deutsche Oma von damals, die die Tür oder zumindest ein Fenster zur deutschen Gesellschaft öffnen könnte, lebt in diesen Vierteln nicht mehr. Es gibt keine Vorbilder oder »role models« außer denen aus der konservativen und patriarchalisch strukturierten Community: Familien- und Clanoberhäupter, aus dem noch konservativeren Ausland rekrutierte Imame, Salafisten, die nur zu gerne die nach Sinn suchende Jugend rekrutieren, Gangmitglieder mit dicken Autos … zugegeben, das ist etwas zugespitzt. Aber nicht weit weg von der Realität. Denn erfolgreiche Fußballer, Boxer, Comedians oder Rapper können nur so lange Vorbilder sein, solange sie sich der Tradition der Migranten verpflichtet fühlen. Kommt von ihnen aber Kritik an den Strukturen der Community oder am Opferdiskurs, der in diesen Kreisen immer wieder gepflegt wird, werden sie als »Haustürken« beschimpft – so wie es bei dem Kabarettisten und Autor Serdar Somuncu und dem Politiker Cem Özdemir der Fall war.

Angst und Misstrauen

Fast alle erfolgreichen Migrantenkinder, die ich interviewt habe, erklärten ihre Erfolgsgeschichte damit, dass sie Eltern hatten, die ihnen den Weg in die Freiheit nicht versperrt haben, und dass eine deutsche Bezugsperson ihnen geholfen hat, in der neuen Gesellschaft anzukommen: eine Oma aus dem Viertel, eine Lehrerin, deutsche Freunde. In Augsburg treffe ich die WDR-Journalistin Aslı Sevindim. Sie wurde 1973 in Duisburg-Marxloh geboren, ihr Vater arbeitete als Kranführer bei Thyssen, die Mutter war Fabrikarbeiterin. Aslı erlebte sowohl das Entstehen einer Parallelgesellschaft in ihrem Stadtviertel als auch den Niedergang von Stahlindustrie und Bergbau, durch den Deutsche und Gastarbeiter gleichermaßen ihre Jobs verloren. Die Verelendung dieses Gebietes hatte fatale soziale Konsequenzen, die bis heute nachwirken. Man könnte nun meinen, dass Aslı das typische Leben eines Migrantenkindes in einem Viertel geführt hat, das von konservativem Gedankengut und sozialer Kontrolle durch die türkische Gemeinschaft geprägt wurde. Doch es kam anders. Ihre Mutter war eine starke Frau, die zunächst alleine nach Deutschland gekommen war, um zu arbeiten, ihr Mann kam später nach. Sie war der Boss, nicht nur in den eigenen vier Wänden, sondern auch außerhalb. Am wichtigsten war für sie, dass ihre drei Töchter eine gute Bildung und später eine gute Arbeit erhielten. Das ist gelungen: Aslı ist Journalistin, ihre ein Jahr jüngere Schwester arbeitet als Personalentwicklerin in einem Multimediakonzern, und die jüngste Schwester ist als Bürokauffrau tätig. Den Schlüssel für den Erfolg sieht Aslı bei ihren Eltern: »Sie kamen ohne Angst nach Deutschland und haben uns angstfrei erzogen. Es gab keine Skepsis gegenüber den Deutschen und ihrer Kultur, im Gegenteil. Sie waren einfach offen für ihre neue Heimat.« Ganz selbstverständlich bestand die Mutter darauf, dass die Mädchen einen Kindergarten in der Nachbarschaft besuchten – einen katholischen. Als die Muslimin erfuhr, dass ihre Töchter dort, wie die anderen Kinder auch, niederknieten und beteten, nahm sie das gelassen. Heute würde so etwas für Schlagzeilen sorgen und heftige Debatten in Gang setzen, Islamverbände würden Zwangschristianisierung wittern, und der türkische Präsident Erdoğan würde die Leitung des Kindergartens eines Verbrechens gegen die Menschlichkeit bezichtigen. Mutter Sevindim dagegen bat die Erzieherin lediglich um die Erlaubnis, dass ihre Töchter während des Gebets die Hände gen Himmel richten dürfen, wie Muslime es tun, anstatt sie zu falten. So erstickte man mögliches Konfliktpotenzial bereits im Keim, der kleine Kompromiss lieferte für niemanden einen Anlass zum Gekränktsein oder zu Verschwörungstheorien.

Auf der Grundschule hatte Aslı ebenfalls Glück. Sie musste nicht, wie damals üblich, eine Ausländerklasse besuchen; zwar war sie recht still und eher inaktiv, aber die Lehrerin hatte erkannt, dass sie Potenzial hatte. Sie beriet die Eltern später auch und ermutigte sie, Aslı aufs Gymnasium zu schicken. Diese Unterstützung erfahren nicht alle Schüler mit Migrationshintergrund, nicht einmal die intelligentesten und motiviertesten unter ihnen. Gerade jene, die noch im Ausland auf die Welt kamen, plagten sich mit Sprachproblemen. Aufgrund der Schwierigkeiten, sich zu artikulieren, trauten manche Lehrkräfte ihnen nicht zu, einen höheren Bildungsweg einzuschlagen. Auch die Auffassung, die Eltern seien sowieso nicht bildungsorientiert und das Gymnasium für sie eher eine Überforderung, spielte eine negative Rolle. Eine Studie belegt tatsächlich, dass die Erwartungen der Lehrer an Schüler mit Migrationshintergrund wesentlich niedriger sind als ihr Leistungspotenzial. Wenn man aber Kinder von vorneherein als schlecht einstuft, wird dies zu einer sich selbst erfüllenden Prophezeiung: Wenig fordern heißt auch wenig fördern.

Für Aslı gab es rechtzeitig die Möglichkeit, einen anderen Weg einzuschlagen. Eltern, die ihr nicht im Weg standen und keine Angst hatten vor schädlichen Einflüssen der Mehrheitsgesellschaft, ein katholischer Kindergarten, in dem sie und ihre Schwestern »die andere Seite« und deren Religion unvoreingenommen kennenlernen konnten, und eine Lehrerin, die ihr Potenzial erkannte und sie förderte. Dazu kamen Bücher, Musik und Kunst und der ernsthafte Wille, es in dieser Gesellschaft zu etwas zu bringen. Genau hierin liegt für manch anderes Kind – nicht nur mit Migrationshintergrund, aber dort verstärkt – eine weitere Hürde: Eltern können es manchmal nicht verstehen, wenn ihre Kinder sie überholen. Wenn sie weiterkommen als sie, wenn sie andere Sachen ausprobieren und andere Wege gehen, die dic Eltern nicht kennen und die sie vielleicht auch nicht gut finden. Die Angst, dass sich Kinder anders entwickeln könnten, als die Eltern sich das vorgestellt haben, existiert wohl überall auf der Welt. In patriarchalen und konservativ-religiösen Strukturen wird diese Angst aber auf unselige Weise verknüpft: mit der gefährlichen Lebensweise der »anderen«. Muslimische Eltern bremsen manchmal unbewusst, manchmal bewusst die Entwicklung der Kinder, aus Angst, diese könnten die deutsche Lebensweise attraktiver finden als die türkische oder islamische. Doch ohne die freie persönliche Entfaltung der Kinder gibt es keine gelungene Integration. Aslıs Eltern haben das verstanden, auch ohne zur Bildungselite zu gehören.

»Integration bedeutet oft, dass man jemandem wehtut«

Mit dem *Spiegel*-Journalisten Hasnain Kazim spreche ich in Wien über seine Integrationsgeschichte. Er wurde 1974 in Oldenburg als Sohn pakistanischer Einwanderer geboren. Auch bei ihm spielte die starke Mutter eine zentrale Rolle. Einige Jahre nach ihrer Ankunft in Deutschland konvertierte sie zum Christentum. An ihrer neuen Heimat schätzte sie, dass sie so leben konnte, wie sie es sich vorstellte – nämlich relativ frei. »Deutschland war für sie ein Akt der Befreiung und ein Bruch mit den Traditionen, mit denen sie groß geworden war«, sagt Kazim. Beide Elternteile hatten Vertrauen in Deutschland und gaben dieses Vertrauen an ihre Kinder weiter. Und mehr noch: »Sie sagten zu uns, ihr sollt Teil der Gesellschaft werden, in der ihr aufwachst.« Im Rückblick sieht Hasnain Kazim auch im Umfeld einen wichtigen Schlüssel, der nicht nur die Integration der Kinder, sondern auch der Eltern förderte. Denn die Familie zog bald von Oldenburg in einen kleinen Ort bei Stade. In dem Weiler mit zweieinhalbtausend Einwohnern gab es nur vier Ausländer: das Ehepaar Kazim mit seinen zwei Kindern. Zeitweise kamen einige Erntehelfer aus der Türkei in das Obstanbaugebiet, ansonsten lebten dort keine Fremden. »Wir waren also gezwungen, uns mit den Deutschen auseinanderzusetzen, wir hatten sonst ja niemanden.«

Die Stimmung sei damals anders gewesen als heute, erinnert sich Hasnain: »Alle haben uns die Hand gereicht. Die Leute waren neugierig und wollten helfen. Sie haben uns nicht als Menschen empfunden, die ihnen etwas wegnehmen wollten.«

Die Frage bei der Integration ist allerdings nicht nur, ob einem die Hand gereicht wird oder nicht, sondern auch, ob man diese Hand annimmt oder ausschlägt. Hasnains Eltern haben diese Hand ergriffen. Sie besuchten ihre Nachbarn und luden sie zu sich nach Hause ein. In seinem Buch *Grünkohl und Curry. Die Geschichte einer Einwanderung* erzählt Hasnain Kazim, wie aus seiner Sicht eine Kultursymbiose ohne Konflikte entstehen kann. Voraussetzung dafür ist, dass beide Seiten sich mit Offenheit und Respekt begegnen. Dass man im anderen einen Menschen auf Augenhöhe sieht und ihn nicht nach Rasse, Religion oder Hautfarbe beurteilt. Voraussetzung dafür ist für Kazim aber auch das Bewusstsein aufseiten der Migranten, »dass Integration zwangsläufig mit sich bringt, sich von bestimmten Dingen zu trennen, die zur eigenen Tradition gehören. Das führt zu Konflikten, ist aber Teil des Prozesses.« Hasnain erinnert sich noch gut an einen Besuch seiner Tante, einer konservativen Schiitin aus Pakistan. Hasnains Schwester, die in ihrer Freizeit Ballettunterricht nahm, hatte eine Aufführung, als die Tante da war. Die war irritiert, weil ihre Nichte tanzte und dabei auch noch ein körperbetontes

Kostüm trug. Empört wies sie die Mutter zurecht: »Das kannst du nicht machen! Das entspricht nicht unserer Kultur.« Ballett galt in Pakistan als unsittlich, aber der Mutter waren die eigenen Kinder wichtiger als die moralische Bewertung der Verwandten. Sie hielt ihr entgegen, dass ihre Kinder in Deutschland wie Deutsche aufwachsen sollten und sie sich deshalb von einigen alten Vorstellungen gelöst habe. »Es gab viele solcher Brüche, die gelegentlich auch Verletzungen zur Folge hatten. Integration bedeutet oft, dass man jemandem wehtut. Ich glaube, ohne Schmerzen geht es nicht«, meint Hasnain Kazim.

Wäre Hasnain in Birmingham, East London oder Frankfurt in einem von Migranten geprägten Stadtviertel aufgewachsen, und nicht auf dem Land, wäre seine Geschichte vielleicht anders verlaufen. Der Druck wäre nicht nur von einer Tante gekommen, die kurz zu Besuch in der Fremde war, sondern von der Communitiy. Eine Konvertitin, die ihre Tochter zum Ballett schickt, wäre ein gefundenes Fressen gewesen. Es ist immer auch eine Frage der Zahlen: Hätten statt der 4 Pakistaner 400 in diesem Dorf gelebt, hätten sie aufeinander Druck ausgeübt, um die eigene Kultur hier zu bewahren. Und ebenso hätten die Dorfbewohner wohl mit mehr Skepsis und Ablehnung reagiert.

»Wenn ihr uns die Tür vor der Nase zuhaut, dann treten wir sie eben ein«

Wie es hätte anders kommen können, zeigt die Geschichte von Cem Gülay, geboren 1970 in Hamburg. Sein Vater war als einer der ersten türkischen Gastarbeiter nach Deutschland gekommen und holte seine Frau später nach, als der Familiennachzug möglich wurde. Sie war fünfzehn, als Cem auf die Welt kam. Der Vater war säkular und modern, die Religion spielte für ihn kaum eine Rolle. Er malochte bei Siemens und fuhr nachts Taxi. Wie viele Gastarbeiter war er froh, in Deutschland zu sein und gutes Geld zu verdienen. Richtig willkommen fühlte er sich allerdings nicht, er spürte Skepsis und Vorbehalte. Während man Italiener und Griechen schneller akzeptierte, wohl auch, weil sie nicht nur kulinarisch die deutsche Gesellschaft bereicherten, galten Türken vielen als »dreckig« und »unkultiviert«. Man wollte nichts mit ihnen zu tun haben. Cem Gülay versteht daher auch nicht, warum Westdeutsche heute den moralischen Zeigefinger erheben, wenn es um ostdeutsche Ressentiments gegenüber Migranten oder Flüchtlingen geht. »Die Westdeutschen waren damals genauso. Und das, obwohl es weder Terror noch Übergriffe gab. Die Gastarbeiter, auch die Türken, haben sechzig Stunden pro Woche gearbeitet, sie lagen dem Staat nicht auf der Tasche. Der Grund für Skepsis und Ablehnung war schlicht ihr Status als Ausländer.« Er ist der Meinung, dass die Ostdeutschen sich nun in einer Entwicklungsphase befänden, die im Westen des Landes Jahrzehnte angedauert habe und immer noch nicht abgeschlossen sei.

Cems Vater sah die Zukunft seiner Kinder, trotz aller Probleme, in Deutschland, nicht in der Türkei. Zu Hause wurde Deutsch gesprochen, die Eltern hatten kaum Kontakt zu anderen Migranten. Cem wiederum erkannte schnell, dass ihm zwar theoretisch alle Türen offen standen, er aber als Türke in Deutschland nur der »Kanake« war. Er nannte sich »Sam« und behauptete, Grieche zu sein, um besser behandelt zu werden. »Am Anfang steckte ich nur mit deutschen Kindern zusammen und mied die Türken richtig, so sehr wollte ich dazugehören.« Cem war ein begnadeter Fußballer und kickte für die Hamburger Jugend-Auswahlmannschaft, später für die A-Jugend des FC St. Pauli. Er träumte davon, später für die deutsche Nationalmannschaft zu spielen. Doch sein Trainer sagte ihm, er würde es niemals in die Nationalelf schaffen, denn Berti Vogts, damals DFB-Jugendchef, wolle keine Ausländer im Team. Für Cem war Fußball bis dahin der beste Weg zur Integration gewesen; als er dann noch erfuhr, dass deutsche Nachwuchsspieler im Verein längst Amateurverträge hatten und das Sechsfache verdienten, hängte er die Stollenschuhe an den Nagel. »Ich fing mit Kampfsport an, um mich wehren zu können.«

Deutschland wollte Migrantenkinder offenbar nicht wirklich integrieren, noch nicht einmal die hier geborenen. »Und die Jugendlichen, die in der Türkei groß geworden waren und durch den Familiennachzug kamen, hatten von Anfang an erst recht keine Chance«, meint Cem. Sie hatten keine oder nur eine schlechte Ausbildung, sprachen kaum Deutsch und fanden sich in einer durchregulierten, reichen Gesellschaft wieder, in der sie nie ankommen würden. Jugendliche ohne Perspektive, die keiner wollte, die neidisch waren und wütend – das war der Beginn der Radikalisierung, die damals noch keine religiöse war. Vor allem junge Männer schlossen sich in kleinen Gangs zusammen und wurden gewalttätig. In der Gruppe fühlten sie sich stark, sie hatten weder Hemmungen gegenüber den Deutschen noch Respekt vor ihnen und glichen die Unterlegenheitserfahrungen, die sie im Alltag machten, dadurch aus, dass sie deutsche Jungs »abzogen«. Durch Messerstechereien, Diebstahl und Prügeleien holten sie sich das, was ihnen vermeintlich zustand, worauf sie ein Recht zu haben glaubten. Nach dem Motto: »Ihr haut uns die Tür vor der Nase zu, gut, wir treten sie ein.«

Cem sieht Parallelen zur Situation vieler junger Flüchtlinge heute, die im Pubertätsalter ohnmächtig und perspektivlos ins Land kommen; trotz vieler Hilfestellungen bleibe ein Unterlegenheitsgefühl, das bei einigen dazu führe, sich durch Gewalt und Kriminalität behaupten zu wollen. In gewisser Weise sei die Lage der türkischen Jugendlichen von damals auch mit der Situation vieler Ostdeutscher nach der Wiedervereinigung vergleichbar, die mit Neid, Unsicherheit und Verbitterung und Minderwertigkeitskomplexen auf das reiche Westdeutschland geblickt hätten und das teils immer noch tun. Weil sie sich abgehängt fühlen, noch immer nicht in dieser Gesellschaft angekommen.

Deutschland hatte damals keine Antwort auf die Gewalt dieser Jugendlichen, kein Rezept, um sie von der Straße zu holen. Einige Intensivtäter wurden zwar abgeschoben, aber das strukturelle Problem blieb. Bolzplätze und Jugendzentren, die sich engagierten, wirkten nur bei jenen, die noch nicht tief in die Netzwerke der Gangs verstrickt waren. Das Problem mit Gewalt und Kriminalität in bestimmten Vierteln hat man bis heute nicht in den Griff bekommen, weil der Staat keine umfassende Strategie entwickelt hat und weil die Parallelgesellschaft einen fruchtbaren Boden bietet. Eine Kultur des Gehorsams bzw. des Schweigens und die familiären Netzwerke machen es für die Polizei schwieriger, die kriminellen Banden zu zerschlagen. Indem die Politik viel zu lang von »Gastarbeitern« sprach, auch noch als klar war, dass diese längst keine Gäste mehr waren, produzierte Deutschland sozusagen seine eigenen Ausländer. Und indem man erst das Entstehen und dann das Wachstum von Parallelgesellschaften duldete, entstand eine Schieflage, die man Jahrzehnte später nicht über Nacht beheben kann.

Bei Cem standen die Chancen eigentlich gut. Sein Traum von der Nationalelf war zwar geplatzt, aber er machte Abitur, als einziger Türke seines Jahrgangs. Wobei er seinen Schulabschluss ganz nüchtern sieht: »Ich war der Quotentürke. Man hat mich durchkommen lassen, Ausländerbonus halt. In Bayern oder Baden-Württemberg hätte ich es nie geschafft.« Danach wollte er eigentlich studieren, doch er entschied sich für einen anderen Weg.

Die Stimmung in Hamburg-Lokstedt hatte sich verändert, immer mehr Deutsche zogen weg, auf Spielplätzen wurde gedealt, Gangs eroberten die Straße. Erst die Türken und dann, als Reaktion darauf, wie Cem glaubt, die Skinheads. Es gab regelrechte Straßenschlachten. Hinzu kamen private Probleme, die Scheidung der Eltern, Unzufriedenheit und Frust. Das geplante Studium erschien mit einem Mal nicht nur mühsam, sondern auch keineswegs als Garantie für eine Akzeptanz und einen guten Job in der deutschen Gesellschaft. »Ich hatte das Gefühl, ich sei lange genug verarscht worden, jetzt würde ich eben die anderen verarschen. Einer meiner Cousins verdiente mit Drogen und Zuhälterei sein Geld, und ich sah in der Kriminalität den besten und vor allem schnellsten Weg für den sozialen Aufstieg. Ich sehe mich nicht als Opfer Es war meine bewusste Entscheidung. Die Kriminalität kam nicht zu mir, sondern ich ging zu ihr. Ich wollte schnell ans Geld. Ich hatte diesen Film mit Al Pacino gesehen, *Scarface,* der die Geschichte des Mafiabosses Al Capone ins Miami der 1980er-Jahre verlegt. Da kommen zwei Kubaner mit einem Bananaboot nach Miami, sehen diesen Reichtum und fragen sich irgendwann: ›Wollen wir hier weiter Teller waschen, oder wollen wir uns das nehmen, was wir kriegen können?‹ Das fragte ich mich auch.« Cem stieg ins Warentermingeschäft ein, machte sich einen Namen, bis größere Banden auf ihn zukamen. Mitte der 1990er-Jahre war er Mitglied der »Gangster GmbH« des Paten Musa A., der Hamburgs Unterwelt eroberte. Frauen, Drogen, wilde Schießereien im Milieu – Cems Geschichte lässt sich in seiner Biografie *Türken-Sam. Eine deutsche Gangsterkarriere* nachlesen. Darin rechnet er auch mit der »total gescheiterten Integration von Türken in Deutschland ab«.

Mittlerweile ist er ausgestiegen und betreibt Kleiderläden in Berlin und Hamburg. Er versteht nicht, wie der deutsche Staat die kriminellen türkischen und arabischen Clans duldet und sie nicht zerschlagen kann. »Wie kann es sich eine Hauptstadt wie Berlin leisten, dass ganze Stadtviertel fest in den Händen von Kriminellen sind?«, fragt er. Der frühere Bürgermeister von New York, Rudolph Giuliani, habe mithilfe des FBI fünf mächtige Mafiafamilien in New York zerschlagen, warum könne Berlin das nicht? Giuliani habe den Central Park von Drogendealern gesäubert, warum könne Berlin nicht das Gleiche mit dem Görlitzer Park schaffen?

Er prophezeit, dass die Flüchtlingswellen der Kriminalität einen weiteren Anschub geben werden. Das Problem seien nicht unbedingt Menschen, die einen gesicherten Asylstatus hätten, sondern die vielen Zigtausende, die nur geduldet seien und keine langfristige Bleibeperspektive und damit keine Aufstiegschancen hätten. Viele von ihnen werden nach Einschätzung von Cem Gülay ihr Glück in der Kriminalität suchen. Und selbst jene, die anerkannt seien, würden es schwer haben. Bei den einen sei es die Sprachbarriere, die einen schnellen Einstieg in die Arbeitswelt verhindere, bei den anderen schlicht die fehlende Bildung.

Auch aus meiner Sicht ist das ein wichtiger Aspekt: Wir erleben gerade mit der Digitalisierung eine fundamentale Wende auf dem Arbeitsmarkt, wie sie zuletzt so vielleicht nur durch die Industrialisierung im 19. Jahrhundert stattgefunden hat. Doch während damals Jobs für alle Schichten entstanden, wird es in Zukunft nicht mehr so viele Stellen für ungelernte Arbeiter geben. Der Mensch hat sich in der produzierenden Industrie ein Stück weit abgeschafft. Das hat Folgen für alle Arbeitnehmer, egal welcher Herkunft. Die Angst vor dem sozialen Abstieg hat längst weite Teile der Gesellschaft erfasst, die Mittelschicht schrumpft, auch für deutsche Staatsbürger wird der Aufstieg immer schwerer, der Staat investiert viel Geld in Sozialleistungen. »Nur den Eliten geht es wirklich gut in diesem Land. Sie müssen sich nicht ansehen, was sich auf der Straße abspielt. Sie müssen ihre Kinder nicht auf Schulen mit einem hohen Migrantenanteil schicken, wo sie abgezogen werden. Sie haben die Wahl. Der Rest hat kaum noch eine.« Der Unmut der Bevölkerung nehme zu, immer begleitet von der Angst, abzurutschen. Die allgemein spürbare Verunsicherung suche sich Kanäle, auf denen sie sich entladen könne. Das Internet zum Beispiel, aber auch die offene Konfrontation. Wer das Gefühl hat, bedrängt zu sein, schlägt um sich. Zur Zukunftsangst kommen Terror, Kriminalität und der Druck von der politischen Rechten, der nicht nur manche Deutsche nervös macht. Viele gut ausgebildete junge Menschen mit Migrationshintergrund haben das Land inzwischen verlassen, es bleiben die sozial Schwachen, das Prekariat wird größer. Aus Sicht von Cem Gülay sind all das Faktoren, die nicht gerade zu einer gelungenen Integration beitragen. Die Chancen dafür hätten in Deutschland schon einmal besser gestanden, seien aber nicht ergriffen worden.

Deutsche und Türken – eine Geschichte mit vielen Kränkungen

Das Zusammenleben von Türken und Deutschen wurde mehrmals auf die Probe gestellt. Die Ölkrisen von 1973 und 1979/80 sowie der Einbruch in der Stahlindustrie und im Bergbau führten dazu, dass viele Gastarbeiter arbeitslos wurden. Der Familiennachzug brachte nicht die erhoffte Integration, sondern führte zu einer Einwanderung in die Sozialsysteme und vergrößerte das Wachstum der Parallelgesellschaft. Während der

Rezession nach der zweiten Ölkrise lehnte die Regierung von Helmut Kohl die Verabschiedung eines Einwanderungsgesetzes ab und suchte gleichzeitig nach einer Möglichkeit, den angespannten Arbeitsmarkt zu entlasten. Die Lösung erhoffte man sich vom bereits erwähnten Rückkehrhilfegesetz, einer Prämienzahlung in Höhe von 10500 DM plus 1500 DM pro Kind, die arbeitslos gewordenen Gastarbeitern oder solchen, denen Arbeitslosigkeit drohte, einen Anreiz bieten sollte, freiwillig in ihre Heimat zurückzukehren. Zehntausende nahmen das Angebot an und verließen Deutschland, andere empfanden die Offerte als eine Demütigung und blieben. Viele, die beim Aufbau des Landes fleißig mitgeholfen hatten, fühlten sich nun als eine Last, die man entsorgen wollte. Auch bei den Deutschen war das Gesetz umstritten, Kritiker sprachen damals von einer »Türken-raus-Prämie«.

Bei den Betroffenen selbst sitzt diese Kränkung bis heute tief. Zudem wurden ganze Familien dadurch zerrissen: Eltern kehrten zurück, ihre Kinder blieben. Die Journalistin Aslı Sevindim erzählt, dass es allein in ihrem Verwandtenkreis drei solcher Fälle gab. »Das Schlimme ist, dass gerade die, die geblieben sind, unter den Folgen litten, dass gerade sie diese Kränkung gefühlt ausbaden mussten. Sie haben die Auswirkungen falsch eingeschätzt und wurden zum Spielball zwischen der deutschen Mehrheitsgesellschaft und der Heimat ihrer Vorfahren. Nicht umsonst finden viele von ihnen Erdoğan heute toll. Der türkische Präsident streichelt ihre gekränkten Seelen und gibt ihnen ihre Würde zurück. Er behandelt sie nicht als Verlierer, sondern stellt ihnen in Aussicht, wieder zu den Siegern zu gehören. Er sagt ihnen, wenn die Deutschen euch nicht wollen, ich brauche euch, die Türkei braucht euch. Man muss nicht superqualifiziert sein, um dazuzugehören. Es reichen Loyalität zu Erdoğan und Kampfgeist. Es reicht, vom Westen gekränkt zu sein.«

Als dann die deutsche Wiedervereinigung kam, hatte die Eingliederung der neuen Bundesländer Vorrang, also mussten sich die Kinder der Migranten wieder ganz hinten anstellen. In jenem Jahr 1990 wurde Hasnain Kazim deutscher Staatsbürger. Er erzählt, was für ein Kraftakt es für ihn und seine Eltern gewesen sei, sich zu integrieren. Nach der Wende hätten sie sich auf eine neue Art zurückgewiesen gefühlt: »Ich war immer für die Wiedervereinigung, und ich glaube, Helmut Kohl hat da etwas ganz Großes geleistet. Aber ich war der Regierung Kohl gegenüber auf der anderen Seite immer skeptisch, gerade wenn ich auf unsere Integration geblickt habe. Wir haben uns Mühe gegeben, uns zu integrieren. Das war unsere individuelle Leistung, keine strukturelle. Mit anderen Worten: Wir haben uns nicht wegen einer guten Integrationspolitik integriert, sondern trotz einer schlechten oder kaum vorhandenen. Nun waren wir endlich Deutsche. Und jetzt kamen plötzlich über 16 Millionen Neubürger dazu, ›Ossis‹, die mich spüren ließen, dass ich nur ein Adoptivkind war, während sie doch die wahren, weil leiblichen Kinder Deutschlands waren«, sagt Hasnain Kazim.

In diesen Sätzen kommt ein Aspekt zum Ausdruck, der in der Integrationsdebatte oft vernachlässigt wird: dass Menschen wie Hasnain, die mit Leib und Seele Deutsche sind, dennoch von der Mehrheitsgesellschaft als Außenseiter betrachtet werden, egal wie lange sie hier schon leben und egal ob sie die deutsche Staatsbürgerschaft angenommen haben oder nicht. Man verlangt von den Migranten, sich anzustrengen, um dazuzugehören, ist aber oft nicht bereit, diejenigen zu inkludieren, die sich Mühe gegeben haben, dazuzugehören. Leider, so sagt Hasnain, sei das Konzept von Identität bei vielen Deutschen immer noch an »Blut und Boden« geknüpft: »Es ist nach wie vor so, dass ich mich häufig dafür rechtfertigen muss, Deutscher zu sein. Ich muss erklären und begründen, und selbst dann bleiben Zweifel bestehen. Und das, obwohl ich länger in der Bundesrepublik Deutschland lebe als die einstigen Bewohner der DDR. Und obwohl ich seit just dem Jahr der Wiedervereinigung die deutsche Staatsbürgerschaft habe, bleibe ich der Fremde.«

Es sollte nicht bei einer emotionalen Kränkung bleiben. Ausgerechnet zum ersten Jahrestag der deutschen Einheit am 3. Oktober 1991 wurde das Haus der libanesischen Familie Saado in Hünxe am Niederrhein von Rechtsextremisten in Brand gesetzt. Die achtjährige Zainab überlebte den Anschlag nur knapp. Im Vorfeld hatte es Schlagzeilen von Scheinasylanten und Wirtschaftsflüchtlingen gegeben, die man nach Hause schicken müsse. Die Jahrzehnte ohne Integrationskonzept forderten die ersten Tribute: Die wachsende Kriminalität im Migrantenmilieu, der offensichtliche oder vermeintliche Mangel an Integrationswilligkeit seitens der Kinder der zweiten Generation schürten bei den Deutschen Angst vor Überfremdung, die sogar von manchen Politikern geschürt wurde. Und diese Angst mündete an jenem Tag in offener Gewalt.

Die Bilder der entstellten Gesichter der beiden Kinder von Hünxe trafen auch Aslı Sevindim und ihre Verwandten. »Sie waren sehr aufgewühlt und fühlten sich plötzlich nicht mehr sicher in Deutschland. Hier nicht wirklich Fuß fassen zu können war das eine. Aber nun hatten manche von ihnen Angst, bei offenem Fenster zu schlafen.« Ein Jahr später marschierten Neonazis in Rostock-Lichtenhagen auf und steckten – unter dem Applaus zahlreicher Bürger – ein Asylbewerberheim in Brand. Erinnerungen an die Pogrome des »Dritten Reiches« wurden wach. Danach kam es zu Ausschreitungen, an denen sowohl die türkisch-nationalistischen Grauen Wölfe als auch Kurden und deutsche Autonome beteiligt waren.

Der Brandanschlag auf das Haus einer türkischen Familie im schleswig-holsteinischen Mölln heizte die Stimmung noch mehr an. Viele erwarteten, dass Bundeskanzler Helmut Kohl an der Trauerfeier in Hamburg teilnehmen würde, um ein Zeichen gegen Hass und Rassismus zu setzen, doch er blieb der Veranstaltung fern. Als der Sprecher der Bundesregierung in der Bundespressekonferenz gefragt wurde, warum Kohl nicht zu der Trauerfeier gekommen sei, erklärte er, die Bundesregierung wolle nicht in einen »Beileidstourismus« verfallen. Hier wurde eine wichtige Chance verpasst, die Wunden gemeinsam zu heilen und das gegenseitige Misstrauen zu beenden.

Stattdessen kam es wieder ein Jahr später zu einem Anschlag auf ein von Türken bewohntes Mehrfamilienhaus in Solingen, bei dem fünf Menschen ihr Leben verloren sowie siebzehn weitere zum Teil schwer verletzt wurden. Ein Mahnmal an einer prominenten Stelle in der Innenstadt sollte an die Opfer erinnern; doch es wurde an den Stadtrand verlegt, um »den inneren Frieden in der Stadt nicht zu gefährden«, wie es hieß. Das war symptomatisch für die vergiftete Stimmung, denn wie sollte sonst ein Mahnmal für unschuldige Opfer den Frieden der Stadt stören können? Heute erleben wir die gleiche Debatte über ein eventuelles Mahnmal für die NSU-Opfer.

Aslı Sevindim versuchte, eine andere Antwort auf Angst, Misstrauen und Gewalt für sich zu finden. Schon beim Anschlag von Hünxe hatte die damals 17-jährige Gymnasiastin erkannt, dass sie sich von Angst nicht vereinnahmen lassen wollte. Sie ging in die Offensive: »Ein Teil des Problems sind aus meiner Sicht ständige gegenseitige Unterstellungen wie ›Die Deutschen sind alle Nazis‹ und ›Die türkischen Frauen werden alle zwangsverheiratet‹. Niemand sollte eine Abfalltonne für Klischees sein, in die jeder etwas hineinwirft. Und das tun leider beide Seiten.« Aslı blieb keine andere Wahl, als sich dem zu verweigern, um einen kühlen Kopf zu bewahren. Als sie einmal in einem mehrheitlich von Deutschen bewohnten Viertel Duisburgs als »Fräulein Türkin« angesprochen wurde, setzte das etwas in ihr in Gang. »Im Grund musste ich beinahe lachen, es war einerseits unbeholfen, aber doch gleichzeitig sehr diskriminierend. Meine Antwort darauf war die Haltung: Ich habe ein Recht darauf, hier zu sein. Lebt damit, kommt klar damit, dass ich hier bin.«

Sie versuchte ihre eigene Stimme zu entdecken, und sie fand sie. Sie beschäftigte sich mit der Bürgerrechtsbewegung in den USA, machte Beiträge im Schulradio. Für ihre Eltern gab es zwei Wege, um angstfrei zu bleiben: Gesetzestreue und gute Bildung für die Kinder. Für Aslı war die Stadtbibliothek »eine wichtige Integrationsstätte. Und die Entdeckung von Jimi Hendrix hat für mich die Tür zum Universum geöffnet.«

Hasnain Kazim fand im Schreiben eine Form der Befreiung. In seinen Texten setzt er sich kritisch mit der Gegenwart auseinander, aktuell sowohl mit dem Erdoğan-Kult als auch mit dem Rechtsruck in Deutschland. Ständig bekommt er Hassbriefe von Erdoğan-Fans und Pegida- und AfD-Anhängern. »Da sind sie sich einig, auch wenn sie sonst alles trennt!« Seine Antworten darauf sind Humor und Ironie. Sein letztes Buch trägt den Titel *Post von Karlheinz,* hier hat er mehrere Hassbriefe nebst seinen Antworten veröffentlicht. Auf dem Cover prangt ein Bild von einem Gartenzwerg, der auf dem Klo sitzt und E-Mails schreibt.

Doch die meisten Gastarbeiter und ihre Kinder verfügen nicht über die gleichen Selbstschutzmechanismen wie Aslı und Hasnain. Nicht alle haben eine Stimme und können sich artikulieren. Nicht alle wollen eine Stimme, denn der Würgegriff des Kollektivs auf sie ist stärker. »Angst steckt leider mehr Leute an als Mut«, sagt Aslı. Und so würden viele dem Teufelskreis aus Misstrauen und Lethargie verhaftet bleiben und ihre Kränkungen an ihre Kinder weitergeben. Aslı erinnert sich, dass sie oft von ihren türkischen Nachbarn kritisiert wurde, weil sie positiv über die Deutschen redete. »Du klingst so, als würdest du die Deutschen mögen«, wurde ihr einmal vorwurfsvoll gesagt. Es ist in der Tat einmalig in der Geschichte der weltweiten Migration, dass die Liebe zu dem Land, in das man eingewandert ist, zu einem Vorwurf umgemünzt wurde.

Generalverdacht und Verschwörungstheorien

In unserer globalisierten und digitalisierten Welt, in der Nachrichten in Sekundenschnelle den Erdball umrunden, kann alles, was irgendwo in der Welt geschieht, auch Konsequenzen für das Zusammenleben »in Posemuckel« haben. Als Aslı von den Anschlägen des 11. September hörte, sagte sie sich, »Okay, ab morgen ist die Welt eine andere«. Sie konnte die Auswirkungen des Anschlags auf das Zusammenleben von Muslimen und Nichtmuslimen in Deutschland erahnen, wenn auch nicht in letzter Konsequenz. »Was sich in der Folge entfaltet hat, hat uns allen geschadet, der ganzen Welt, nicht nur dem Zusammenleben von Muslimen und Nichtmuslimen.« Früher sei die Angst vor dem radikalen Islam zwar auch vorhanden gewesen, doch da habe man seine Feinde gekannt: bärtige türkische Fanatiker, die in Köln ein Kalifat gründen wollten, oder ein paar Hamas- und Hisbollah-Anhänger, die sich in einigen Städten zu Kundgebungen zusammenfanden. Doch dass zwei der Attentäter des 11. September in Deutschland gelebt und studiert haben und allem Anschein nach bestens integriert waren, schockierte die Menschen.

Ich selbst war 2001 Student in Augsburg. In der Trambahn und auf der Straße spürte ich die skeptischen Blicke und die Unsicherheit vieler Menschen. Alle Kriterien der damaligen Rasterfahndung passten haargenau auf mich: arabischer Student, Muslim, reist viel und spricht mehrere Sprachen. Ich glaube allerdings, dass es damals weitgehend bei jener Skepsis und jenem nicht offen artikulierten Ressentiment blieb. Man hatte ein latent ungutes Gefühl, aber der Generalverdacht gegen Muslime wurde zum Großteil nicht offen ausgesprochen. Aber es gärte unter der Oberfläche weiter, und das ist in jedem Fall schlimmer als eine offen angestoßene Diskussion. Erst nach einer langen Inkubationszeit brach mit einem Mal alles heraus – im Zuge der Sarrazin-Debatte, ungefiltert und durcheinander, ein Gewirr aus misslungener Integration, Angst vor Überfremdung und religiös motiviertem Terror. Der SPD-Politiker und ehemalige Bundesbanker brachte mit seinem Buch *Deutschland schafft sich ab* jene Emotionen und vor allem jene Ängste zu Papier, die seit Jahren unausgesprochen geblieben waren. Sein Buch hätte die Vernünftigen auf beiden Seiten ermutigen können, die tatsächlichen Probleme, die wir in Bezug auf das Zusammenleben haben, ehrlich zu thematisieren und sie beherzt anzupacken. Stattdessen kam es zu einer starken Polarisierung, die vom emotionalen Schlagabtausch lethargischer Skeptiker, Nörgler und Verschwörungstheoretiker auf beiden Seiten geprägt war.

Doch selbst vernünftige Menschen wie Aslı Sevendim waren empört über das Buch und die Debatte danach. Die Thesen von Sarrazin sah sie als »unverschämt gegenüber all jenen an, die exzellente Integrationsarbeit leisten, wie meine Eltern und viele andere«. Es gebe vieles, was man kritisieren kann und muss, was Integration angehe, »aber all die guten Ergebnisse zu ignorieren und zu sagen, alles sei schlecht, das geht nicht!«. Aslı glaubt, dass sich seit dieser Debatte viele rassistische Bilder in den Köpfen von Millionen Deutschen verfestigt haben, Bilder über Kopftuchmädchen, Gemüseverkäufer und genetische Disposition. Ich dagegen glaube, dass das Buch von Sarrazin nur das, was schon immer da war, ans Tageslicht gebracht hat. Es schuf nicht erst Vorurteile, sondern gab jenen, die bereits Vorurteile hatten, eine Stimme. Das, was man Sarrazin vorwerfen kann, ist die Tatsache, dass er diese Stimmen salonfähig machte. Dass ihm das gelungen ist, liegt aber auch wiederum an der Bereitschaft der bisher schweigenden Masse, die Ohren zu spitzen und den Botschaften zu lauschen. Und auch daran, dass die Politik nicht in der Lage war, die Hoheit über den Diskurs zu erlangen und über die tatsächlichen Missstände zu reden und ergebnisorientiert zu diskutieren. Man hätte das Buch zum Anlass nehmen können, Probleme zu thematisieren und gemeinsam nach einer Lösung zu suchen. Stattdessen wurde munter instrumentalisiert, weiter totgeschwiegen oder überzeichnet, wodurch man erstens die Haltungen an den Rändern von pro und kontra Migration zementierte und zweitens zuließ, dass einstige Stammtischparolen salonfähig wurden. Und drittens, dass diejenigen, um die es ging – nämlich die gescheiterten oder gelungenen Integrierten selbst –, kein Gehör fanden. Das übernahmen dann stellvertretend die Lautsprecher aus dem Opferdiskurs- und konservativem Lager.

Ein Jahr später wurde der NSU-Skandal aufgedeckt. Jahrelang hatte ein Netzwerk von Rechtsextremisten Menschen mit Migrationshintergrund getötet, ohne dass Geheimdienste und Sicherheitsbehörden einen rassistischen Hintergrund erkannten oder erkennen wollten. Das erschütterte das Vertrauen vieler Menschen in die Mechanismen der Demokratie und des Rechtsstaats. Auch Aslı Sevindim, die den Institutionen in Deutschland blind vertraut hatte, war schockiert. »Hier war nicht nur menschliches, sondern auch ein strukturelles Versagen am Werk.« Immerhin: »Hier sind die demokratischen Strukturen insofern intakt, als eine nachträgliche Aufklärung und Aufarbeitung dieses Skandals immer noch möglich waren.« Aber: »Dass es so weit kommen konnte und so lange gedauert hat, wird das Vertrauen vieler Menschen mit Migrationshintergrund langfristig beschädigen. Viele von ihnen empfanden die Polizei schon davor nicht unbedingt als Freund und Helfer, sondern als Kontrolleuer und Überwacher. Nun werden viele gekränkte Seelen sich durch diesen Skandal in ihren Verschwörungstheorien bestätigt fühlen, dass man Muslime umbringen will.«

5

No-go-Areas und totale Kontrolle

Wie »Ghettos« und »gated communities« Integration verhindern

In meinen Gesprächen mit den Nachkommen der Gastarbeiter in Deutschland klangen bereits viele Integrationshemmnisse an, die ich im Folgenden näher beleuchten möchte. Hier werden auch Erfahrungen einfließen, die ich 2016 und 2017 während der Dreharbeiten zu einer Dokumentation über Europas Muslime machte.

Wer wissen will, ob die Integration gelungen oder gescheitert ist, sollte einen Spaziergang in den Migrantenvierteln der europäischen Metropolen wagen. In den letzten Monaten hatte ich die Gelegenheit, Migrantenviertel in Paris, Marseille, Brüssel, Amsterdam, Aarhus, Kopenhagen, Malmö, Bonn und Berlin zu besuchen. Nicht überall konnte ich unbeschwert spazieren gehen, in vielen dieser Orte gibt es No-go-Areas, vor denen die Polizei mich gewarnt hat. Überall in diesen Zonen trifft man auf die gleichen Phänomene: abgeschottete Communitys, die ihre Mitglieder, besonders die Frauen, streng überwachen und mit Skepsis und Verbitterung auf die Mehrheitsgesellschaft blicken. Überall hört man von den gleichen Problemen: soziales Elend, Zunahme von Kriminalität, Gewalt und Schießereien, Drogenkonsum und Arbeitslosigkeit. Überall sieht man verschleierte Frauen, die Angst haben, fotografiert zu werden, und große Gruppen junger Männer, die herumhängen. Überall hört man Klagen über Diskriminierung, Islamophobie und falsche Berichterstattung in den Medien, über den Islam und die Migranten im Allgemeinen.

Als ich diese Viertel besuchte, kreisten die immer gleichen Fragen durch meinen Kopf: Welche Wirkung hat ein starkes migrantisches Kollektiv auf die Integration des Einzelnen in die Mehrheitsgesellschaft? Welche Wirkung hat die soziale Kontrolle auf die Moral der Zugewanderten? Warum macht der konservative Islam seinen Frieden mit kriminellen Migrantenbanden, die mit Drogen und Prostitution ihr Geld verdienen, warnt junge Muslime aber gleichzeitig vor der Freizügigkeit und anderen westlichen Werten? Welche Wirkung hat Sozialhilfe auf die Unzufriedenheit und die Integrationsverweigerung mancher Sozialhilfeempfänger? Warum sind Dauerempfänger fast immer Dauernörgler? Warum suchen die Ohnmächtigen offenbar einen Ausgleich in der Unterdrückung der Frauen und Kinder, und warum suchen sie Zuflucht in übertriebener Religiosität oder in Verschwörungstheorien? Das sind sicherlich keine reinen Migrantenprobleme, aber sie sind in von Migranten stark geprägten Milieus vermehrt zu beobachten.

Willkommenskultur einmal anders

Im Herbst 2017 besuchte ich Gellerup, einen Vorort der dänischen Hafenstadt Aarhus. Die Gegend hat einen schlechten Ruf wegen krimineller Banden einerseits und wegen des steigenden muslimischen Extremismus andererseits. Von Gellerup aus waren viele Dschihadisten Richtung Syrien gereist, um sich dem IS anzuschließen. Neben Belgien hat Dänemark, gemessen an der Einwohnerzahl, die meisten Kämpfer gestellt. Anders als in anderen europäischen Staaten müssen IS-Rückkehrer hier keine Haftstrafen fürchten. In Gellerup warten auf sie ein »Willkommensprojekt« mit sozialer und psychologischer Betreuung, eine Wohnung, ein Job oder ein Schul- oder Studienplatz. Ein Angebot, von dem die nicht radikalen Migrantenkinder im Viertel nur träumen können. Nazan Gökdemir und ich wollen im Rahmen unserer Sendung *Europas Muslime* mit den Verantwortlichen der örtlichen Moschee sowie mit den Mitarbeitern dieses Entradikalisierungsprojektes reden. Beide lehnten ein Interview ab. Das kann man im Fall der Moschee durchaus verstehen, denn das Thema ist momentan sehr heiß, da viele Jungs dort radikalisiert wurden, bevor sie in den Dschihad zogen. Eine solche Moschee kann nur verlieren, wenn sie mit einem Islamkritiker spricht. Aber warum die Verantwortlichen eines Projekts, das Radikale rehabilitieren soll, das Gespräch verweigerten, blieb uns schleierhaft.

Nach diesem unerfreulichen Auftakt wollen wir uns ein eigenes Bild von Gellerup machen. Im orientalischen Basar der Stadt sind wir mit einem jungen Muslim namens Jesus verabredet, auf Arabisch Isa. Er ist jordanischer Abstammung und wird als unser Guide fungieren. Uns war empfohlen worden, uns nur in Begleitung einer Vertrauensperson »aus dem Ghetto« durch das Viertel zu bewegen.

Isa ist freundlich und spricht gut Englisch. Er betreibt zwei Handyläden und einen Friseursalon und engagiert sich ehrenamtlich für die Integration von jungen Muslimen. Ziemlich viele Jobs auf einmal in einem Ort, wo die Arbeitslosigkeit extrem hoch ist. Nach dem Gang durch den Basar – vorbei an Kopftuchläden, Halal-Metzgereien und Souvenirshops – verspricht er uns, uns am nächsten Tag zu einer Moschee und zu einer Schule mit mehrheitlich muslimischen Schülern zu begleiten. Isa ist aufgeschlossen und durchaus selbstkritisch. Er räumt ein, dass Gellerup ein Problem mit Kriminalität und islamistischem Fundamentalismus hat, will uns jedoch das andere Gesicht der Stadt zeigen. Unsere Versuche, auf dem Basar mit den Menschen ins Gespräch zu kommen, sind allerdings nicht alle von Erfolg gekrönt. Immerhin, ein türkischstämmiger Dönerverkäufer erzählt, dass Religion für ihn Privatsache sei und er Menschen respektiere, egal woher sie kommen und woran sie glauben würden. Ein alter Iraker schildert, dass Gellerup für ihn zu einer neuen Heimat geworden sei, weil er alle seine Brüder und Cousins hierher habe nachholen können. Auch seine Frau habe ihre Großfamilie nach Gellerup gebracht. Ein Palästinenser, der vor 32 Jahren aus dem Libanon nach Dänemark kam, sagt, er habe im Libanon Rassismus erlebt, aber nicht in Dänemark: »Hier gibt es Recht und Ordnung und Menschenrechte. Wenn ich hier krank werde, rufe ich die Ambulanz, und sie kommt in zehn Minuten. Ich werde umsonst behandelt. In welchem arabischen Land erleben Palästinenser das?«

Es sind durchaus positive und ermutigende Begegnungen, doch bevor wir den Basar verlassen, höre ich auf Arabisch den Satz »Kommt gut nach Hause«. Ein junger muskulöser Mann will uns damit unmissverständlich sagen: »Haut bloß ab.« Wenig später erhält Isa einen Anruf auf seinem Handy. Wir können nicht verstehen, was gesprochen wird, Isa gestikuliert wild und sieht nicht besonders glücklich aus. Am Ende des Gesprächs teilt er uns mit, er müsse kurz in seinen Laden und sei in einer Stunde wieder zurück. Als er weg ist, meint einer der Sicherheitsbeamten: »Den seht ihr nie wieder.« Auf unsere irritierte Nachfrage sagt er nur: »Ich war sieben Jahre in einer Einheit für die Bekämpfung von organisierter Kriminalität, ich weiß, wovon ich rede.« Mehr wollte er mir nicht verraten. Tatsächlich sehen wir Isa nicht wieder. Er ruft uns allerdings an, um uns mitzuteilen, dass er uns am folgenden Tag nicht begleiten könne. Wenig später wird erst der Besuch der Moschee, dann der Besuch der Schule abgesagt. Und wir erfahren, dass sich der Basarchef mit der örtlichen Polizei in Verbindung gesetzt hat. Um zu verhindern, dass wir das aufgenommene Material für unsere Sendung verwenden. Aber warum? Das, was wir aufgezeichnet hatten, waren positive und gute Gespräche. Doch das spielte keine Rolle, es zählte, dass wir schlicht nicht willkommen waren. Frustriert brachen wir unseren Dreh ab und fuhren nach Kopenhagen zurück.

Das ist ein Stück europäischer Realität. IS-Heimkehrer werden willkommen geheißen, kritische Journalisten nicht! Gellerup ist kein Einzelfall. Vollsmose in Odense, Nørrebro in Kopenhagen und viele andere No-go-Areas nicht nur in Dänemark funktionieren nach dem gleichen Prinzip. Das Kollektiv bestimmt, wie sich die Individuen zu verhalten haben. Überall gibt es die gleichen Strukturen, die gleichen Probleme mit Arbeitslosigkeit, Drogenkonsum und militantem Islamismus. Überall dort, wo das Kollektiv das Sagen hat, gibt es keine Freiheit. Und da wo die Freiheit fehlt, gibt es keine Integration.

Dänemark war einst eines der freisten Länder der Welt, wo in erster Linie das Individuum und seine freie Entfaltung im Mittelpunkt standen. Heute bilden sich immer mehr Kollektive im Land, die auf Hierarchie, Einschüchterung und soziale Kontrolle setzen. Dänemark verändert sich. Europa verändert sich. Und die Probleme wachsen schneller als die Kapazitäten, sie zu lösen. Die Politik reagiert mit symbolischen Akten wie dem Burkaverbot, mit netten Gesten wie »Der Islam gehört zu Deutschland« oder mit sinnlosen Aktionen zur Terrorprävention, wie jüngst in Dänemark: Dort wollte die Dänische Volkspartei Männern das Tragen von langen Bärten verbieten. Wie verzweifelt muss man sein, um auf so eine absurde Idee zu verfallen?

Ich frage einen der dänischen Sicherheitsbeamten, was er von solchen »Lösungsansätzen« hält. Seine Antwort ist ernüchternd: Für Lösungen sei es bereits zu spät. »Diese Ghettos konnten sich zu lange ungestört und vom Rest der Gesellschaft abgeschieden entwickeln. Hier hat sich ein eigenes Milieu entwickelt, mit festen Strukturen, die sich nicht so leicht zerschlagen lassen. Es bleibt nur zu hoffen, dass es nicht noch schlimmer wird.«

In der schwedischen Hafenstadt Malmö ist die Situation vielleicht schon schlimmer. Wie in vielen Städten, in denen der Ausländeranteil hoch ist, haben sich dort geschlossene Viertel gebildet, in denen kriminelle Banden und Familienclans das Geschehen bestimmen. Ihr Einfluss reicht hinein bis in die Moscheen. Weil das Risiko von Zusammenstößen enorm hoch ist, verzichtet die Polizei dort inzwischen auf klassische Razzien und betritt die Viertel nur mit einer großen, schwer bewaffneten Truppe. Und auch das nur, wenn jemand ein Kapitalverbrechen begangen hat. Nirgendwo in Europa ist die Mordrate so hoch wie in Malmö. Sie liegt drei Mal höher als in London, obwohl Malmö gerade einmal 350 000 Einwohner hat.

Wir wollen die Wakf-Moschee im Problemviertel Rosengård besuchen, die größte Moschee Skandinaviens, die zudem für ihre salafistische Ausrichtung bekannt ist. Die schwedischen Polizeibeamten, die uns vor Ort begleiteten, warnten mich explizit vor diesem Besuch, da in dieser Moschee auch Islamisten verkehren. Ich wollte den Funktionären der Moschee das Gespräch aber nicht verweigern, schließlich waren sie die einzigen, die mit uns reden wollten. Für unsere Sendung über Europas Muslime wäre es ein herber Verlust, keine Moschee in Schweden und Dänemark besucht zu haben. Also teilte ich sowohl den Beamten des LKA Berlin als auch ihren schwedischen Kollegen mit, dass ich in jedem Fall an meinem Plan festhalten würde. Die Schweden meinten, das könne ich natürlich tun, müsse dann aber auf ihren Schutz verzichten. Die Berliner konnten ohne die Begleitung der schwedischen Kollegen nichts tun und empfahlen mir daher, eine schusssichere Weste zu tragen. Meine Kollegin, die mit mir das Interview führen sollte, fürchtete nach dieser Einschätzung der Lage durch die Beamten um unsere Sicherheit. Um das Gespräch zu retten, versuchte der Regisseur, einen Funktionär der Moschee davon zu überzeugen, das Gespräch an einem neutralen Ort zu führen. Er willigte zunächst ein, bekam aber später einen Anruf »von oben«, in dem ihm mitgeteilt wurde, das Gespräch könne nur in der Moschee geführt werden. Für die Sicherheitsleute brachte dies das Fass zum Überlaufen. Sie bearbeiteten uns so lange, bis wir das Interview absagten. Hinterher fühlte ich mich miserabel. Wie kann ein Rechtsstaat sich solche No-go-Areas leisten? Wie kann er sein Gewaltmonopol aufgeben, sich zurückziehen, um Ärger zu vermeiden? Nimmt der Ärger dadurch nicht erst recht noch mehr zu?

Von Nestbeschmutzern und »Onkel-Tom-Muslimen«

Ahmad Mahmoud ist ein dänischer Ingenieur palästinensischer Abstammung, der 1987 in einem solchen abgeschlossenen Viertel geboren wurde und dort auch aufwuchs. In seiner Kindheit erlebte er viel Gewalt – seitens des Vaters, aber auch im Umfeld, das geprägt war von hoher Arbeitslosigkeit, Kriminalität und sozialer Kontrolle durch die Community. Er erzählt, dass er einmal eine dänische Freundin gehabt habe, mit der er durch Kopenhagen schlenderte. Plötzlich klingelte sein Handy, sein Bruder war dran und wollte wissen, warum er »mit dieser Frau unterwegs sei«. Irgendjemand hatte ihn auf der Straße gesehen und die Familie benachrichtigt. »Selbst wenn ich heute etwas Kritisches auf Facebook poste, ruft meine Mutter, die keinen Facebook-Account hat, kurz darauf an, um mich zur Rede zu stellen.« Wenn selbst ein Mann so streng überwacht wird, kann man sich vorstellen, wie die Kontrolle der jungen Frauen in solchen Vierteln aussehen mag.

Ahmad Mahmoud schrieb ein Buch über die Verhältnisse im Ghetto, konnte es aber erst veröffentlichen, als er sein Studium abgeschlossen hatte und finanziell unabhängig war. Sein Bruder versuchte dennoch, die Veröffentlichung in letzter Minute zu verhindern. »Du sprichst Probleme an, die wir lieber in der Familie lösen sollten«, sagte er. Ahmad entgegnete: »Wir haben diese Probleme dreißig Jahre lang nicht lösen können, warum sollten wir sie jetzt plötzlich lösen können?« Das Buch »Schwarzes Land« löste eine längst überfällige, kontroverse Debatte über die Ghettos in Dänemark aus. Linksliberale warfen Ahmad vor, Stichworte für das rechte Lager zu liefern. Ahmads Familie und seine Nachbarn warfen ihm vor, ein »Onkel-Tom-Muslim« zu sein, einer, der sich der Mehrheitsgesellschaft unterordne und das eigene Nest beschmutze.

Der Vorwurf, das eigene Nest zu beschmutzen, ist immer ein probates Mittel, wenn es darum geht, die Mitglieder einer Gemeinschaft zu disziplinieren und zu erpressen – etwa wenn sie, wie Mahmoud, die Verhältnisse in den Migrantenmilieus nach außen tragen und kritisieren. Auch in Deutschland werden kritische Migranten immer wieder als »Haustürken« oder »Hausmuslime« bezeichnet. Die Begriffe leiten sich ab von »house negro« oder »house nigger«. Während der amerikanischen Bürgerrechtsbewegung wurden sie ebenso wie »Uncle Tom« auch für gemäßigte Vertreter verwendet, denen man unterstellte, sich in der Gesellschaft recht gut eingerichtet und daher kein ernsthaftes Interesse daran zu haben, die Verhältnisse zu ändern. Oder eben, sich freiwillig zu unterwerfen und seine Identität zu verleugnen.

Wer solche Begriffe nun verwendet, stellt eine Verbindung zwischen der Situation der muslimischen Minderheit mit den einstigen schwarzen Sklaven in Amerika her. Das ist eine unverschämte Gleichsetzung, die sowohl von einem Mangel an Geschichtskenntnis zeugt als auch von der Unfähigkeit, die Situation der Muslime in Europa richtig einzuschätzen. Wenn Muslime selbst diese Begriffe verwenden, diskreditieren sie damit jene ihrer Glaubensbrüder, die sich in die hiesige Gesellschaft einfügen. Sie machen sie zu willenlosen Opfern ohne Stolz.

2017 sprach der *Spiegel*-Kolumnist Jakob Augstein in seiner Kolumne darüber, dass die »Zeit der Onkel-Tom-Türken« vorbei sei, die Deutschen von »ihren Migranten« aber immer noch ein bestimmtes Verhalten, sprich »Gehorsam« erwarteten. Anlass war eine Antiterrordemonstration in Köln, die Lamya Kaddor, eine deutsche Islamlehrerin syrischer Abstammung, mitorganisiert hatte. Sie forderte die deutschen Muslime auf, Farbe gegen den Terror im Namen des Islam zu bekennen und die Terroristen öffentlich zu ächten. Aus der Tatsache, dass statt der erwarteten 10 000 nur etwa 2000 Teilnehmer erschienen, schloss Augstein, dass es »so viele Onkel-Tom-Türken in Köln und Umgebung nicht gibt. Das ist ein gutes Zeichen.«[1]

Ich frage mich, was daran ein gutes Zeichen war. Abgesehen davon, dass die Verwendung des Begriffes »Onkel-Tom-Türken« in vielerlei Hinsicht rassistisch ist, muss man sich fragen, warum Kaddor, ihre Mitinitiatoren und die Demonstranten damit bedacht wurden. Augstein unterstellte, sie hätten mit ihrem Aufruf eine Forderung der deutschen Gesellschaft erfüllt. Dass es Muslimen durchaus ein eigenes Anliegen sein könnte, sich von Gewalt zu distanzieren, übersieht er geflissentlich. Was aber aus meiner Sicht schlimmer ist, ist die dahinterstehende Haltung, die auch in der Politik und in Teilen der Gesellschaft präsent ist: Man unterbreitet Migranten Angebote und fördert sie und hält gleichzeitig jede Forderung an sie für eine Form von Rassismus oder Diskriminierung. Damit verhindert man nicht nur Integration, daraus spricht auch eine besondere Form des Rassismus. Ich nenne das »Rassismus der gesenkten Erwartungshaltung«. Ich meine damit, dass diese Leute von Muslimen/Migranten viel weniger erwarten als von sich selbst. Damit bestätigen sie diese in ihrer Opferhaltung und tragen zur Verkrampfung des Diskurses bei. Wenn aber jede Kritik von außen und von innen abgebügelt wird, kann es keine offene Diskussion über Probleme geben und können keine Strategien entwickelt werden, um sie zu lösen.

Ahmad Mahmoud klingt verzweifelt, wenn er darüber spricht, wie wenig Unterstützung er einerseits aus dem Ghetto und andererseits aus der Politik bekommt. »Wir waren sieben Kinder in der Familie. Nur ich habe eine gute Ausbildung und einen guten Job bekommen. Der Rest blieb in den prekären Verhältnissen und Ghettostrukturen verhaftet und lebt von der Sozialhilfe. Wir sieben haben unsererseits 26 Kinder zur Welt gebracht. Die Segregation wird dadurch noch mehr vertieft, die Parallelgesellschaft bekommt neue Sprösslinge. Es gibt inzwischen Schulen, an denen 80 bis 90 Prozent der Kinder einen Migrationshintergrund aus nicht westlichen Staaten haben. Bildung allein hilft ihnen aber nicht, sich aus den verfestigten Strukturen zu befreien. Wenn ein Mohammed mit Verletzungen und Spuren von häuslicher Gewalt in die Schule kommt, reagiert die Leitung nicht. Man will sich nicht einmischen, meint, das sei halt Teil deren Kultur. Wenn aber ein dänisches Kind solche Verletzungen aufweist, wird sofort das Jugendamt eingeschaltet, und den Eltern droht eine Strafe«, sagt Ahmad. Auch das ist aus meiner Sicht ein Beispiel für Rassismus der gesenkten Erwartungshaltung.

Ahmad Mahmoud wirft der dänischen Politik Versagen vor. Man habe in den 1980er-Jahren den Fehler gemacht, Migranten und Flüchtlinge in bestimmte Viertel zu stecken. Vielleicht, weil man glaubte, sie fühlten sich dort wohler, vielleicht, weil mein hoffte, der Mehrheitsgesellschaft so einen

Gefallen zu tun. Fakt sei, dass diese Ghettoisierung das Entstehen einer Parallelwelt erleichtert und befeuert habe, einer Parallelwelt, die nicht nur mit der dänischen Mehrheitsgesellschaft nichts zu tun habe, sondern dieser gegenüber feindselig gesinnt sei.

Ahmad schlägt vor, die Ghettos aufzulösen und die Migranten umzusiedeln. Ich frage ihn, wie man das in einem demokratischen Staat umsetzen könne. Für Ahmad ist die Lösung an Finanzhilfen gekoppelt: Die meisten, die in diesen Vierteln lebten, würden Sozialhilfe beziehen. Die Gründe dafür seien vielfältig. Viele würden die dänische Sprache nicht richtig beherrschen, Jobs im Niedriglohnsektor brächten teilweise weniger ein als Sozialhilfe, und so würden viele »offiziell« lieber arbeitslos bleiben. Für lukrative Nebeneinkünfte gebe es immer noch den Weg in die kriminellen Clans. Der Staat könne den weiteren Bezug von Sozialhilfe von einem Umzug abhängig machen. Wer im Ghetto bleiben wolle, solle in Zukunft für seinen Lebensunterhalt selbst aufkommen. Warum, meint Ahmad Mahmoud, solle der Staat Segregation mit Steuergeldern fördern? Tatsächlich gab es bereits Leistungskürzungen, als Dänemark merkte, dass fast die Hälfte der Sozialhilfebeiträge nur von 5 Prozent der Bevölkerung – nämlich von Menschen mit Migrationshintergrund – beansprucht wird. Auch müssen Frauen, die eine Arbeit ablehnen, zu der sie unverschleiert erscheinen müssen, mit Leistungskürzungen rechnen.

Nach meinem Gespräch mit Ahmad Mahmoud frage ich einen der dänischen Sicherheitsbeamten, was er von dem Vorschlag hält, die Ghettos aufzulösen. Er sagt, das werde nie passieren. »Weder wollen die Migranten ihre bequemen und vertrauten Strukturen verlassen, noch wollen die Herkunftsdänen Ausländer aus dem Ghetto als Nachbarn haben. Das war schließlich einer der Gründe, warum diese Ghettos ursprünglich überhaupt entstanden sind. Und daran hat sich bis heute nichts geändert.«

Wie es scheint, ist das Problem der Segregation ein unlösbares. Angst, Misstrauen und Asymmetrie in der Akzeptanz von Migranten einerseits, aber auch bei der Achtung der Gastgesellschaft sind Gründe, warum Integration scheitert. Wie soll sie auch gelingen, wenn beide Seiten sie offenbar nicht wirklich wollen. Was nun zuerst da war, die Ablehnung der Gesellschaft oder die bewusste Abgrenzung der Migranten, das ist ein wenig wie die Frage nach der Henne und dem Ei. Beide Aspekte sind in den vergangenen Jahren eine schier unentwirrbare Verbindung eingegangen.

Wir sind die Parallelgesellschaft

Ähnliche Zustände wie in Kopenhagen, Aarhus und Malmö herrschen mittlerweile auch in Bonn, Duisburg, Dinslaken und Berlin. Eine unselige Allianz von konservativem Islam, türkischem Nationalismus und kriminellen arabischen Clans bestimmt die Geschehnisse in vielen Migrantenvierteln. Allein in Berlin herrschen zwanzig Clans mit 9000 Mitgliedern über fünf Stadtviertel.[2] Früher machten sie Geld durch Drogenhandel, Schutzgelderpressung und Zuhälterei, jetzt betreiben sie Geldwäsche durch Immobiliengeschäfte. Keiner hat mehr Geld an der Flüchtlingskrise verdient als arabische Großfamilien, teilte mir ein Berliner Polizeibeamter mit, der häufig Einsätze in dieser Szene hat. Über Drittmänner kauften sie etwa in Berlin Immobilien, die sie dann der Stadt für teures Geld als Unterkünfte für Flüchtlinge anboten. Auch in Sicherheitsfirmen haben sie schon lange ihre Finger drin. Durch die neuesten Enthüllungen über die Zustände an der Berliner Polizeiakademie erfuhr die Öffentlichkeit nebenbei, dass es auch unter den Gesetzeshütern Clanmitglieder und Sympathisanten gibt. Altbekannt ist dagegen die Tatsache, dass diese Clans häufig die sogenannten Friedensrichter stellen, die vermeintlich nur innermuslimische Streitereien schlichten und nach Scharia-Regeln lösen. Tatsächlich aber vereiteln diese selbst ernannten Richter polizeiliche Ermittlungen und decken die kriminellen Machenschaften der Clans. Sie haben eine Paralleljustiz etabliert, wachen über Sitten und Moral im Viertel und kontrollieren das Verhalten junger Frauen.

Gleichzeitig erleben wir seit Jahren ein Erstarken des politischen Islam in Deutschland. Die Moscheen sind das wichtigste Einfallstor. Die meisten dieser Moscheen werden vom Ausland finanziert und gelenkt, namentlich von der Türkei oder den Golfstaaten. Nicht nur das Geld kommt aus dem Ausland, sondern auch die Theologie, die in den Moscheen gepredigt wird. Diese Theologie hat mit der Lebenswirklichkeit der Muslime in Europa nichts zu tun, sie verschärft nur den Identitätskonflikt, mit dem vor allem junge Muslime ringen.

Die Trinität von orthodoxem Islam, türkischem Nationalismus und arabischer Mafia in den Migrantenvierteln lassen keinen frischen Wind in diese Milieus hineinkommen. Es geht um Macht, um Geld und um Tradition. Und es geht um Abschottung.

Wie sehr, das haben wir bei den Dreharbeiten für die Sendung *Im Dialog* in Berlin-Neukölln erlebt. Dreimal waren wir dort, dreimal wurden wir beschimpft, bedroht und sogar tätlich angegriffen. Einmal umringten junge Muslime mich und das Kamerateam des Senders Phoenix und riefen laut »Allahu Akbar«. Ein anderes Mal filmte ein junger Mann mich mit seiner Handykamera. Eine bekannte Strategie, um Menschen einzuschüchtern. Als ich ihn aufforderte, das zu unterlassen, kam er wütend auf mich zu und fragte mich: »Was machst du hier in der Sonnenallee? Du hast hier nichts zu suchen.« Schnell waren wir umringt von anderen muslimischen Männern, die uns beleidigten. Von einem syrischen Flüchtling, der uns bei den Dreharbeiten als Praktikant begleitete, erfuhr ich, dass der Wortführer mit dem Handy als Sicherheitsmann im Berliner Lageso arbeitet. Das Video tauchte später im Netz auf, unterlegt mit einem gerappten Song, dessen Text aus üblen Verunglimpfungen bestand.

Der dritte Vorfall ereignete sich vor der Şehitlik-Moschee. Nach meiner Unterhaltung mit der Sprecherin versammelte sich ein Mob aus jungen und alten Moscheebesuchern. Einer rief wütend: »Die deutschen Medien sollen endlich aufhören zu lügen!« Er bewegte sich Richtung Kamera, wurde aber von Polizisten abgedrängt. Ein anderer rief: »Wir sind die Parallelgesellschaft.« Ein weiterer ergänzte: »Bald ist auch hier Frankreich.« Eine Anspielung auf den Anschlag in Nizza, der sich kurz vor unserem Besuch ereignet und mehr als achtzig Menschen das Leben gekostet hatte. Rufe wie »Hau ab« und »Verpiss dich!« wurden immer lauter, der Mob wurde immer aggressiver. Meine Kollegin, die mit mir die Sendung moderierte, begann vor Angst zu zittern und sagte immer wieder, komm, lass uns gehen. Ich wollte mich diesem Mob nicht beugen, sondern ein Zeichen setzen, dass sich kritische Stimmen nicht durch lautes Gebrüll zum Schweigen bringen lassen. Es war vergebens. Als unser Team auch körperlich attackiert wurde, zogen uns die Personenschützer weg und brachten uns zum Auto.

Besonders bitter war für mich im Nachhinein, dass sich die Drohung, hier sei bald Frankreich, nur wenige Monate später bewahrheitete: Der Terror erreichte Berlin, der Anschlag auf den Weihnachtsmarkt am Breitscheidplatz war tatsächlich von jenem blutigen Anschlag in Nizza inspiriert. Die Stimmung in der Hauptstadt hat sich verändert. Nicht nur Islamkritiker fühlen sich in manchen Vierteln nicht mehr sicher, sondern auch Juden oder Frauen mit engen Jeans oder kurzen Röcken. Ein Spaziergang durch Neukölln oder den Görlitzer Park kann einem das Gefühl vermitteln, dass der Staat dort sein Gewaltmonopol längst aufgegeben hat. Doch wie hatte es so weit kommen können?

Die Journalistin Güner Balcı erzählt von ihrer Jugendzeit in der Rollbergsiedlung von Neukölln. Damals habe es zwar auch schon einige Sittenwächter gegeben, die im Viertel unterwegs waren und die Familien warnten, wenn sich deren Töchter nicht angemessen verhielten, aber heute, so sagt sie, bestehe die gesamte Community aus Sittenwächtern. Sie erinnert sich daran, dass einmal ein türkischer Nachbar zu ihrer Mutter kam und ihr vorwurfsvoll erzählte, dass Güner mit Jungs »herumhänge« und kurze Röcke trage. Die Mutter habe eine klare Ansage gemacht und sich jede Einmischung verbeten: »Das ist meine Tochter, und ich weiß, wie ich sie zu erziehen habe.« Heute seien die selbst ernannten Moralwächter allgegenwärtig, sie würden »unsittliches« Verhalten ahnden, wo sie es anträfen. Kaum ein Mädchen mit Migrationshintergrund wage sich noch mit »unzüchtiger« Kleidung auf die Straße, kaum eine Familie wage es noch, gegen die Wächter aufzubegehren.

Die Rollbergsiedlung ist seit ihrer Gründung 1870 ein »klassisches Arbeiterviertel«; hundert Jahre später wurden dort zahlreiche Hochhäuser errichtet, mit über 21 000 Sozialwohnungen. Die ersten arabischen Migranten kamen in den 1980er-Jahren, es waren vornehmlich palästinensische Flüchtlinge aus dem Libanon. Sie waren nur geduldet und hatten keinen Status, weshalb sie dem Viertel ihre Moralvorstellungen noch nicht gleich diktieren konnten. Auch die Türken waren noch nicht in der Mehrzahl, die Siedlung war multikulti im positiven Sinne. Es lebten Deutsche dort, Jugoslawen, Griechen, Italiener und andere Ausländer. Klar spielte die Herkunft eine Rolle, meint Bacı, doch man hatte einen gemeinsamen identitätsstiftenden Nenner: Man war Berliner, Neuköllner. »Es gab ein gemeinsames Wirgefühl, weil alle aus ähnlichen Verhältnissen stammten. Und wir Kinder waren einfach Arbeiterkinder. Die Durchmischung verschiedener Nationalitäten war noch gesund, auch wenn man damals schon mit den typischen Problemen der sozial schwachen Schichten zu kämpfen hatte: Alkoholismus, Drogenmissbrauch, Gewalt in der Familie, Arbeitslosigkeit. Die Probleme erreichten allerdings eine neue Dimension, als Türken und Araber dominanter wurden, das Straßenbild prägten und tonangebend wurden, was die Moralvorstellungen im Viertel angeht«, meint Balcı. Mit der Zeit seien erst die Deutschen weggezogen, dann die Migranten aus den europäischen Nachbarländern. Aus dem einst bunten Viertel war ein Viertel geworden, in dem Vielfalt nicht länger erwünscht war. In dem sukzessive kriminelle Strukturen entstanden. Diejenigen, die keiner Arbeit nachgehen durften, weil sie nur geduldet waren, und die, die keine Arbeit fanden, suchten sich andere Möglichkeiten, Geld zu verdienen. »Schutzgelderpressung, Prostitution und Drogenhandel, genau in dieser Reihenfolge«, erzählt Balcı. »Die gleichen Leute, die früher in diesen Geschäftsfeldern unterwegs waren, beten heute in der salafistischen Al-Nur-Moschee und kontrollieren die Moral im Viertel. Sie überwachen, wie die Mädchen sich kleiden, wie sie sich in der Öffentlichkeit verhalten, ob sie laut lachen oder Kaugummi kauen. Man sieht nicht mehr eine Gruppe von Jungs und Mädchen unterwegs oder im Café, es sei denn, es sind Brüder und Schwestern oder Cousins und Cousinen. Es gibt keine Freundschaften mehr zwischen Jungs und Mädchen, keinen normalen Umgang, das würde nur zu Schwierigkeiten führen.«

»Sie wollte wie eine Deutsche leben«

Man muss sich fragen, wie eine junge Frau, die in einem solchen Milieu aufwächst, ihren Weg in Deutschland machen soll. Welche Chancen hat sie, sich zu emanzipieren? Eines Tages alleine in einer eigenen Wohnung zu leben, Geld zu verdienen, sich den Mann auszusuchen, den sie wirklich liebt? Wenn eine junge Muslimin diesen Weg der Befreiung geht, bezahlt sie einen hohen Preis. Sie muss nicht gleich einem Ehrenmord zum Opfer fallen, aber sie wird verstoßen, sanktioniert. Sie muss nicht nur die Familie verlassen, sondern das gesamte Milieu meiden. Und selbst wenn sie ans andere Ende Deutschlands ziehen würde, müsste sie immer damit rechnen, dass die Familie ihre Spur aufnimmt. Die Kontrollmöglichkeiten sind in Zeiten der Digitalisierung und Vernetzung enorm.

Ein solcher Ausbruch erfordert eine enorme soziale und emotionale Anstrengung, der die meisten nicht gewachsen sind, weshalb sie sich – notgedrungen – fügen. Manche gehen noch einen Schritt weiter und verteidigen die Strukturen, in denen sie leben, nach außen. Probleme werden verneint, auf Kritik reagieren sie barsch, wittern dahinter Islamophobie und Rassismus. Sie sehen sich nicht als Opfer unterdrückender patriarchalischer Strukturen, sondern identifizieren sich mit dem Kollektiv, das sich wiederum selbst als Opfer der Mehrheitsgesellschaft sieht. Würden sie sich eingestehen, mit welchen moralischen und religiösen Leitplanken ihr Weg begrenzt ist, müssten sie sich fragen, warum sie nicht die Kraft haben, diese zu durchbrechen. Andere handeln Deals mit der Familie aus, dass sie zum Beispiel studieren dürfen, dafür aber so lange zu Hause bleiben, bis sie heiraten. Die Familie übergibt die Tochter dann an den Ehemann, und die Tochter hofft darauf, dass dieser ihr vielleicht ein wenig mehr Freiheiten lässt. Zu keinem Zeitpunkt ist die junge Frau imstande, selbst zu entscheiden, wie sie leben möchte. Sie muss sich der Familie, der Community und später dem Mann fügen, bis sie irgendwann selbst glaubt, all das geschehe zu ihrem Schutz und zu ihrem Wohl. Und so etabliert sich die schlimmste Sorte von Zwängen, nämlich die Unterwerfung, die als vermeintliche Freiheit verkauft wird. Das ist eine besondere Spezialität des Islam, aber nicht nur.

Die Kontrolle der muslimischen Frau in der Community wird durch die Kontrolle ihrer Sexualität definiert. Es ist völlig egal, ob ein Migrant aus der Türkei, dem Libanon, aus Albanien oder Afghanistan eingewandert ist, sein Horrorszenario ist, dass seine Tochter ihre Sexualität jenseits der Ehe ausleben könnte. In Vierteln, die von muslimischen Migranten dominiert werden, herrscht daher Konsens darüber, wie sich ein Mädchen oder eine junge Frau zu verhalten hat und was sie auf gar keinen Fall tun darf. Nicht nur die Familie wacht mit Argusaugen darüber, sondern die gesamte Community. Alle wissen, mit wem sie Kontakt hat und in welcher Form dieser Kontakt stattfindet. Dass eine junge Frau mit dem Schlimmsten zu rechnen hat, wenn sie ausbrechen und anders leben möchte, zeigte die Ermordung von Hatun Sürücü im Jahr 2005. Die Tat erschütterte nicht nur Berlin. Als der Richter den mutmaßlichen Täter, einen Bruder von Hatun Sürücü, nach dem Motiv fragte, antwortete er: »Sie wollte wie eine Deutsche leben.«

Der westliche Lebensstil, den ein aufrechter Muslim offenbar zu verachten hat, lieferte den Anlass für eine Hinrichtung auf offener Straße, mitten in Berlin. Die Tat führte zu einer dringend notwendigen Debatte über das Selbstbestimmungsrecht muslimischer Frauen, über Gewalt und Zwangsheiraten. Einer Debatte, die längst hätte geführt werden können, längst hätte geführt werden müssen. Denn schon 1991 war Andrea Baumgartner-Karabaks Buch *Die verkauften Bräute. Türki-*

sche Frauen zwischen Kreuzberg und Anatolien erschienen, in dem sie das Phänomen der Zwangsverheiratung anprangert. Doch es gab keine Reaktionen, weder von der Politik noch von den Migrantenverbänden. 2005 kam dann das Buch *Die fremde Braut: Ein Bericht aus dem Inneren des türkischen Lebens in Deutschland* von Necla Kelek auf den Markt, das dieses Problem näher beleuchtet. Es wurde zwar besser wahrgenommen – vor allem weil im gleichen Jahr Hatun Sürücü ermordet wurde –, wirklich unternommen wurde allerdings wenig. Ein Jahr später forderte die Frauenrechtlerin Seyran Ateş, die Zwangsheirat als eigenen Straftatbestand anzuerkennen, nachdem sie immer mehr Berichte über die »Sommerferienbräute« erhalten hatte und weil diejenigen, die diese Tradition praktizieren, kein Schuldbewusstsein hätten. Von solchen »Sommerferienbräuten« berichten auch Lehrer: Mädchen, die nach den großen Ferien nicht mehr zurückkommen, die wie vom Erdboden verschluckt sind und auch keinen Kontakt mehr zu den ehemaligen Mitschülern haben. Mädchen, die während des Jahres plötzlich verschwinden, in die alte Heimat zurückgeschickt wurden. Güner Balcı erzählt mir von einem Fall, bei dem ein Handyvideo Anlass für eine solche Maßnahme war. Ein Video, das Millionen verliebte junge Menschen von sich aufnehmen, ohne dass etwas passiert. Es sei denn, die beiden sind Muslime aus traditionellen Familien, die einen archaischen Ehrbegriff haben.

Erst seit 2011 ist die Zwangsverheiratung in Deutschland tatsächlich ein Straftatbestand. Diese verspätete Reaktion hat vielen jungen muslimischen Frauen das Leben vermiest und zerstört. Das Gesetz alleine kann allerdings nur da hinwirken, wo geklagt wird. Frauen, die aus ihren Strukturen nicht herauskommen, oder die in die Türkei zurückgeschickt werden, melden ihre Fälle nicht. Eine Studie mit dem Titel »Zwangsverheiratungen in Deutschland – Anzahl und Analyse von Beratungsfällen« beleuchtete erstmals das Phänomen der Zwangsehe bundesweit. Die Studie der Hamburger Lawaetz-Stiftung, die vom Bundesfamilienministerium in Auftrag gegeben wurde und in Zusammenarbeit mit der Menschenrechtsorganisation Terre des Femmes entstand, gibt Aufschluss über Geschlecht, Alter, Herkunft, Staatsangehörigkeit und den sozialen Kontext der Betroffenen. Der Studie zufolge wurden 2008 insgesamt 3443 Personen in den Beratungsstellen registriert. In rund 60 Prozent der Fälle drohte eine Zwangsehe, bei 40 Prozent war sie bereits vollzogen. 59,4 Prozent der Opfer stammten aus stark religiösen, zumeist muslimischen Familien. Die Frauenrechtsorganisation Terre des Femmes, die an der Ausführung der Studie beteiligt war, geht von einer deutlich höheren Dunkelziffer aus, da sich von 1445 Beratungsstellen lediglich 830 zurückgemeldet hätten. Außerdem hätten 25 Prozent der Frauen in der Falldokumentation angegeben, dass weitere weibliche Familienangehörige betroffen seien. »Hinzu kommt, dass nur die mutigsten Mädchen aktiv Hilfe bei einer Beratungsstelle suchen. Diejenigen, die das nicht wagen, wurden in der Studie natürlich auch nicht erfasst«, sagte Christa Stolle, die Geschäftsführerin von Terre des Femmes, bei der Vorstellung der Studie.

Ich war damals Mitglied der Deutschen Islamkonferenz. Die Ergebnisse der Studie wurden in der Konferenz zwar diskutiert, doch die Islamverbände zogen die Ergebnisse in Zweifel und sprachen von Einzelfällen. Außerdem lehnten sie einen Zusammenhang zwischen Zwangsheirat und Islam ab, obwohl die Mehrheit der Opfer aus stark religiösen, muslimischen Familien stammte. Auch aus dem linken Lager gab es heftige Kritik an der Studie: Die Ergebnisse seien einseitig, denn auch unter Nichtmuslimen komme das Phänomen durchaus vor. Außerdem wurde die Befürchtung geäußert, die Studie würde zu mehr Ressentiments gegenüber Muslimen führen. Kritik an den Zuständen und der Unterdrückung der Frauen blieb erstaunlicherweise hingegen aus.

Berücksichtigt man die Einschätzung von Christa Stolle, kann keineswegs die Rede von Einzelfällen sein. Denn das, was wir nicht wissen, ist nach ihrer Aussage viel mehr als das, was wir durch diese Studie erfahren haben. Ich verstehe auch, dass man Muslime nicht unter Generalverdacht stellen und keinen Applaus von der »falschen Seite« bekommen will, doch die Lösung kann niemals sein, die Probleme zu beschönigen und unter den Teppich zu kehren, denn genau das stärkt die falsche Seite.

Selbstverständlich hat das Phänomen der Zwangsehen neben der Religion auch andere kulturelle und traditionelle Komponenten, und ja, es gibt dieses Phänomen auch unter Jesiden und orientalischen Christen, aber die Lösung kann niemals sein, mit dem Finger auf andere zu deuten und zu sagen, die sind auch nicht viel besser. Fakt ist nun einmal, dass ein hierarchisches patriarchalisches System, das sein Konzept der Ehre in erster Linie auf die Kontrolle der Frau und ihrer Sexualität zuschneidet und dieses durch die Religion legitimiert, Gewalt und Zwänge begünstigt.

Was ich persönlich besonders alarmierend fand, war der Umstand, dass für die Islamfunktionäre das Schicksal der Opfer kaum eine Rolle spielte. Ihnen ging es in erster Linie darum, den Islam nicht nur von jeder Schuld, sondern schon dem kleinsten Verdacht reinzuwaschen. Dieses Schema wiederholte sich exakt, als wir die Themen Radikalisierung und Antisemitismus in der Islamkonferenz diskutierten. Man redete von »gesamtgesellschaftlichen Problemen«, die nicht islamspezifisch seien. Und wem wurde dadurch geholfen? Niemandem.

Zwangsheirat und Ehrenmorde sind sicher zwei Extreme; die Unterdrückung von Mädchen und Frauen beginnt viel früher. Seyran Ateş sprach mit vielen Lehrerinnen und Lehrern, die ihr nicht nur das bereits erwähnte Phänomen der »Sommerbräute« bestätigten, sondern auch schilderten, dass viele, die aus den Ferien zurückkämen, plötzlich ein Kopftuch trügen. Dass sie wie ausgewechselt wirkten, aus munteren, aufgeschlossenen Mädchen würden in sich gekehrte, kontaktscheue werden. Solche Entwicklungen, klagt Ateş, würden in keiner Studie erfasst. Wie auch? »Zu den wirklich geschlossenen Strukturen in manchen Communitys haben wir selten einen freien Zugang. Zu den Mädchen und Frauen noch weniger.« Dabei wären diese jungen Frauen tatsächlich ein wichtiger Schlüssel zu einer gelungenen Integration. Es sollte uns ein Anliegen sein, sie zu ermächtigen, ein selbstbestimmtes Leben zu führen. In ihrem eigenen Interesse, aber auch im Interesse der Gesellschaft. Wenn sie in diesem Teufelskreis aus Einschüchterung, Kontrolle und Überwachung durch die Community verharren, werden sie auch ihren Kindern Freiheit nicht vermitteln können.

Wie belastend diese Situation für junge Musliminnen sein kann, zeigen verschiedene Studien. Eine regionale Erhebung aus Frankfurt am Main aus dem Jahr 2010 belegte, dass 30 Prozent aller Patienten, die nach einem Suizidversuch in die städtische Akutpsychiatrie kamen, junge Frauen mit türkischen Wurzeln waren. Ebenfalls 2010 kam eine Studie der Weltgesundheitsorganisation (WHO) im Raum Würzburg zu einem noch deutlicheren Ergebnis: Die Suizidversuchsrate bei türkischstämmigen, insbesondere jüngeren Frauen ist um ein Vielfaches höher als unter autochthonen deutschen Frauen. Im gleichen Jahr legte auch die Berliner Charité eine entsprechende Studie vor. Junge Frauen mit vorwiegend türkischem Migrationshintergrund nehmen sich demnach doppelt so häufig das Leben wie gleichaltrige deutsche Mädchen. Aus diesem Grund startete die Charité damals in Berlin eine Kampagne mit Plakaten in der U-Bahn und Werbespots unter dem Motto »Beende dein Schweigen, aber nicht dein Leben«.

Die Psychiaterin Meryam Schouler-Ocak, die die Studie initiiert hatte, machte die nicht übereinstimmenden Wertesysteme verantwortlich für die hohe Suizidrate: hier das Wertesystem der Familie, in der diese jungen Mädchen und Frauen leben, dort das Wertesystem, das die Mädchen bei ihrer Peergroup, bei gleichaltrigen Einheimischen und überhaupt in Deutschland wiederfinden. Dass eine junge Frau mit türkischem Hintergrund zum Beispiel keinen Freund haben darf, dass sie nicht in die Disco gehen darf, dass sie sich nicht so kleiden darf, wie sie gerne möchte, dass sie einen Mann heiraten soll, den sie vielleicht gar nicht mag, dass sie eine Berufsausbildung absolvieren will, die den Vorstellungen der Eltern nicht entspricht – all das seien mögliche Gründe für diese erschreckenden Befunde. Zusammenfassen lassen sich die Motive in einem Satz: Die Mädchen und Frauen leiden unter fehlender Selbstbestimmung und der ständigen sozialen Kontrolle.

Die Rechtsanwältin Seyran Ateş erzählt: »Im Jahr 2017 gibt es noch immer türkischstämmige Frauen, die in ihren Wohnungen eingeschlossen sind und kaum Kontakt nach außen haben. Ihnen werden die Handys weggenommen, früher hat man das Telefon aus der Steckdose gezogen. Es gibt Familien, die das Fenster zuriegeln, damit die Frau nicht nach draußen blicken kann. Seit dreißig Jahren betreue ich solche Fälle, und sie werden nicht weniger, trotz mehr Bildung und trotz der Entwicklungen bei der Kommunikationstechnologie. Ich habe einmal eine Frau mithilfe der Polizei aus ihrer Wohnung geholt und sie in ein Frauenhaus gebracht. Am nächsten Tag rief sie mich an und sagte, sie wolle einkaufen gehen. Ich sagte ihr, gegenüber gebe es einen Supermarkt, in den sie gehen könne. Sie sagte, jaja, den habe ich gesehen, aber ich weiß nicht, wie das geht. Sie war Mitte dreißig, hat hier jahrelang gelebt und wusste nicht, wie sie hier alleine einkaufen gehen soll.«

Selbstverständlich ist diese Frau nicht repräsentativ, doch etwas an ihrem Fall ist typisch: die Kontrolle jeder ihrer Bewegungen, die Bevormundung bis zur Unselbstständigkeit. Davon sind viele der hier lebenden Musliminnen betroffen, nur in unterschiedlichen Graden. Selbst die, die studieren und arbeiten, können sich dieser Kontrolle nicht entziehen. Nur denjenigen gelingt das, die in säkularen und areligiösen Familien außerhalb der Migrantenmilieus aufwachsen oder die, die es geschafft haben, auszubrechen. Solche positiven Beispiele, die als »role model« dienen könnten, gibt es. Aber je abgeschotteter die Community, je konservativer Familie und Umfeld, umso unwahrscheinlicher ist es, dass junge Mädchen diese Vorbilder wahrnehmen und ihnen nacheifern können.

Natürlich leben nicht alle Migranten abgeschottet in Vierteln, in denen die Kontrolle absolut ist. Mehr Schülerinnen mit Migrationshintergrund machen inzwischen Abitur oder eine Ausbildung. Viele dürfen studieren und einen Beruf ausüben. Diese positiven Entwicklungen sollten aber nicht darüber hinwegtäuschen, dass es in vielen Vierteln und innerhalb vieler Familien nach wie vor diese kulturellen und strukturellen Probleme gibt. Wir dürfen keineswegs den Schleier des Schweigens darüberbreiten, wie es vor allem die Vertreter muslimischer Gemeinden tun. Schlimmer noch ist es, wenn wir den tatsächlichen Schleier plötzlich zu einem Symbol der Selbstbestimmung und Emanzipation erklären, obwohl er der gleichen Geisteshaltung und dem gleichen Gesellschaftsbild entstammt, die für das Elend vieler muslimischen Frauen verantwortlich ist.

6

Das Kopftuch

Symbol der Unterdrückung oder der Selbstermächtigung?

Es ist traurig, dass wir seit Jahrzehnten über ein Stück Stoff streiten, ohne bei der Debatte voranzukommen. Eigentlich sollte in einer modernen Gesellschaft ein Kleidungsstück einer Frau keine Diskussionen mehr auslösen, doch dass das Kopftuch dies schafft, zeigt, dass es um mehr geht als nur um ein Stück Stoff. So ermüdend die Diskussion sein mag, es lohnt sich, sie etwas genauer zu beleuchten, denn in ihr liegen die Wurzeln für eine Vielzahl von Problemen.

Viele muslimische Frauen leben mit uns Seite an Seite, ohne mit der Freiheit, die Deutschland unter anderem ausmacht, je wirklich in Berührung gekommen zu sein. Noch trauriger ist es, dass es viele gebildete muslimische Frauen gibt, die immer noch an den Symbolen des Patriarchats festhalten und sie als Teil ihrer Identität bezeichnen. Selbstverständlich gehört auch zur Freiheit, dass eine Frau das anziehen darf, was sie will, ohne dass die Familie oder die Gesellschaft sie daran hindert. Genauso darf aber niemand sie direkt oder indirekt dazu zwingen. Viele muslimische Frauen behaupten, das Kopftuch freiwillig zu tragen. Ihnen will ich nicht unterstellen, dass sie lügen, aber wie misst man die Freiwilligkeit eigentlich?

Freiwilligkeit setzt Freiheit voraus. Eine Freiheit, die aber in jenem religiös-patriarchalischen System, das das Kopftuch vorschreibt, nicht vorgesehen ist. In diesem System heißt es nicht, eine Muslima darf ein Kopftuch tragen oder eine Muslima darf darauf verzichten. Es heißt vielmehr, eine Frau, die das Kopftuch trägt, ist eine gute Muslima, und eine, die es nicht trägt, ist eine unsittliche. Die Frau, die das Kopftuch trägt, wird mit dem Paradies im Jenseits belohnt, und die, die das Kopftuch ablehnt bzw. ablegt, wird mit der Hölle bestraft. Welche Art von Freiwilligkeit soll hier eigentlich gegeben sein, wenn die Alternativen für eine Frau ohne Kopftuch lauten: gesellschaftliche Ächtung im Diesseits und Hölle im Jenseits?

Der Zwang, der auf eine Muslima in Europa einwirkt, ist ein anderer als in einem islamischen Land, wo neben dem Vater oder den Brüdern möglicherweise noch eine Sittenpolizei die Einhaltung bestimmter Vorschriften kontrolliert. Das Ergebnis dieses etwas subtileren Zwangs ist aber das gleiche. Wenn nämlich eine junge Frau merkt, dass fast alle ihre muslimischen Freundinnen oder Verwandten ein Kopftuch tragen und dass alle positiv darüber sprechen, wird sie sich irgendwann fügen, um keine Außenseiterin zu sein. Vor allem in der Pubertät kann das sehr belastend sein, nicht dazuzugehören.

Auf dem »Türkenmarkt« in Berlin spreche ich mit einer Kopftuchverkäuferin. Sie erzählt, dass ihre Tochter mit zwölf Jahren eines Tages aus der Schule gekommen sei und verkündete, sie wolle nun das Kopftuch tragen. Die Mutter war dagegen, meinte, die Tochter sei zu jung dafür, konnte sich aber nicht durchsetzen. Hier kam der Druck nicht von den Eltern, sondern von den Mitschülerinnen in einer mehrheitlich muslimisch geprägten Schulklasse. Das Mädchen wollte dazugehören, ohne die tiefere Bedeutung des Kopftuchs erfasst zu haben. Denn die, so die Mutter, habe schließlich auch etwas mit Sexualität zu tun.

In den Moscheen werden Eltern daran erinnert, dass es ihre Verantwortung ist, darauf zu achten, dass ihre Töchter so früh wie möglich islamisch leben und sich von der westlichen Lebensweise fernhalten sollen. Ihre Kleidung ist das sichtbarste Signal nach außen, dass sie anders sind. Frauen, die das Kopftuch tragen, werden aufgefordert, andere Frauen, die es nicht tragen, darauf anzusprechen. Mal ist es eine freundliche Aufforderung, eine Art »Einladung« zum Schleier, mal sind es abfällige Bemerkungen oder kritische Blicke, mit denen Frauen ohne Kopftuch unter Druck gesetzt werden. In Ägypten schickten Islamisten ganz gezielt ihre eigenen Frauen auf die Straße und in die U-Bahnen, wo sie andere Frauen ohne Kopftuch mit Blicken oder Bemerkungen belästigen und einschüchtern sollten. Manche zogen unverschleierte Frauen an den Haaren, um ihnen das Gefühl zu vermitteln, sie könnten sich ohne Schleier nirgends wohlfühlen im öffentlichen Raum. Der systematische Druck, der in Ägypten von vielen Seiten ausgeübt wurde, hatte zur Folge, dass muslimische Frauen in meiner Heimat heute zu 90 Prozent »religiös uniformiert« sind. Vor vierzig Jahren trug dort kaum eine Frau ein Kopftuch.

Wenn die vermeintliche Freiheit zum Zwang für die anderen wird

Die Folgen sind in Deutschland natürlich (noch) nicht so eklatant, doch auch hier nutzt der politische Islam das Kopftuch. Es ist Teil einer Strategie des Sichtbarmachens des Islam in Deutschland. In Migrantenvierteln europaweit sieht man, dass die Zahl der Kopftuchträgerinnen rasant wächst. An Schulen mit einem hohen Anteil von Kindern mit Migrationshintergrund gab es früher ein oder zwei Schülerinnen mit Kopftuch. Jetzt sind es vielleicht eine oder zwei ohne. Selbst immer mehr junge Mädchen unter zehn Jahren kommen verschleiert in die Schule. Die »Freiheit zum Kopftuch« wird zur Bedrohung für alle, die keines tragen.

All das ist nicht zufällig und über Nacht entstanden, sondern das Ergebnis einer Strategie von Islamisten und Moscheevereinen, die islamische Gesellschaftsordnung so früh wie möglich auch in der Diaspora in den Köpfen der Muslime zu verankern. Und es ist das Ergebnis einer Form der Gleichgültigkeit seitens der Mehrheitsgesellschaft, die aber im Gewand von Toleranz und Akzeptanz von Vielfalt daherkommt. Dabei kennen weder die Ideologie, die das Kopftuch hervorgebracht hat, noch die Akteure, die es in Deutschland salonfähig machen wollen, Vielfalt und Toleranz.

Nun könnte man sagen, das ist keine Überraschung, von konservativen Kräften kann man nichts anderes erwarten. Das Bittere ist allerdings, dass sie von unerwarteter Seite Unterstützung bekommen: von Frauen, die das Tragen des Kopftuchs als Akt der Emanzipation, als Zeichen von Feminismus betrachten. Und die damit doch nichts anderes tun, als an einem Symbol des Patriarchats festzuhalten und es zum Teil ihrer Identität zu machen.

In Berlin treffe ich mich mit dem Psychologen und Islamismusexperten Ahmad Mansour. Er hat eine eindeutige Meinung zu diesem Thema: »Das Kopftuch bedeutet Tabuisierung der Sexualität und Geschlechtertrennung und hat absolut nichts mit Freiheit oder Feminismus zu tun. Jemand, der mit dem Kopftuch groß wird und die dahintersteckende Geisteshaltung verinnerlicht hat, wird keine Frau, die einen Minirock trägt, respektieren. Mit dem Kopftuch sage ich meinem Kind: ›Diese westliche Gesellschaft, die anders mit Sexualität umgeht, ist moralisch nicht in Ordnung, und du kannst kein Teil davon werden.‹«

»Aber heutzutage gibt es doch ganz moderne Vorbilder«,

halte ich Mansour entgegen. »Eine Pilotin oder Modedesignerin, die ein Kopftuch trägt. Selbst die neue Präsidentin von Singapur trägt ein Kopftuch, obwohl das Land säkular ist. Sind das nicht Zeichen dafür, dass das Kopftuch seine ursprüngliche Bedeutung langsam verliert und sich an die Moderne anpasst?«

Mansour schüttelt den Kopf. Egal wie schick oder bunt gemustert dieses Stück Stoff daherkomme, die ursprüngliche Bedeutung würde nie verloren gehen. »Frauen tragen das ja nicht, weil es Mode ist, sondern weil dahinter ein moralisches Konzept steckt. Theologisch gesehen ist das Kopftuch kein Identitätszeichen einer Muslima. Es ist aus dem Gedanken entstanden, dass eine Frau, die ihre Haare zeigt, Männer sexuell erregen könnte. Das galt es zu verhindern. Und allein deshalb kann man nicht in einem Atemzug von Freiheit und Kopftuch sprechen.«

Mansour sieht allein im Tragen des Kopftuchs schon eine politische Botschaft, selbst wenn die Frau das nicht beabsichtigt: »Kopftuch tragende Frauen übermitteln bewusst oder unbewusst ein Signal. Es ist nicht eine Botschaft der Freiheit, sondern des Gehorsams. Ich will das Kopftuch nicht verbieten oder Frauen daran hindern, es zu tragen. Aber es gibt Orte, an denen dieses Symbol der Ungleichberechtigung nichts zu suchen hat. Schulen und Gerichtssäle beispielsweise müssen Orte der Neutralität bleiben.« Das gelte auch für Kippa und Kreuz, auch wenn deren Symbolik eine ganz andere sei. Mansour ist der Auffassung, man habe die Problematik zu lange ignoriert und zugelassen, dass eine ganze Generation von jungen Frauen indoktriniert wurde. Mit Erfolg, denn das Kopftuch sei in den vergangenen Jahren im öffentlichen Leben immer sichtbarer geworden. Man könne über das Kopftuch nicht reden, ohne die anderen Phänomene zu betrachten, die parallel dazu entstanden seien: die Etablierung des Erdoğan-Kults und die zunehmende Radikalisierung von jungen Muslimen, die Faszination für den Dschihad und das Kalifat, um nur einige zu nennen. Für Mansour zeigt die Türkei auf erschreckende Weise, wie sich ein säkularer, westlich orientierter Staat zu einem autokratischen islamistischen Staat wandeln kann. Inzwischen hätten viele gesellschaftliche Akteure ihren Frieden mit dem Kopftuch geschlossen und damit auch mit den politischen Akteuren dahinter.

Wer die Entwicklung in der Türkei verfolgt habe, könne nicht die Augen vor dem verschließen, was in Deutschland vor sich gehe, meint Mansour. Er kann nicht verstehen, dass der Zusammenhang zwischen dem Phänomen Kopftuch, Unfreiheit und religiöser Indoktrination nicht gesehen wird. »Ich bin eher nicht optimistisch, dass sich daran etwas ändert. Es gibt genug Kräfte, die seit Jahren daran arbeiten, das Kopftuch aufzuwerten. Das ist ihnen ganz offensichtlich gelungen; inzwischen hat selbst das Bundesverfassungsgericht entschieden, dass pauschale Kopftuchverbote etwa für Lehrerinnen unzulässig sind. Ich sage, das wird nicht zu mehr Integration führen, sondern zu mehr Desintegration und zur Legitimation von patriarchalischen Strukturen und in extremen Fällen möglicherweise zu mehr Radikalisierung.«

Ahmad Mansour und ich versuchen, das Problem aus unterschiedlichen Blickwinkeln zu betrachten. Auch wenn wir beide eine klare kritische Haltung zum Kopftuch haben, konfrontiere ich ihn mit folgendem Gedanken: Wie können wir Frauen, die eine emotionale Bindung zu diesem Symbol verspüren, gesellschaftliche Teilhabe ermöglichen? Wie kann man ihnen helfen wollen und ihnen gleichzeitig die Chance auf finanzielle und berufliche Freiheit verweigern, indem man eine Kopftuch tragende Bewerberin für eine Stelle ablehnt? Sollten wir ihnen nicht eher die Türen öffnen, statt sie ihnen vor der Nase zuzuknallen? Und: Warum gestatten wir einer Putzfrau in der

Schule, Kopftuch zu tragen, aber nicht der Lehrerin? Welches Signal senden wir dadurch an eine junge, gläubige Muslima? Sagen wir dadurch nicht: Du kannst nur als Putzfrau arbeiten, das ist dein Platz in dieser Gesellschaft, in andere Regionen kommst du mit Kopftuch nicht? Wäre es nicht klüger, gläubige junge Frauen in alle möglichen Arbeitsstrukturen zu integrieren und ihnen so andere Türen zur deutschen Kultur zu öffnen als noch ihren Müttern?

Ahmad Mansour bleibt bei seiner ablehnenden Haltung: »Wir können uns gerne in zehn Jahren wiedertreffen, wenn in Schulen und Gerichtsgebäuden Beamtinnen mit Kopftuch zum Alltag gehören. Die Grundhaltung der Kränkung wird bei vielen Muslimen nach wie vor bestehen, egal in welche Richtung die Debatte geht und egal welche Angebote man ihnen macht. Der politische Islam lebt von der Opferrolle, sie wird bleiben, weil sie wenig mit den Taten und Einstellungen der Mehrheitsgesellschaft zu tun hat. Wenn das Kopftuch überall getragen werden darf, wird es etwas anderes geben, weshalb man sich ausgegrenzt fühlt oder sich abgrenzen muss.«

Ich trage weitere Argumente der Kopftuchbefürworter vor: Ist es nicht so, dass Lehrerinnen mit Kopftuch eine Vorbildfunktion für Schülerinnen mit Migrationshintergrund haben könnten, in Bezug auf Bildung und Karriere? Könnten sie nicht durch das Kopftuch einen besseren Zugang zu religiösen Schülerinnen und deren Eltern erlangen und somit bei Konflikten leichter vermitteln? Schließlich bräuchten auch Schüler Menschen, denen sie vertrauen können.

»Es geht hier aber nicht um Vertrauen«, stellt Mansour klar, »sondern um Hierarchie und Gehorsam. Für Schülerinnen und Schüler, die aus patriarchalischen Strukturen kommen, bietet die Schule die einzige Möglichkeit, einen anderen Umgang und andere Kommunikationsstrategien zu erlernen. Wenn nun eine Lehrerin mit Kopftuch vor ihnen steht, dann kriegen sie genau das, was sie schon zu Hause haben. Egal welche weitergehenden Einstellungen oder was für einen Charakter die Lehrerin hat, mit dem Kopftuch repräsentiert sie eine Kultur des Patriarchats und des Gehorsams, nicht des kritischen Denkens. Und eine Geisteshaltung, die Sexualität tabuisiert. Das kann nicht im Sinne einer freien, fortschrittlichen Gesellschaft sein.«

Egal welches Argument ich einführe, Ahmad Mansour kann das Kopftuch nicht von der Geisteshaltung und den gesellschaftlichen Strukturen, die dahinterstecken, isoliert sehen. »Um zu verstehen, wie Erziehung bei patriarchalischen Familien funktioniert, sollte man sich eine Pyramide vorstellen. Ganz oben ist das Familienoberhaupt, ganz unten das Kind, dazwischen der Rest der Familie. Das Kind lernt, sich den Regeln der Familie willenlos und kritiklos zu fügen. Es muss allen, die sich in der Familienpyramide über ihm befinden, mit Respekt und Gehorsam begegnen, darf keinem der Höherstehenden widersprechen oder ihn infrage stellen, sonst wird es bestraft. So kann das Kind keine eigenständige Persönlichkeit entfalten, sondern bleibt ein Objekt innerhalb der Familienstrukturen. Begehrt es dagegen auf, wird es ausgegrenzt, sein Verhalten sanktioniert. Frauen stehen in einem solchen patriarchalischen System nicht mit Männern auf einer Stufe. In unseren Schulen ist der Anteil von Frauen im Lehrerkollegium tendenziell sehr hoch. Man muss sich fragen, wie Schüler mit Migrationshintergrund aus solchen konservativen Familien auf sie reagieren. Respekt ist an Religiosität und Hierarchie in der Familie gebunden, nicht an eine Rolle in der Gesellschaft.«

Tatsächlich spricht Mansour hier ein zentrales Problem unseres Bildungssystems an. Viele Schüler(innen) mit muslimischem Hintergrund sind überfordert, weil sie in der Schule auf ein völlig anderes Verständnis von Familie und Gesellschaft treffen. Die Diskrepanz zwischen den Werten, die sie zu Hause vermittelt bekommen, und dem, was sie in der Schule lernen, verwirrt sie. Zugespitzt gibt es zwei einfache Auswege aus diesem Dilemma: Entweder passen sich die Lehrer den patriarchalischen Strukturen an und arbeiten wie die Eltern mit Angstpädagogik und Bestrafung, um ihre Autorität wiederherzustellen. Oder man engagiert mehr Lehrer mit Migrationshintergrund, wovon sich auch die Kanzlerin eine bessere Integration erhofft. Das aber ist für Mansour genau der falsche Weg: »Eine Lehrerin mit Kopftuch mag zwar leichter Zugang zu den Kindern bekommen, und ihr wird möglicherweise mit mehr Respekt begegnet, aber sie bleibt allein durch ihr Erscheinungsbild ein Teil und eine wichtige Stütze des Patriarchats. Man verfestigt dadurch die Parallelgesellschaft auch in der Schule.« Mansour ist der Meinung, dass es einer Selbstaufgabe gleichkomme, wenn sich in der Gesellschaft die Meinung verfestigt, nur Menschen mit Migrationshintergrund könnten diese Schüler(innen) erreichen: »Ich möchte hier nicht falsch verstanden werden: Pädagogen mit Migrationshintergrund sind eine Bereicherung – aber nur solche, die kritisch mit den patriarchalischen Strukturen umgehen. Viel mehr würde man erreichen, wenn es ein gesamtgesellschaftliches Konzept gäbe. Ein offenes demokratisches System wie unseres sollte sich gegenüber einem archaischen, rückständigen System bewähren und sich als die attraktivere Option präsentieren, statt diesem anderen System nachzugeben. Man muss zeigen, dass die Schule anders als das traditionelle Zuhause ist und dass das keine Schwäche, sondern eine Chance ist. Denn die Probleme, die man nicht früh in der Schule löst, verlagern sich später auf andere Gebiete der Gesellschaft.«

Das ist eine Erfahrung, die auch ich gemacht habe. Die Mädchen, die mit dem Korsett des Kopftuchs aufwachsen, verteidigen es mit aller Vehemenz, wenn sie erwachsen werden. Sie wollen es auch als Lehrerinnen, Richterinnen und

Staatsbedienstete tragen und begründen dies oft damit, das Kopftuch sei ein ganz normales Kleidungsstück. In Kopenhagen treffe ich eine junge Jurastudentin mit Kopftuch, die sehr eloquent darlegte, dass sie das Tuch freiwillig tragen würde. Als ich sie fragte: »Was würden Sie tun, wenn Sie die Aussicht hätten, Richterin zu werden, aber die Voraussetzung dafür wäre, das Kopftuch abzulegen?« Sie zögerte keine Sekunde und antwortete: »Ich würde den Job ablehnen.« Wenn eine Frau darauf verzichtet, die Gesellschaft mitzugestalten und das Justizsystem durch ihr Wissen zu bereichern, nur weil sie auf ein »normales« Kleidungsstück verzichten muss, dann ist dieses Kleidungsstück nicht normal. Ich als Islamkritiker wollte weder als Kläger noch als Angeklagter vor so einer Richterin stehen …

Die Zwänge, die auf die »freiwilligen« Kopftuchträgerinnen einwirken, sind vielfältig, und sie kommen nicht immer von außen. Der Zwang zum Kopftuch kann auch ein innerer sein. Würde eine Frau das Kopftuch tatsächlich freiwillig tragen und damit nicht gleichzeitig eine moralische Überlegenheit gegenüber Frauen ohne Kopftuch verbinden, müsste es ihr doch leichter fallen, es – zumindest zu bestimmten Anlässen – abzulegen. Als Student in Augsburg fragte ich einmal eine Studienkollegin, die behauptete, das Kopftuch freiwillig zu tragen, was passieren würde, wenn sie es vor mir ablegen würde. Sie antwortete: »Dann würde ich mich nackt fühlen.« Wäre es wirklich ein normales Kleidungsstück, wie viele behaupten, würde sie sich vermutlich nicht nackt fühlen. Keine Frau fühlt sich nackt, wenn sie eine Jacke oder eine Mütze auszieht. Eher schon, wenn sie sich ihres BHs oder ihrer Unterhose entledigt. Und genau hier sind wir bei einem wichtigen Aspekt: Mit dem Tuch bedeckt die Frau ihr Kopfhaar, das im traditionellen Islam sexualisiert ist. Um Männer nicht abzulenken oder sexuell zu erregen, soll die Frau ein Kopftuch tragen. Wie die Geisteshaltung, die hinter dieser Idee steht, als ein Zeichen der Emanzipation durchgehen kann, ist mir ein Rätsel. Sie ist sowohl männer- als auch frauenverachtend und das Kopftuch alles andere als ein Zeichen der Selbstbestimmung. Genau als das soll es uns aber seit einiger Zeit verkauft werden.

Barbie trägt jetzt Hijab

Mit viel Geld aus den Golfstaaten und mit großer Unterstützung der Muslimbrüder in Amerika startete vor zwei Jahren eine Kampagne in den USA, die das Motto trug: »Hijab means Empowerment«, also »Kopftuch bedeutet Selbstermächtigung«. Das Motto hätte stimmen können, wenn nach Selbstermächtigung der Zusatz »des politischen Islam« gekommen wäre. Eine der schillerndsten Figuren dieser Kampagne war Linda Sarsour, die behauptete, Frauen ginge es in Saudi-Arabien besser als in den USA, weil es dort bezahlten Mutterschaftsurlaub gebe. Die gleiche Linda Sarsour, die ebenfalls als muslimische Feministin gilt, attackierte die wirkliche Feministin und Frauenrechtlerin Ayaan Hirsi Ali, weil diese den Umgang des Islam mit Frauen kritisiert. Sarsour schrieb 2011 in einem Tweet über Hirsi Ali (und über die libanesischstämmige Islamismuskritikerin Brigitte Gabriel): Beide Frauen hätten es verdient, »dass man ihnen den Hintern versohlt. Am liebsten würde ich ihnen ihre Vaginas wegnehmen – sie verdienen es nicht, Frauen zu sein.« Nach der Wahl von Donald Trump zum US-Präsidenten gingen zahlreiche Feministinnen auf die Straße, angeführt von Linda Sarsour, und trugen Schilder, auf denen »Hijab means Empowerment« stand. Allein weil Sarsour einen Marsch gegen Trump organisiert hatte, machte sie das für die Linken in Amerika zu einer Ikone des Widerstands und ihr Kopftuch zu einem Symbol der Freiheit. Im November 2017 kürte das *Glamour*-Magazin Sarsour zur Frau des Jahres.

Auch in Europa ist die Kampagne der Rehabilitierung des Kopftuchs längst angekommen. Bei einer Demo in Wien gegen die Pläne zum Kopftuchverbot für Richterinnen gingen im Februar 2017 zwischen 2000 (Polizeiangabe) und 3600 (so der Veranstalter) muslimische Frauen auf die Straße. Frauen, die sonst nicht demonstrieren, wenn es gegen Menschenrechtsverletzungen und Terror im Namen des Islam in der islamischen Welt und in Europa geht. Wie in den USA sah man verschleierte Frauen Plakate hochhalten mit der Aufschrift »Hijab means Empowerment«. Besonders absurd war der Anblick eines kleinen verschleierten Mädchens, das ein Schild in Händen hielt, auf dem stand: »Ich will meine Freiheit.« Die Freiheit, ein Kopftuch zu tragen und damit das Symbol eines Islam zur Schau zu stellen, der ihr als Frau kaum Freiheiten einräumt. Im Verständnis der Demonstrantinnen war es der österreichische Staat, der ihre Freiheit einschränkt, indem er über ein Kopftuchverbot für Richterinnen nachdenkt. Ihrer Argumentation spielte zwei Monate später der österreichische Bundespräsident Alexander Van der Bellen in die Hände. Bei einer Diskussionsveranstaltung mit Schülern hob er das Recht einer jeden Frau hervor, »sich zu kleiden, wie auch immer sie möchte … Und wenn das so weitergeht bei dieser tatsächlich um sich greifenden Islamophobie, wird noch der Tag kommen, wo wir alle Frauen bitten müssen, ein Kopftuch zu tragen – aus Solidarität gegenüber jenen, die es aus religiösen Gründen tun.«[1]

Als ich davon in der Zeitung las, musste ich an eine Begegnung denken, die ich in Malmö hatte. Dort traf ich die 28-jährige Khoula, die sich selbst als »muslimische Feministin« bezeichnet und das Kopftuch seit ihrem zehnten Lebensjahr trägt. Sie organisiert Treffen mit muslimischen, jüdischen und christlichen Frauen, damit diese sich kennenlernen und Vorurteile abbauen können. Für ihr Engagement bekommt sie Fördergelder vom Staat. Als ich sie fragte, was passieren würde, wenn sie sich in einen nichtmuslimischen Schweden verlieben würde, antwortete sie: »Das wird nie passieren, denn Liebe ist eine Entscheidung, und ich habe mich längst entschieden, dass ich nur einen Muslim lieben kann, weil ich nicht will, dass meine Kinder mit einer anderen Religion aufwachsen.« Diese Antwort hätte ich von einer Islamistin erwartet, nicht jedoch von einer Feministin, die angeblich Vorurteile zwischen den Religionen abbauen will. Wenn umgekehrt eine Schwedin sagen würde, ich habe mich entschieden, mich in keinen Muslim zu verlieben, weil ich nicht will, dass meine Kinder mit dem Islam aufwachsen, würden viele sofort sagen, sie sei eine islamophobe Rassistin! Nicht so bei Khoula, der »feministischen Muslima«, die sich für Vielfalt einsetzt.

Darum ging es auch der 16-jährigen Rayouf Alhumedhi, Tochter eines Diplomaten aus Saudi-Arabien, die in Wien eine internationale Schule besucht und Kopftuch trägt. Beim Chatten war ihr aufgefallen, dass es kein Emoji gibt, das ihr ähnlich sieht. Sie fühlte sich nicht wahrgenommen und schrieb an das Unicode-Konsortium in Silicon Valley, das die Standards von Schriftzeichen bei Software festlegt. Tatsächlich konnte sie Apple überzeugen, ein »Hijab-Emoji« einzuführen, weshalb die Schülerin vom Magazin *Time* zu einem der dreißig einflussreichsten Teenager der Welt gekürt wurde. Wäre das auch geschehen, wenn Rayouf Alhumedhi gegen den Kopftuchzwang in Saudi-Arabien gekämpft hätte?

Beispiele wie dieses – und das folgende – spielen der Normalisierungsstrategie, die der politische Islam verfolgt, in die Hände: Im November 2017 kündigte der US-Spielzeughersteller Mattel an, bald eine Kopftuch-Barbie auf den Markt zu bringen. Viele Feministinnen, die die Barbie einst als sexistisch abgestempelt hatten, weil die Puppe blond war und große Brüste hatte, äußerten sich – bis auf wenige Ausnahmen – positiv zu diesem Vorhaben. Es sei ein Erfolg für Multikulturalismus und Vielfalt. Welche fatalen Konsequenzen dies für die Erziehung von kleinen Mädchen haben könnte, wurde großzügig übersehen. Dass eine Sportlerin Vorbild für die Kopftuch-Barbie ist, mag für einige muslimische Mädchen ein Ansporn sein, Sport zu betreiben, keine Frage. Aber die negativen Effekte dürften sehr viel größer sein. Mädchen lernen spielerisch, wie sich eine sittliche Frau zu kleiden hat. Und sowohl die Sportlerin als auch die Kopftuch-Barbie selbst können vom politischen Islam und von den Eltern als Druckmittel benutzt werden gegen Frauen, die kein Kopftuch tragen.

Einige liberale Muslime kritisierten den Vorstoß von Mattel: »Das Kopftuch ist nicht nur ein Kleidungsstück, sondern es soll sexuell erregende Reize verdecken. Wenn Kinder es tragen oder ihnen durch eine solche Barbie mit Hijab demonstriert wird, dass dies normal sei, macht man sie erst recht zu einem Sexobjekt«, sagt Psychologe und Islamismusexperte Ahmad Mansour. Für Seyran Ateş, die im Juli 2017 die liberale Ibn Rushd-Goethe-Moschee gegründet hat, wo Frauen ohne Kopftuch Seite an Seite mit Männern beten dürfen, ist die Kopftuch-Barbie ein weiterer Baustein der Normalisierungsstrategie des politischen Islam: »Man wird das Kopftuch in Zukunft als etwas ›Normales‹ auffassen, das einfach zum Islam gehört. Es ist aber nicht normal, sondern antifeministisch: Es unterteilt Mädchen in ›gute‹ und ›schlechte‹«, konstatiert sie in einem Beitrag des Magazins *Emma*. Dort hatte Chantal Louis das Thema aufgegriffen. Sie ist der Meinung, wenn Millionen junger Muslimas davon träumen würden, unverschleiert auf die Straße zu gehen, sei eine Hijab-Barbie kein Zeichen von Diversität und schon gar keines der Solidarität. Solidarität mit Frauen, die Widerstand gegen die (Frauen) unterdrückenden Gottesstaaten leisten und eine Ehrung verdient hätten. Frauen wie die Iranerin Dorsa Derakhshani, die im Februar 2017 bei einem internationalen Schachturnier antrat und sich weigerte, dabei ein Kopftuch zu tragen. Daraufhin wurde die 19-Jährige aus dem iranischen Schachverband und der Nationalmannschaft des Landes ausgeschlossen. Inzwischen tritt sie für die USA an. »Ob Dorsa gern mit einer Hijab-Barbie gespielt hätte, darf bezweifelt werden«, bemerkt Chantal Louis zum Schluss. Für Ibtihaj Muhammad, jene Sportlerin, die als Vorbild für das neue Barbie-Modell aus der Reihe »Sheroes« (aus »she« und »hero«, Heldin) diente, ging dagegen ein Kindheitstraum in Erfüllung.

Einen Kindheitstraum hat auch die 18-jährige Nagin, die im »Ghetto« von Gellerup lebt, jenem Brennpunktviertel in der dänischen Hafenstadt Aarhus. Sie trägt Kopftuch und spielt Fußball. Das ist ungewöhnlich in diesem Stadtviertel, doch Nagin hat gemeinsam mit fünfzig weiteren jungen Frauen dafür gesorgt, dass kickende Muslimas normal geworden sind. Anfangs, erzählt sie, hätten sie sich gar nicht erst in die Nähe des Sportplatzes gewagt. Dort hingen nur junge Männer herum, und die konservativen Familien, die im Viertel den Ton angaben, wollten nicht, dass ihre Töchter Kontakt mit Jungs haben. Nagin suchte und fand eine kreative Lösung: einen Frauentag auf dem Sportplatz, an dem sie unter sich bleiben. Da Nagin ein Kopftuch trägt, vertrauten ihr nicht nur die Mädchen, sondern auch deren Eltern.

Als ich ihrer Erzählung lauschte, regte sich Widerstand in mir: Eine schöne Sache, dass junge muslimische Frauen einen Weg finden, Sport zu treiben – aber natürlich geschieht das Ganze nur in dem Rahmen, den Religion und Patriarchat vorgeben. Frauen bleiben unter sich. Und erst muss eine Frau das

Kopftuch tragen, damit sie vertrauenswürdig ist und einen so unerhörten Vorschlag wie Fußball für Frauen vorbringen kann. Ich fragte Nagin, ob sie eigentlich den Koranvers kennt, der von einer Muslimin verlangt, ihre Schönheit nicht zur Schau zu stellen. Jener Vers 31 aus Sure 24 gilt als »Kopftuchvers«; in ihm wird einer Muslimin auch verboten, »ihre Füße aneinanderzuschlagen, damit nicht bekannt wird, was sie von ihrem Schmuck verborgen trägt«. Das heißt, es soll nicht sichtbar werden, was normalerweise unter der Kleidung verborgen ist. Laut diesem Vers wäre Fußball für Frauen eigentlich eine Sünde. Nagin hat gleich eine Antwortet parat: »Das wäre der Fall, wenn ich vor Männern Fußball spielen würde. Ich spiele aber nur vor Frauen.«

Nagins Geschichte zeigt, wie schwierig die Debatte über das Kopftuch sein kann. Für mich ist Freiheit ein ganzheitliches Konzept. Man kann sie weder teilen noch in ein Korsett hineinpressen, es gibt keinen Mittelweg zwischen Freiheit und Bevormundung. Aber selbst wenn ich das Kopftuch und das System dahinter ablehne, bleibt Nagin für mich trotzdem ein positives Beispiel, weil sie einen Traum hat und alles tut, um ihn zu realisieren. Sie will dänische Nationalspielerin werden. Sie hat getan, was sie tun konnte in so einem Ghetto, und damit ein Stück Befreiung geschafft. Ohne Kopftuch wäre ihr diese Befreiung nicht geglückt. Aber ohne diese Strukturen, in denen sie aufgewachsen ist, wäre eine solche Befreiung auch unnötig gewesen. Nagin und ihre Teamkolleginnen hätten sich einfach einen Ball schnappen und spielen können. Ohne deswegen der Unsittlichkeit geziehen zu werden.

Solange man solche Ghettostrukturen duldet, werden es nur wenige Frauen schaffen, den Würgegriff des Patriarchats zu lockern. Und noch weniger werden es schaffen, sich ganz daraus zu befreien.

7

»Kulturelle Kompatibilität« und Bildung

Warum manche Migrantengruppen besser integriert sind als andere

Die vorangegangenen Kapitel haben gezeigt, in welchen Bereichen Fehler gemacht wurden, allen voran bei den Faktoren, die das Entstehen von Parallelgesellschaften einerseits und das zunehmende Gefühl der Ausgrenzung andererseits begünstigt haben. Ich frage mich, ob es wohl irgendetwas gegeben hat, das in der Vergangenheit nicht schiefgelaufen ist? Und erinnere mich an den ansteckenden Optimismus, den die Sozialwissenschaftlerin Naika Foroutan bei unserem Gespräch verbreitet hat. Bundesweit bekannt wurde sie durch ihre medialen Auftritte, wo sie die Thesen von Thilo Sarrazin als unwissenschaftlich kritisiert hatte. Das Erscheinen des Buches *Deutschland schafft sich ab* beantwortete Foroutan mit einer siebzigseitigen Studie, in der sie nicht nur die Thesen Sarrazins widerlegt, sondern auch die von ihm zitierten Statistiken zu den Themen Bildung, Kriminalität und Sozialhilfe auseinandernimmt. Der Konter ließ allerdings nicht lange auf sich warten. In der *FAZ* relativierte der Soziologe und Publizist Gunnar Heinsohn die Zahlen von Foroutan und warf ihr Beschönigung vor.

Sieben Jahre später möchte ich von Naika Foroutan wissen, womit Sarrazin recht hatte; schließlich kann doch nicht alles, was in seinem dicken Buch steht, falsch sein. Ihre Antwort: »Ich würde nicht sagen, dass Sarrazin mit seinen Thesen oder

Argumenten recht hatte. Aber er traf offensichtlich einen bestimmten Nerv in der Bevölkerung und bediente mit seinen Aussagen Vorurteile, die bis in alle Schichten weit verbreitet sind. Dies führte zu seinem großen publizistischen Erfolg und löste in der Folge viele Diskussionen aus. Die sogenannte Sarrazin-Debatte hat also vieles ans Licht geholt, das wohl schon längere Zeit in der Gesellschaft schlummerte.«

Noch einmal hake ich nach, ob er seine Thesen auf die falschen Statistiken gestützt oder ob er die Zahlen falsch ausgelegt hat. Foroutan präzisiert: »Thilo Sarrazin erhob den Anspruch, ein politisches Sachbuch geschrieben zu haben, von dessen Wissenschaftlichkeit er überzeugt war, als er sagte: ›Dieses Buch hätte genauso gut ein Politologe, ein Historiker oder ein Bevölkerungswissenschaftler schreiben können.‹ Tatsächlich aber fehlen die wichtigsten Studien, Daten und wissenschaftlichen Ergebnisse, die zum Themenspektrum Muslime in Deutschland, Migration und Integration in den fünf Jahren zuvor veröffentlicht wurden. Aber das war nicht das Hauptproblem. Ich finde, dass er zu viel das bedient hat, was man Ressentiment nennt. Denn man kann auf Missstände hinweisen, ohne dabei ganze Bevölkerungsgruppen pauschal zu beschuldigen oder zu beleidigen.«

Eine solche pauschale Verunglimpfung sei etwa gewesen, dass Sarrazin behauptete, Türken und Araber würden sich aufgrund ihrer Genetik nie weiterentwickeln. Er habe das zwar schnell zurückgenommen und fortan gesagt, »aufgrund ihrer Kultur«. Für Foroutan offenbaren solche Äußerungen so einiges, vor allem aber richtige analytische Schwächen. »Ich bin Migrationsforscherin und schaue auf die Strukturdaten. Sie sprechen eine andere Sprache. Ich sehe eine gute Weiterentwicklung in der Bildung, auf dem Arbeitsmarkt, in Sachen Gesundheit und binationalen Ehen. Also stimmt seine These nicht, dass es keine positive Entwicklung gebe.«

Ich will von Foroutan wissen, was die gerade erwähnten Strukturdaten konkret aussagen. Vor allem im Bereich Bildung gehe es voran: »Bei den türkischstämmigen jungen Erwachsenen zwischen 18 und 25 stieg die Abiturquote auf 36 Prozent. Das ist ein deutlicher Anstieg verglichen mit der Generation davor, die gerade einmal auf 3 Prozent kam. Das ist das Gegenteil von dem, was Sarrazin behauptet, denn das ist eine Weiterentwicklung. Allerdings ist die Quote in den zurückliegenden Jahren auch bei Deutschen ohne Migrationshintergrund gestiegen. Und der Abstand bei der Quote zwischen Deutschen ohne Migrationshintergrund und türkischstämmigen Schulabgängern liegt bei 10 Punkten. Das ist immer noch viel.«

Sie wirft Sarrazin vor, eine Lösung der Probleme nicht wirklich angestrebt zu haben. Denn sonst hätte er fragen müssen, warum diese Bildungslücke zwischen türkischstämmigen Schülern und solchen ohne Migrationshintergrund kontinuierlich besteht und was der Staat tun kann, um sie zu schließen. »Eine solche Lücke darf sich eine moderne, pluralistische Einwanderungsgesellschaft nicht leisten. Das hätte Sarrazin sagen müssen, statt das Ganze auf die Kultur der Türken und Araber zu schieben, oder zu sagen, es gebe keine Bildungsentwicklung, was ja falsch ist.«

Fakt ist, wir erleben eine Art Abitur-Inflation in Deutschland, eine Aufwertung der Gymnasien zulasten der anderen Schulformen. Da die heutigen Schüler nicht schlauer sind als die früher, geht diese Aufwertung einher mit einer Absenkung des Niveaus. Weil mehr Schüler Abitur machen, steigen auch die Zahlen der Abiturienten mit Migrationshintergrund. Hinzu kommt, dass es eine natürliche Entwicklung ist, wenn die Kinder der zweiten und dritten Generation einen höheren Abschluss schaffen als ihre Eltern, denen gar keine oder nur eine geringe Bildung zuteilwurde.

Ich frage daher, ob es sinnvoll ist, Statistiken zu betrachten, die »biodeutsche« und türkischstämmige Schulabgänger gegenüberstellen. Müsste man nicht eher die Bildungsdaten von Migranten insgesamt genauer aufschlüsseln? Schließlich würde die Performance von Kindern von Exil-Iranern sogar über dem deutschen Durchschnitt liegen.

Foroutan meint dazu: »Die meisten Exil-Iraner kommen aus der säkularen Mittelschicht, bei ihnen hat Bildung einen hohen Stellenwert. Generell sollte bei der Analyse von Daten zum Thema Integration darauf geachtet werden, die soziale Herkunft zu berücksichtigen, um nicht den Eindruck zu verstärken, Erfolg oder Misserfolg hinge mit einer bestimmten Religionszugehörigkeit oder einer ethnischen Herkunft zusammen.«

Diese Antwort ist natürlich einleuchtend, hat doch gerade in Deutschland das Elternhaus einen großen Einfluss auf die Bildung der Kinder. Je höher der Schulabschluss der Eltern, umso höher jener der Kinder. Allerdings taugt die Bindung des Bildungserfolgs an die soziale Schicht nicht, wenn wir uns die Bildungsdaten von Vietnamesen ansehen. Bereits im Jahr 2009 schrieb *Die Zeit:* »Der Schulerfolg der Vietnamesen stellt eine ganze Reihe vermeintlicher Wahrheiten der Integrationsdebatte infrage. Wer etwa meint, dass Bildungsarmut stets soziale Ursachen hätte, sieht sich durch das vietnamesische Beispiel widerlegt.«[1] In der *NZZ* vom 18. August 2017 liest man einen ausführlichen Bericht über den Bildungserfolg der Vietnamesen in Deutschland, den USA oder in Kanada, Australien, Frankreich und in der Schweiz. Überall haben sie sich innerhalb von zwei Generationen besser in ihre Aufnahmeländer zu integrieren vermocht als die meisten anderen Migranten. Die erste Generation der Flüchtlinge aus Vietnam waren die »Boatpeople«, die seit den späten 1970er-Jahren zu Hunderttausenden in klapprigen Schiffen aus dem kriegsversehrten Land flüchteten. Diese waren eher ungebildet, hielten aber eine Bildung für die eigenen Kinder für die höchste Priorität. Die *NZZ* stellt dazu fest: »Am generellen Befund gibt es also wenig zu deuteln, zu offensichtlich sind die Daten: Wohin es sie auch immer verschlägt, die Vietnamesen schaffen den Ein- und Aufstieg in westlichen Ländern deutlich besser als andere ethnische Gruppen. Ebenso klar ist, dass es an staatlichen Förderprogrammen und an der Integrationspolitik nicht liegen kann.«

Kultur und Wertesysteme der Herkunftsgesellschaft bestimmen auch das Leben in der neuen Heimat

Also muss dieser Erfolg mehr mit den Vietnamesen selbst zu tun haben als mit den jeweiligen Umständen im Einwanderungsland. Die *NZZ* gibt Sarrazin indirekt recht: »Im Kern geht es jedoch um den Einfluss der Kultur, um die unterschiedlichen Wertesysteme in den Herkunftsgesellschaften. Diese Diskussion kann gewiss in Klischees kippen, und der Vorwurf des Rassismus ist nie weit. Gleichwohl sind die Unterschiede zwischen den einzelnen Ethnien zu groß, als dass sie sich ignorieren ließen.«[2]

In der Tat muss man sich fragen, warum es arme, teils kaum gebildete vietnamesische Flüchtlinge, die nach einer schweren Flucht traumatisiert aus einem kriegsgebeutelten Land kamen, geschafft haben, sich in einer völlig anderen Kultur im Westen zurechtzufinden. Der Wirtschaftspädagoge Rolf Dubs von der Universität St. Gallen sieht vier Gründe für diesen Erfolg: Ordnung, diszipliniertes Lernen, intensive Betreuung durch Eltern wie Lehrer – und die konfuzianisch-buddhistisch geprägte Kultur, die der Bildung höchste Priorität einräumt. Deshalb würden Länder aus dem südostasiatischen Kulturkreis bei der PISA-Studie auch meist besser abschneiden als viele europäische Staaten.

Es spielt darüber hinaus sicherlich eine große Rolle, wie Kulturen aufeinander blicken. Die Vietnamesen sehen Europa nicht als ihren historischen Feind. Sie müssen ihre Kinder nicht davor warnen, westlich zu leben. Für sie bedeutet »westlich« in erster Linie Bildung, Disziplin und Fleiß. Alles Werte, die sie auch in ihrer Kultur finden. Hinzu kommt, dass Themen wie Sexualität und Ehre bei der Erziehung der Kinder kaum eine Rolle spielen. Die deutschen Soziologen Helmut Gillmeister und Jürgen Fijalkowski sprachen bereits 1997 von einer »kulturellen Kompatibilität«, die – sofern vorhanden – eine Integration erleichtert. Der Ethnologe Frank Weigelt, der seine Dissertation über die vietnamesische Diaspora in der Schweiz geschrieben hat, neigt ebenfalls zu dieser These.

Selbstverständlich muss man immer betonen, dass weder Ethnien noch Menschen, die einer Religion angehören, einheitliche Blöcke bilden. Es geht immer um Individuen, und deshalb gibt es auch viele Muslime, die gebildet und gut integriert sind und Vietnamesen, die Probleme mit der Justiz haben. Man kann noch nicht einmal pauschal von »Türken« sprechen, denn es gibt viele Unterschiede zwischen Kurden, Aleviten und Sunniten. Und dennoch halte ich es für legitim, bestimmte Verhaltensweisen bestimmen Kulturen zuzuschreiben. Eine Kultur, die sich mehr auf das Jenseits konzentriert als auf das irdische Leben, kann vermehrt fatalistisch denkende Menschen hervorbringen. Eine Kultur, die die Sexualität tabuisiert und die Geschlechtertrennung hochhält, erzeugt verklemmte, sozial inkompetente Individuen, die sich in einer freien, offenen Gesellschaft nicht zurechtfinden. Eine Kultur, die sich selbst als die moralisch bessere Alternative zum Rest der Welt sieht, erlegt ihren Anhängern eine schwere Bürde auf im Umgang mit Menschen aus anderen Kulturen. Dagegen erleichtert eine Kultur, die den Respekt für die Menschen und die Harmonie mit der eigenen Umgebung nicht von der Religion abhängig macht, den eigenen Anhängern, sich in fremden Kulturen besser einzufügen.

»Sexualität ist der große Elefant im Raum der Integration«

Fatma gehört mit ihren 21 Jahren noch einmal einer anderen Generation an als Seyran Ateş und auch als Güner Balcı. Als Kind einer alevitisch-türkischen Familie wuchs sie in Berlin-Neukölln auf. Von ihr will ich wissen, ob eine »kulturelle Kompatibilität« Integration erleichtert. Sie sagt: »Ich kann ja nur für mich sprechen und würde schon sagen, dass ich gut integriert bin. Meine Eltern standen mir nie im Weg, sie standen immer hinter mir. Sie haben mich nie in eine Situation gebracht, in der ich mich hätte entscheiden müssen zwischen alevitischen oder deutschen Werten. Viele kombinieren die Identitäten gut, teils deutsch, teils türkisch-islamisch. Aber das gelingt nur, wenn die Eltern diese Kombination von Anfang an akzeptieren.«

Ich frage Fatma, warum Aleviten im Vergleich etwa zu Sunniten gemeinhin als besser integriert gelten. Für sie liegt der Unterschied hauptsächlich darin, dass die meisten Aleviten keine Angst hätten, westlich zu leben. Die Religion sei wichtig, aber nicht ganz so dominierend, zumal viele Verbote und Gebote aus dem Koran, die Sunniten zu befolgen haben, für Aleviten keine Rolle spielen. »Wir geraten also nicht so sehr unter Druck, die Werte stehen sich nicht entgegen, sondern ergänzen sich«, meint sie. Fatma hat viele sunnitische Freundinnen, nette und »intelligente Mädchen, die aber unter ihren

Potenzialen bleiben«. Die vielen Verbote und die ständige Kontrolle brechen ihren Charakter, glaubt sie. Muslimischen Mädchen in Neukölln sei fast alles verboten, aber viele von ihnen würden dennoch fast alles machen. Nur eben heimlich. Sie würden sich mit Jungs treffen und rauchen, aber immer in der Angst leben, erwischt zu werden. Das mache sie unsicher, und vor allem erpressbar. Viele Jungs wüssten das und würden die Mädchen mit Videos und Chatverläufen unter Druck setzen. »Sie machen dann alles, was die Jungs von ihnen verlangen.« Andere, die keusch blieben und auf solche Erfahrungen verzichteten, seien oft introvertiert und verklemmt. Sie könnten nicht mit Männern umgehen, »selbst wenn es sich nur um einen Kellner handelt, der an den Tisch kommt, um die Bestellung entgegenzunehmen«.

Die Kontrolle, unter der die Mädchen stehen, zwinge sie in eine Spirale aus Angst und Schweigen. »Sie akzeptieren die Autorität der Eltern und stellen nichts infrage. Weder in der Schule noch im Leben insgesamt lernen sie, sich eine Meinung zu bilden oder eine Entscheidung zu treffen. Dann heiraten sie einen Mann, der ihnen auch keine Freiheit gewährt und ihnen weitere Verbote aufzwingt, die sie wiederum kritiklos hinnehmen. Etwas anderes haben sie ja auch nicht gelernt.«

Für Fatma ist Sexualität der große Elefant im Raum der Integration, das Thema, über das keiner reden wolle, das aber über allem schwebe. Denn die islamischen Werte und die Identität als Muslim seien maßgeblich von Sexualität bestimmt. »Genauer gesagt von der Angst vor der Sexualität«, präzisiert sie. Ein Mädchen, das in einem Migrantenviertel lebt, muss ihre Sexualität entweder unterdrücken oder heimlich ausleben und ihre Umgebung ständig anlügen. In beiden Fällen müsse sie sich verstellen, in beiden Fällen sei sie unfrei. Fatma weiß das von ihren Freundinnen. »Man sieht es ihnen nicht unbedingt an. Man denkt auf den ersten Blick, ihnen geht es gut, weil sie lächeln. Aber ich weiß, dass es ihnen nicht gut geht.« Sie meint, Migrationsforscher hätten keine Chancen, zu erfahren, wie sich diese Mädchen wirklich fühlen. Sie würden entweder ein Interview ablehnen oder alles beschönigen und verteidigen. »Das ist wie eine Art Stockholm-Syndrom«, sagt Fatma. »Sie sehen es als ihre Pflicht, ihre Community und ihre Religion gegenüber den Deutschen zu verteidigen.«

Sie erzählt von einer Schulfreundin, die sie sehr mochte. »Wir haben oft zusammen Fangen gespielt. Auch mit Jungs. Und plötzlich kam sie eines Tages mit Kopftuch in die Schule und war wie ausgewechselt. Sie hat anders geredet, sie spielte nicht mehr mit Jungs, und auch mit mir wollte sie nichts mehr zu tun haben. Ich sei zu ›eingedeutscht‹. Ihr Wille war irgendwie gebrochen. Mir war klar, dass dieser Wandel nicht aus freien Stücken gekommen war.«

Der Druck der Community habe in den vergangenen Jahren noch einmal zugenommen, sagt Fatma. »Früher – wie damals bei meiner Freundin – war das in der Klasse ein Thema, wenn ein Mädchen plötzlich Kopftuch trug, weil das nicht der Regelfall war. Jetzt fragt keiner mehr nach, weil die meisten schon Kopftuch tragen. Man muss sich eher rechtfertigen, wenn man keines trägt. Das ist echt schlimm. Sogar ich ertappe mich manchmal dabei, dass ich mich selbst zensiere. Indem ich mich dafür entscheide, nicht in einer Hose durch mein Viertel zu laufen, weil ich nicht schief angeguckt oder beschimpft werden will. Ich werde schon oft genug belästigt, weil ich kein Kopftuch trage«, erzählt Fatma. Die konservativen und rückwärtsgewandten Einstellungen hätten sich mittlerweile so sehr verfestigt, dass von Integration eigentlich keine Rede sein könne.

Ich spreche mit Fatma über jene Statistiken, die ein anderes Bild zeichnen, die positive Entwicklungen vermelden, etwa im Bereich Bildung. Natürlich würden heute mehr Schüler mit Migrationshintergrund höhere Schulabschlüsse schaffen, räumt sie ein, das dürfe aber nicht über ein grundsätzliches Problem hinwegtäuschen: Kinder aus Vierteln mit hoher sozialer Kontrolle oder aus sehr konservativen Elternhäusern kämen mit Angst und veralteten Einstellungen in die Schule und würden dort mit anderen Ansichten und Werten konfrontiert. Weil es eben keine Gleichwertigkeit der Kulturen, kein Nebeneinander gebe, würde sich bei vielen daraus eine Abwehrhaltung entwickeln, die wirkliche Integration verhindere und auch Auswirkungen auf die schulischen Leistungen habe. »Immer noch verlassen zu viele die Schule ohne qualifizierten Abschluss. Andere arbeiten hart und schaffen das Abitur. Dann schreiben sie Bewerbungen, die nicht angenommen werden. Manchmal steckt tatsächlich Diskriminierung dahinter, manchmal liegt es an Gründen, weswegen auch Schulabgänger ohne Migrationshintergrund abgelehnt werden: eine mit Fehlern gespickte Bewerbung, ein unmotiviertes Anschreiben …« Für Fatma entsteht die nächste Kette von Problemen in dem Moment, wo der Zurückgewiesene die Gründe für sein Scheitern in Rassismus sieht. Dann nämlich würde erstens nicht weiter an sich gearbeitet, zweitens eine latent vorhandene Kränkung weiter vertieft, was sich drittens in einer größeren Skepsis und schließlich in der Ablehnung der Mehrheitsgesellschaft niederschlage. Diese Haltung wiederum würde umgekehrt auch die der Mehrheitsgesellschaft beeinflussen. »Die Distanz zwischen sich und ›den Deutschen‹ wird aus meiner Sicht vergrößert, wenn der Vorwurf des Rassismus wie ein Reflex kommt. Es gibt Diskriminierung, aber man darf nicht automatisch Rassismus wittern, nur um vom eigenen Scheitern abzulenken. Man sollte immer erst bei sich selbst hingucken, bevor man die Schuld bei anderen sucht.«

Auch Fatma hat kein Patentrezept für eine gelungene Integration. Sie ist aber davon überzeugt, dass wir uns gerade an einer entscheidenden Schwelle befinden, die uns entweder zum Umdenken führt oder in die Katastrophe mündet. »Wir sind an einem Punkt angelangt, wo der Staat und die Gesellschaft intervenieren müssen. Wenn das jetzt nicht gelingt, ist es zu spät. Aber diejenigen, die die Fäden in der Hand halten, wissen gar nicht, was da wirklich abgeht – in den Communitys, in den Familien, den Moscheen, den Schulen.«

»Das System züchtet Feinde der Demokratie heran«

»Wir bezahlen denen die Bildung, damit sie uns hassen und beleidigen. Das geht nicht.« Dieser Satz hätte von einem AfD-Anhänger stammen können, doch geäußert hat ihn ein Schüler mit türkischen Wurzeln. Tugay ist 19 und beklagt, dass das Bildungssystem in Deutschland Feinde der Demokratie heranzüchten würde. Er mahnt zu einem schnellen Umdenken, bevor es zu spät sei.

Tugay ist gläubiger Muslim, das sieht man ihm mit seinem langen Bart auch an, er lebt in Berlin und hat gerade sein Abitur an der Ernst-Reuter-Schule gemacht. Für ihn bedeutet Integration, dass man verfassungskonform ist: »Das heißt nicht nur, die Verfassung zu akzeptieren, sondern sie in allen Bereichen auch zu leben.« Für Tugay heißt Integration, seine Identität an die hiesigen Gegebenheiten anzupassen. Muslime würden allein dadurch in einen Konflikt geraten. Wenn gar gefordert würde, eine neue Identität annehmen zu müssen, sei es bei vielen vorbei. Tugay räumt ein, dass Teile der muslimischen Identität nicht mit der deutschen Verfassung übereinstimmen. Man könne nicht alle Regeln der Scharia befolgen und gleichzeitig verfassungskonform leben. Der Konflikt beginnt für ihn, wenn ein Muslim den Koran und die Scharia als höher erachtet als die Verfassung. »Und das tun viele.«

Für Tugay selbst war das nie ein großes Thema. Genau wie seine Eltern sieht er Deutschland als Mittelpunkt seines Lebens. Inzwischen hat er die deutsche Staatsbürgerschaft und sagt selbstbewusst: »Ich bin nicht integriert, ich bin Deutscher.« Das sei nicht immer leicht zu vermitteln. In seiner ersten Schule, erzählt er, habe es kaum Türken gegeben, also sei er für seine Schulkameraden der »Lieblingstürke« gewesen. In der Schule, wo er jetzt sein Abitur geschrieben hat, war es genau umgekehrt. »Hier war ich der Deutsche, aber das war eher als Schimpfwort gemeint. Ich bin es leid, ständig stigmatisiert zu werden.«

Ich will von Tugay wissen, woran Integration aus seiner Sicht scheitert. Er glaubt, dass entscheidende Weichen schon in der Schule falsch gestellt würden. »An meiner Schule gibt es zwei Probleme. Erstens besteht kaum Bereitschaft seitens der Schüler, sich anzupassen, zweitens haben viele Lehrer keine Lust, Integrationsarbeit zu leisten. Sie sehen die Kultur der Schüler als Wurzel für die Schwierigkeiten. Das ist eine gute Ausrede, denn dann müssen sie selbst nichts tun.«

Die älteren Lehrer seien frustriert und ausgebrannt, die jüngeren kämen mit progressiven Vorschlägen, die aber nicht oder nur selten berücksichtigt würden. Irgendwann seien die jungen dann auch frustriert. Und wenn eine Schule schließlich öffentlich als Brennpunktschule gebrandmarkt würde, komme man aus dem Teufelskreis nicht mehr heraus. Wirkliche Integrationsarbeit finde an Schulen kaum statt, meint Tugay. »Bei uns kommt die Polizei manchmal vorbei und hält Vorträge, aber mit den Schülern wird nicht wirklich gearbeitet. Es wird Wissen vermittelt, aber nicht die deutschen Werte.«

Vielleicht überschätzt Tugay einfach die Rolle der Lehrkräfte und erwartet zu viel von ihnen, denn sie wurden nicht dafür ausgebildet, Integrationsarbeit zu leisten, sondern Wissen zu vermitteln. Bei meinen Besuchen in Schulen und auch bei Vorträgen, die ich bundesweit vor Lehrkräften halte, treffe ich oft hoch motivierte Lehrerinnen und Lehrer, die sich einbringen wollen, die jedoch weder Unterstützung von den Schülern noch von den Schulbehörden erhalten. Sie stehen auf verlorenem Posten, denn die Umstände haben sich in den vergangenen Jahren stark verändert, ohne dass die Strukturen angepasst worden wären. Zwar gibt es heute an Schulen Sozialarbeiter und teils auch Psychologen, die sich um »Problemschüler« kümmern, doch es sind viel zu wenig. Auch gibt es nicht mehr homogene Klassen, wie es früher noch der Fall gewesen war; heute treffen Schüler aufeinander, mit unterschiedlichen Wurzeln, aus unterschiedlichen Kulturen und mit ganz unterschiedlichen sprachlichen Fähigkeiten. Eine Entwicklung, die seit der Ankunft der Flüchtlinge noch verschärft wurde. Hier wälzt der Staat, hier wälzen die Behörden Integrationsaufgaben auf Lehrer und Schulen ab, die darauf nicht vorbereitet sind.

Tugays Kritik richtet sich aber auch gegen Familien und Moscheen, die die Arbeit der Schule verhindern oder zunichtemachen würden: »In manchen türkischen Moscheen in Berlin wird gebetet: Gott schütze unser Land, unsere Flagge, unsere Armee. Damit ist sicherlich nicht Deutschland gemeint. Dort wird Nationalismus mit dem konservativen Islam vermischt. Es gibt ideologisch gesehen nichts Explosiveres als das. Das Ergebnis dieser Vermischung hat man ja beim Referendum über die neue Verfassung in der Türkei gesehen.« Und das habe auch Auswirkungen auf die Schule. Es gibt aus Tugays Sicht inzwischen viel zu viele muslimische Schüler, die sich nun mit dem Gruß der Grauen Wölfe oder der Muslimbruderschaft auf dem Schulhof begrüßen würden. Wer da nicht mitmache, sei ein Außenseiter: »Und wer, wie ich,

Erdoğan nicht mag, wird gehänselt.« Tugay wurde von einigen seiner Mitschüler »entfreundet«, weil er ein Bild auf Facebook postete, das ihn gemeinsam mit dem Grünen-Politiker Cem Özdemir zeigt, der türkischen Nationalisten als Vaterlandsverräter gilt, weil er der Armenienresolution im Bundestag zugestimmt hat. »Natürlich gibt es auch vernünftige Schüler mit Migrationshintergrund, die weder Islamisten noch türkische Nationalisten sind«, sagt Tugay, »aber sie haben in der Schule kaum noch eine Chance, ihre Meinung zu äußern. Sie sind in der Unterzahl, und die anderen lassen sie das auch spüren.« Tugay erzählt, dass es für viele Schüler selbstverständlich sei, »mit ihren Libanon- oder Türkeiflaggen in die Schule zu kommen. Aber wenn ein Schüler einen Anstecker trägt, auf dem die deutsche und die israelische Flagge zu sehen sind, betrachten sie das als Provokation und nehmen das als Anlass für Beleidigungen.«

Tugay bestätigt, was ich selbst an einigen Schulen beobachten konnte. »Viele sind Antisemiten, sympathisieren mit dem IS und sagen, die IS-Kämpfer würden einen Freiheitskampf gegen Amerika führen. Das, was in westlichen Medien über sie berichtet werde, sei reine Propaganda. Ich frage mich schon, wo die Kids ihre Einstellung herbekommen.« Für Tugay sollten Schulen und Kindergärten die Orte sein, an denen jungen Menschen mehr vermittelt wird als nur Wissen. Wo sie auch lernen, dass sich Kulturen gegenseitig befruchten, nicht in Konkurrenz zueinander stehen. Doch da werde viel Potenzial verschenkt. Und so entstehe ein Vakuum, das andere nur zu gerne füllen.

Islamunterricht – Gefahr oder Chance?

In Deutschland gab es schon 1979 Überlegungen, an Grundschulen Islamunterricht einzuführen – für Kinder von Gastarbeitern in Nordrhein-Westfalen. Die Behörden wollten damals die unterschiedlichen muslimischen Verbände, deren Wirken teils unverhohlen politisch motiviert war, zunächst nicht als Ansprechpartner akzeptieren. Ein bekenntnisorientierter Unterricht konnte aber nur in Zusammenarbeit mit den Glaubensvertretern entwickelt werden – ein Dilemma, an dem sich bis heute nichts geändert hat. Denn anders als beim Islamkundeunterricht wird hier nicht die Geschichte des Islam vermittelt, sondern es geht um religiöse Inhalte und darum, was es bedeutet, ein guter Muslim zu sein.

2011 setzte sich die damalige Bundesbildungsministerin Annette Schavan dafür ein, Imame ähnlich wie christliche Pfarrer an Schulen zum Religionsunterricht zuzulassen. Vorausgesetzt, sie seien an einer deutschen Universität ausgebildet worden. Es gebe, so die Ministerin, 700 000 muslimische Schüler, landesweit würden somit 2000 Lehrer benötigt.

In der Theorie erhofft man sich von der Einführung des islamischen Religionsunterrichts an Schulen nicht weniger als eine bessere Integration von jungen Muslimen und einen effektiveren Kampf gegen die Radikalisierung. Ein Gegengewicht also zur islamisch-religiösen Sozialisation von jungen Muslimen in Familien und Moscheen. Der Unterricht soll als ordentliches Fach dem Lehrstandard der anderen Fächer entsprechen und daher auf einem wissenschaftlichen Fundament basieren. Die Einrichtung von islamischen Theologielehrstühlen an deutschen Universitäten, an denen die zukünftigen Imame und Religionslehrer studieren, soll die Abhängigkeit von den importierten Theologien aus Saudi-Arabien, der Türkei und Ägypten beenden und einen deutschen Islam hervorbringen. Doch wenn man sich diese Lehrstühle genauer anschaut, stellt man fest, dass nur die wenigsten von ihnen tatsächlich diese Abnablung anstreben. Es gibt zwar einige Lichtblicke, wie den Theologen Mouhanad Khorchide, der eine »Theologie der Barmherzigkeit« einführen will. Die Mehrheit der Lehrstühle strebt allerdings eher eine Fortführung der klassischen islamischen Theologie an. Ihre Vertreter fühlen sich in erster Linie dem konservativen Islam verbunden, sie verfolgen ganz andere Ziele als das, den Islam für Vernunft und kritisches Denken zu öffnen.

Sie werden es bereits ahnen – ich stehe dem bekenntnisgebundenen Islamunterricht kritisch gegenüber, und das hat folgende Gründe: Die Schule ist nicht dafür da, Legenden, metaphysische Vorstellungen und absolute Wahrheiten zu vermitteln. Sie ist nicht dafür da, moralische Handlungsanweisungen für den Alltag zu bieten. Aber genau das macht den Islam aus. Wie soll ein Lehrer seinen Schülern dann jene Episode aus dem Leben Mohameds erzählen, als dieser auf einem Reittier von Mekka nach Jerusalem flog und von dort aus in den Himmel hinaufstieg? Wie viel Vernunft und Wissenschaft kann diese Legende verkraften? Und wie viele Islamlehrer halten sie für eine wahre Begebenheit? Wie kann der Lehrer den Schülern erklären, warum Sex vor der Ehe im Islam verboten ist, ohne sie dabei moralisch zu indoktrinieren? Kann er ihnen vermitteln, dass Religion Privatsache ist? Welche Theologie könnte er als Grundlage dafür heranziehen? Hinzu kommt eine weitere Fragestellung: Wenn man, wie ich das fordere, Religion als spirituelle Privatsache betrachtet, wie kann man dann spirituelle Erfahrungen auf wissenschaftlicher Basis vermitteln? Kann man einem Menschen Spiritualität überhaupt beibringen? Ist eine Schule dafür überhaupt geeignet, geschweige denn gut ausgestattet?

Die Vision der Befürworter des bekenntnisgebundenen

Islamunterrichts setzt voraus, dass alle Islamlehrer, die künftig an deutschen Schulen unterrichten werden, zwar gläubige, aber kritische Muslime sind, die in ihrer Spiritualität gefestigt und der Vernunft mehr verbunden sind als der Loyalität zu ihrem Glauben und seinen absoluten Wahrheiten. Oder, wie Schavan damals formulierte: »Wissenschaftliche Qualität ist durch Bekenntnis nicht ersetzbar.«[3] Die Realität sieht jedoch ganz anders aus. Die Tatsache, dass konservative Islamverbände die Hauptpartner des Staates in Sachen Islamunterricht sind, lässt die Befürchtung aufkommen, dass der konservative, organisierte Islam mehr Einfluss auf die Schulen gewinnen wird. Der bekenntnisgebundene Islamunterricht ermächtigt jene Kräfte, die Mouhanad Khorchide und seine »Theologie der Barmherzigkeit« bekämpfen.

Das ist keineswegs aus der Luft gegriffen: So erstellte der Koordinationsrat der muslimischen Verbände ein Gutachten gegen die Thesen von Khorchide und verlangte, ihm die Lehrerlaubnis zu entziehen, weil er einen »nicht authentischen Islam« unterrichte. In der Folge wandten sich auch einige von Khorchides Studenten gegen ihn, denn sie wussten ganz genau, dass sie nur dann eine Stelle als Imam oder Lehrer bekommen würden, wenn die Islamverbände dem zustimmen, ihre Moscheen für sie öffnen oder ihnen die Lehrlizenz erteilen würden. Manche der Studenten sind sogar Mitglieder oder Sympathisanten der konservativen Verbände, und eines Tages wird einer von ihnen seinen Lehrstuhl erben und die konservative Theologie aus der Türkei, Ägypten oder Saudi-Arabien importieren.

Aber warum eigentlich importieren? Die konservative Theologie ist schon längst da, sie wird hierzulande seit Jahrzehnten in den Moscheen und auch an Schulen gelehrt. Wenn sie nun an deutschen Universitäten unterrichtet wird, ist die einzige Veränderung die, dass sie eine akademische Note erhält und somit bildungspolitisch aufgewertet wird. Dabei sollte es nicht Aufgabe der Schule sein, das zu reproduzieren, was die Moschee lehrt, sondern Inhalte kritisch zu reflektieren. Solange diese Inhalte aber direkt oder indirekt über die Verbände kontrolliert werden, wird das unmöglich sein.

Seit Jahren gelten die Islamverbände provisorisch als Partner des Staates in Sachen Islamunterricht. Provisorisch deshalb, weil erstens noch nicht flächendeckend Islamunterricht eingeführt wurde – sondern es je nach Bundesland verschiedene Ausprägungen gibt – und zweitens ein bekenntnisgebundener Unterricht, wie es etwa der christliche ist, davon abhängt, dass die Religionsgemeinschaft als solche anerkannt ist. Darüber gibt es in Nordrhein-Westfalen seit 1998 einen Rechtsstreit. Zuletzt klagten der Islamrat für die Bundesrepublik Deutschland und der Zentralrat der Muslime im November 2017 auf eine Anerkennung als Religionsgemeinschaft. Das Oberverwaltungsgericht Münster entschied auch im Revisionsverfahren, dass die Verbände die Kriterien einer Religionsgemeinschaft nicht erfüllten. Demnach hätten sie auch keinen Anspruch auf die Einführung eines allgemeinen islamischen Religionsunterrichts nach ihren Grundsätzen.

Sie sind also den christlichen Kirchen in Sachen Unterricht noch nicht gleichgestellt, aber: Die Form und der Inhalt des Unterrichts werden von einem Beirat bestimmt, in dem zu gleichen Teilen Vertreter der Verbände und der jeweiligen Kultusministerien sitzen. Dieser Beirat vergibt auch die Lehrerlizenzen. In Niedersachsen sorgte vor einigen Jahren ein Empfehlungsschreiben des Beirats für Wirbel, der für die Pädagogen eine »Lebensweise nach der rechten islamischen Lehre und den guten Sitten« forderte. So etwas bereitet den Weg für Willkür und Manipulation.

Genau diese Erfahrung machte auch eine Islamlehrerin, die mich nach einem Vortrag in einer Stadt in Süddeutschland ansprach und mir ihre Geschichte erzählte. Als sie sich vor Jahren für den Job bewarb, musste sie vor einer achtköpfigen Kommission im Kultusministerium ein Interview absolvieren. Der Fachberater des Ministeriums in Sachen Islamunterricht und zugleich Mitglied der Kommission war ein türkischstämmiger Islamwissenschaftler, der als Islamlehrer an einer Grundschule tätig war. Die erste Frage, die der Fachberater ihr stellte, war eine Frage zu Vers 31 aus Sure 24. Er wollte von der Bewerberin, die kein Kopftuch trug, wissen, wie sie diesen Vers auslegt, der die Frau aus Sicht der klassischen Theologie verpflichtet, ein Kopftuch zu tragen. Obwohl im Vers selbst davon nicht explizit die Rede ist. Sie hatte sehr wohl verstanden, dass er sie in Verlegenheit bringen wollte, konterte aber, dass der Vers bedeute, dass sich eine muslimische Frau angemessen zu kleiden habe. Doch er ließ nicht locker: »Wie angemessen?« Sie antwortete: »So wie ich jetzt.« Die nichtmuslimischen Mitglieder der Kommission, so erzählte sie mir, hätten gar nicht bemerkt, dass es sich hier um einen Einschüchterungsversuch gehandelt habe. »Sie dachten, da geht es nur um etwas Theologisches.«

Nach dem Interview teilte das Ministerium der Bewerberin mit, sie solle sich in Kontakt mit dem örtlichen Islamverband und den anderen muslimischen Ansprechpartnern setzen, welche die Lehrerlizenz *(idschaza)* für den Islamunterricht vergeben. Diese Lizenz war die Voraussetzung für die Aufnahme der Arbeit an der Schule.

Das nächste Gespräch fand während des Ramadans im Café einer Bäckerei statt. Dort warteten zwei Männer auf sie: der bereits bekannte Fachberater vom Ministerium und ein türkischstämmiger Immobilienmakler. Die beiden gehörten dem örtlichen Islamverband an und hatten den Ort für die Unterhaltung offenbar bewusst ausgesucht, um zu sehen, ob die angehende Lehrerin fastete oder nicht. Alle drei bestellten weder Getränke noch etwas zu essen – diese Prüfung hatte die Bewerberin also bestanden.

Die erste Frage, die ihr gestellt wurde, lautete: »Haben Sie Kontakt zu Deutschen?« – »Ich habe nicht verstanden, was die Frage soll, und sagte, dass ich selbstverständlich Kontakt zu Deutschen hätte. Ich musste spontan an die Worte des Innenministers denken, dass Islamunterricht Integration fördern solle – nicht Segregation … Bei der nächsten Frage ging es um das Kopftuch. Er wollte wissen, ob ich mir vorstellen könnte, eines zu tragen. Ich antwortete, dass ich das vielleicht irgendwann aus religiösen Gründen tun könnte, aber sicher nicht jetzt nur wegen des Berufes, denn das wäre unislamisch.«

Der Fachberater gab sich mit dieser Antwort zufrieden, wenngleich er einschränkte, dass sie damit kein gutes Vorbild für die Schülerinnen abgebe. Der Makler fügte hinzu: »Ab der fünften Klasse sollten Sie den Schülerinnen aber schon sagen, dass sie das Kopftuch tragen sollen.« Die angehende Lehrerin schwieg zu dieser Aufforderung, sie ahnte, dass eine Diskussion sie die Stelle gekostet hätte.

Nachdem sie ihre Stelle am Gymnasium angetreten hatte, erzählte sie dem Fachbereichsleiter davon, dass die muslimischen Ansprechpartner ihr nahegelegt hatten, ein Kopftuch zu tragen und auch die Schülerinnen dazu aufzufordern. Er war empört, nannte den Ansprechpartner einen »Wolf im Schafspelz« und sagte, dass er dies dem Ministerium berichten wolle. »Ich sagte ihm, dass ich das lieber selbst tun wolle. Beim Ministerium war man überrascht, sicherte eine Überprüfung zu und bestärkte mich darin, kein Kopftuch zu tragen. Das hätte dem Image des ganzen Projekts eher geschadet.«

Der erste Konflikt mit der örtlichen Moschee ließ nicht lange auf sich warten. Nachdem sie Mouhanad Khorchides Buch

Islam ist Barmherzigkeit gelesen hatte, konzipierte die Lehrerin eine Unterrichtsreihe mit dem Titel »Der barmherzige Gott«. Sie kritisierte darin auch die Angstpädagogik in der islamischen Erziehung. »Der Imam ließ sich die Hefte von zwei Schülern geben, um zu überprüfen, ob das, was ich über Islam und Barmherzigkeit gesagt hatte, richtig war.« Ein paar Wochen zuvor hatten die Islamverbände die Thesen von Mouhanad Khorchide in einem Gutachten kritisiert, ihn als untragbar bezeichnet und verlangt, ihm die Lehrerlaubnis an der Uni Münster zu entziehen. Kein Wunder, dass die Schulleitung nach diesem Vorfall in Sorge war. Man wollte keinen Konflikt mit der Moschee und den Verbänden provozieren. Gleichzeitig musste man der Lehrerin den Rücken stärken und durfte nicht zulassen, dass der Imam direkt Einfluss nahm.

Indirekt war der Einfluss offenbar nicht zu übersehen. »Ich hatte viele Kinder in der Klasse, die sehr unsicher waren und denen man anmerkte, dass sie indoktriniert waren. Während des Ramadans wurde ich einmal gefragt, ob man morgens Zähne putzen dürfe. Ich antwortete: ›Natürlich, der Islam legt Wert auf Sauberkeit.‹ Da erzählten mir die Kinder, dass der Imam ihnen gesagt habe, sie sollten nachts nicht duschen, sonst kämen die Dämonen. Was soll man davon halten? Ich suchte die Konfrontation mit der Moschee nicht, aber ich sah es als meine Pflicht als Lehrerin an, die Schüler aufzuklären.«

Der Bedarf an Aufklärung sei groß gewesen. In der Moschee lernten die Schüler, dass sie mit einem T-Shirt der Marke Lacoste nicht beten dürfen – denn im orthodoxen Islam ist die Abbildung von Lebewesen verboten. Sie lernten, dass sie die Wohnung oder das Klassenzimmer mit dem rechten Fuß zuerst betreten müssen, wie es der Prophet empfiehlt, da so der Teufel angeblich nicht hineinkommen kann. Dass das Spiegelbild des Wortes Coca-Cola auf Arabisch angeblich heißen würde: »Es gibt keinen Allah.« Ein Schüler erzählte seiner

Lehrerin, dass sein Cousin eine Deutsche heiraten wollte, die Familie aber dagegen war. Zu ihrer Unterstützung sei der Imam dazugebeten worden. Dieser habe versucht, den jungen Mann mit dem Rezitieren von Koranversen und Schlägen »vom Teufel zu befreien«.

Die Lehrerin diskutierte mit ihren Schülern über solche Geschichten, sie regte sie zum Nachdenken an und versuchte, auch den interreligiösen Dialog an der Schule zu forcieren. Sie sprach in ihrem Unterricht über das Judentum und Antisemitismus, gemeinsam mit den Schülern besuchte sie eine Synagoge. Sie lud einen Pfarrer in die Klasse ein und diskutierte mit ihm über das Christentum und die theologischen Unterschiede zum Islam. »Ich habe mich dabei an den Lehrplan gehalten, der den interreligiösen Dialog explizit fordert. Und die Schüler waren mit großem Eifer und Interesse bei der Sache.« Die Moschee fand das allerdings überhaupt nicht gut. Die Lehrerin bekam eine E-Mail von jenen beiden Herren, die als ihre muslimischen Gesprächspartner fungierten. Darin schrieben sie, es zieme sich nicht, sich ohne Absprache auf ein solches Experiment einzulassen.

»Ich wollte nicht einsehen, warum diese Männer immer noch Macht über die Schule haben sollten, Macht über meinen Unterricht. Und ich habe mich gewundert, wie sie das mit dem interreligiösen Dialog mitgekriegt haben. Hatten sie etwa Spione in der Klasse? Ich beschwerte mich bei der zuständigen Stelle im Kultusministerium und bat um Hilfe. Doch die Beamtin sagte mir, da könne sie nichts machen, ich solle mich mit den beiden Herren verständigen und klären, was da schiefgelaufen ist. Ich habe mich geweigert, mit ihnen zu reden.«

Die Lehrerin machte noch eine Weile weiter, merkte aber, dass ihre Arbeit während der Ferien durch die Moschee zunichtegemacht wurde. Als besonders frustrierend war für sie das Gefühl, dass das Ministerium sie zu wenig unterstützte und sie letztlich den muslimischen Ansprechpartnern auslieferte. »Ich war sehr traurig darüber«, sagte sie mir, »dass für die Behörden offenbar die Kooperation mit den Verbänden wichtiger war als meine Arbeit mit den Schülern.« Als sie erfuhr, dass einer Kollegin die Lehrerlaubnis verweigert worden war, offenbar, weil diese Erdoğan kritisiert hatte, war das Maß für sie voll. Sie kündigte, ihre Stelle wurde mit einem Imam besetzt.

Die Frage ist, warum ethnisch-nationale Vereine, die zum Teil vom Ausland gelenkt werden, Einfluss auf unser Bildungssystem nehmen, obwohl sie verfassungsrechtlich gesehen keine Religionsgemeinschaften sind? Was erhofft man sich davon? Hat man nicht gemerkt, dass die Einbeziehung der Verbände nicht die erhoffte Reform gebracht, sondern im Gegenteil den konservativen Islam gestärkt hat? Warum verabschiedet der Staat kein Islamgesetz, um die Beziehung zu den Moscheeverbänden jenseits des Staatskirchenrechts zu regeln?

Die Hoffnung, Hunderttausende muslimische Schüler(innen) vor Indoktrinierung zu bewahren, wird sich so nicht erfüllen! Im Gegenteil, wenn der Staat hier nicht seine Herangehensweise überdenkt, wird er die Zukunft jener Kinder gefährden. Denn wenn Schulen ernsthaft auf wissenschaftlicher Basis über den Islam aufklären wollen, dann ist der bekenntnisorientierte Unterricht genau der falsche Weg. Denn er wird sich nie von den Interessen der Islamfunktionäre befreien lassen. Deshalb bin ich für einen Islamkundeunterricht, an dem nicht nur muslimische Schüler, sondern alle Schüler teilnehmen können – wie das bereits beim Fach Ethik gehandhabt wird. Natürlich sollte dieser Unterricht mit Respekt und Sachkenntnis, aber auch mit der nötigen kritischen Distanz abgehalten werden. So könnte man muslimische Schüler wappnen gegen radikales Gedankengut und bei nichtmuslimischen Schülern Vorurteile und falsche Vorstellungen über den Islam abbauen.

Übrigens: Jene Lehrerin, die ihre Arbeit aufgeben musste, informierte mich später darüber, dass der konservative Berater des Ministeriums, der sie wegen des Besuchs in der Synagoge gerügt hatte, nun an die Universität gewechselt sei. An einem Lehrstuhl für islamische Theologie bildet er nun zukünftige Islamlehrer aus.

8

Die »Generation Allah« und das Schweigen der anderen

Warum junge Muslime sich radikalisieren

Eine der Fragen, die sich beim Islamunterricht stellt, lässt sich auch auf andere Bereiche übertragen: Geht es um Teilhabe und um Gleichstellung, oder geht es um Unterwanderung? Was den politischen Islam angeht, habe ich da so meine Zweifel, schließlich nimmt die Zahl der radikalen Islamisten in Deutschland und europaweit kontinuierlich zu. Ich meine damit nicht nur jene etwa tausend gewaltbereiten Gefährder, die die Polizei ständig überwacht. Und auch nicht nur die rund 10 000 Salafisten, die in manchen Moscheen und im Internet Anhänger rekrutieren. Genauso gefährlich sind aus meiner Sicht die vielen Islamisten, die nicht sofort als solche erkennbar sind. Ich nenne sie »Krawattenislamisten«.

Viele Muslimbrüder und Erdoğan-Anhänger, die nun in Europa eine Allianz bilden, haben längst begriffen, dass sie kaum eine Chance haben, Teil eines westlichen Diskurses zu sein, wenn sie sich für die Scharia und das Kalifat starkmachen. Spätestens seit dem Aufstieg des IS und dem Sichtbarwerden seiner Gräueltaten verstanden es viele Islamisten, sich zu verstellen und ihren Diskurs an die Moderne anzupassen. Sie nutzen den Wunsch junger Muslime nach Identität aus und vereinnahmen sie mit Opferdiskursen und Klagen über Islamophobie. Sie sagen nicht, junge Muslimas müssen das Kopftuch tragen, weil es der Koran vorschreibt (was er im Übrigen ohnehin nicht tut), sondern weil dies Ausdruck einer religiösen

Identität und Ausdruck der Selbstbestimmung sei. Ihren westlichen Dialogpartnern nähern sie sich nicht mit der wahren Absicht, den politischen Islam in Europa salonfähig zu machen, sondern man redet über Teilhabe und gegenseitigen Respekt.

Sowohl die Politik als auch die Kirchen haben diese Lüge gekauft. Die meisten Dialogveranstaltungen werden eher mit Vertretern des politischen Islam geführt. Fast alle organisierten Gruppen von Muslimen in den politischen Parteien sind konservative Muslime, die dem politischen Islam zuzurechnen sind. Je mehr solche Vertreter mit Politikern oder Kirchenvertretern gesehen werden, desto mehr Legitimation verschaffen sie sich – bei »normalen« Muslimen wie in der Mehrheitsgesellschaft. Islamisten verschiedenster Prägungen erhalten verstärkt Zulauf, sie begeistern vor allem junge Muslime. Viele Experten erkennen dennoch die Tragweite des Phänomens noch nicht und reden von einer »Randerscheinung«. Anders der Islamismusexperte Ahmad Mansour. Er spricht nicht von Einzelfällen, sondern von einer ganzen Generation junger Muslime, die dem Islamismus verfallen sei.

Ich will bei unserem Treffen von ihm wissen, wie er zu dieser Einschätzung gelangt ist. Mansour sagt: »Ich habe mein erstes Buch ganz bewusst ›Generation Allah‹ genannt, weil es tatsächlich um eine ganze Generation geht. Bei der Frage der Radikalisierung verwende ich das Bild einer Pyramide. Oben die Dschihadisten, in der Mitte die Salafisten und unten all diese Kinder, die in Angst erzogen wurden und die mit moralischer Verachtung auf Deutschland hinabschauen. Das ist genau der Pool, aus dem die Dschihadisten später fischen werden. Leider wird das Thema Radikalisierung immer erst dann kurz angerissen, wenn ein Schüler nach Syrien ausreist und sich dem IS anschließt. Dabei ist das längst ein Riesenproblem im Alltag an vielen Schulen.«

Ahmad Mansour räumt mit dem üblichen Erklärungsmuster für eine Radikalisierung auf. Nicht Armut und Diskriminierung seien die Hauptursachen, sondern die Ideologie: »Es ist eine ganze Generation von jungen Menschen, die unter uns leben und die die Zukunft dieses Landes prägen werden. Sie sind nicht nur abgehängte Jungs, die sich radikalisieren, weil sie keine Teilhabemöglichkeiten haben, sondern darunter sind auch junge Ärzte und Rechtsanwälte, Rapper und Sportler, die als superintegriert gelten, dennoch ein radikales Welt- und Gesellschaftsbild haben und dies auch verbreiten. Selbst in politischen Parteien wie der SPD oder der CDU sind sie aktiv und versuchen, dort ihre Agenda unterzubringen und die Debatte über den Islam zu manipulieren.«

Immer wieder betont Mansour, dass nicht jeder Muslim, der in Deutschland lebt, automatisch Teil der »Generation Allah« sei. Es gebe genug aufgeklärte Muslime, Kulturmuslime und säkulare Muslime, die seien hier nicht gemeint. »Sie sind aber sehr leise, leben unter uns und machen keine große Sache aus ihrer Religiosität. Hier sind diejenigen gemeint, die ein Religionsverständnis haben, das zu Konflikten mit unseren Werten führt.« Diese Radikalen würden aber oft nicht für Radikale gehalten. »Nach den Kriterien der Politik und der Medien sind sie wunderbar integriert. Sie sind gebildet, sie sprechen perfekt Deutsch, sie haben gute Jobs, verdienen gut und sind auch noch politisch aktiv. Aber das ändert nichts daran, dass sie Vorkämpfer des Islamismus sind.«

Anders als die meisten Islamismusexperten redet Mansour nicht von Zehntausenden, sondern von Hunderttausenden Islamisten beziehungsweise Sympathisanten der islamistischen Ideologie. Vor allem an Schulen sei das Problem nicht mehr zu übersehen. Ich will von ihm wissen, wie er auf diese Zahlen kommt. »Lass uns gemeinsam per Zufallsprinzip hundert Lehrerinnen und Lehrer bundesweit aussuchen und mit ihnen über ihren Alltag mit muslimischen Schülern sprechen! Sie werden dir genau das bestätigen, was ich hier sage. Ich war selbst in Hunderten von Schulen und habe dort Fortbildungen mit Lehrern gemacht. Jedes Mal frage ich sie, wie es mit dem Schwimmunterricht aussieht. An all den Schulen, die ich besucht habe, waren es mindestens 50 Prozent der muslimischen Schülerinnen, die daran nicht teilnehmen. Manche sagen offen, dass sie dies aus religiösen Gründen nicht tun, andere umgehen das, indem sie sich krankschreiben lassen oder sagen, sie hätten ihre Periode. Die befragten Lehrer bestätigten mir außerdem, dass viele muslimische Schüler ein massives Problem mit Antisemitismus und Verschwörungstheorien sowie Geschlechterrollen haben. Ich habe mit vielen Schülern geredet, die sagten, ich bringe meine Schwester um, wenn sie Sex vor der Ehe hat. Deshalb kann man nicht von Einzelfällen reden, sondern von einem gefährlichen Phänomen.«

In der Radikalisierungsfalle

Ich werfe ein, dass es sich laut offizieller Statistiken tatsächlich um ein Randphänomen handelt und dass nur eine kleine Minderheit der Schüler wirklich radikal ist. Mansour hat eine Erklärung für die Diskrepanz zu seinen Beobachtungen: »Viele Schulleiter melden Probleme mit radikalen Schülern nicht an den Senat, weil sie nicht wollen, dass ihre Schulen als Problemschulen gebrandmarkt werden. Man kann also davon ausgehen, dass die Dunkelziffer hier sehr hoch ist. Und selbst wenn sie bestimmte Vorfälle melden, was ist die Konsequenz? Reagiert der Senat mit einem Konzept, wie wir junge Menschen vor der Radikalisierungsfalle bewahren können? Nein, es gibt keine Konsequenzen.«

Das Bild, das Mansour von den Zuständen an Schulen zeichnet, ist düster: »Wenn wir jetzt nicht endlich handeln, setzen wir die Zukunft dieses Landes aufs Spiel. Wir können noch Jahre damit verbringen, zu analysieren und über Zahlen zu streiten, oder wir können endlich damit anfangen, Konzepte zu entwickeln, wie wir diese Generation von jungen Muslimen erreichen können, um sie für unsere Gesellschaft zu gewinnen. Bevor es die Islamisten tun.«

Deren Einfluss sei längst nicht mehr zu übersehen. Mansour sagt, dass viele Schüler die Gräueltaten des IS und die dahinterstehende Ideologie zwar kritisch betrachten würden, deren Taten gleichzeitig aber relativieren würden. Mit dem Verweis darauf, dass die Amerikaner Muslime im Irak oder Israelis Muslime in Gaza töten würden. Das ist eine Erfahrung, die auch ich an deutschen Schulen gemacht habe. Ich war erstaunt, wie viele muslimische Schüler mit militanten Islamisten sympathisieren. Und diejenigen, die den IS-Kalifen kritisch gegenüberstehen, vergöttern oft einen Nadelstreifenkalifen namens Erdoğan. Ich halte es für sehr bedenklich, dass junge Menschen, Produkte unseres Bildungssystems, sich zu großen Teilen mit barbarischen oder autoritären Wertesystemen identifizieren.

Davon hat mir auch Tugay erzählt, und das deckt sich auch mit den Erfahrungen, die ich an einer Schule in Berlin-Mitte gemacht habe. Dort war ich 2014 zu einem Vortrag eingeladen, den zwei muslimische Schüler initiiert hatten. Sie hatten meine Bücher gelesen und meine Warnung vor dem erstarkenden Islamismus in Deutschland ernst genommen. An ihrer Schule hatten sie eine Entwicklung bemerkt, die ihnen Sorge bereitete: Immer mehr Mitschülerinnen und Mitschüler sympathisierten mit Salafisten und Dschihadisten. Das wollten sie nicht so einfach hinnehmen, sondern eine kritische Diskussion über das Thema Islamismus anstoßen. Da die Lehrkräfte das

Vorhaben unterstützten, fand ich mich nun also an jener Schule wieder – begleitet von Personenschützern und Polizei. 160 muslimische Schülerinnen und Schüler hörten aufmerksam zu, als ich über den Dschihad sprach. In der anschließenden Diskussion wurde klar, wo das Problem liegt. »Was ist daran schlimm, dass junge Muslime nach Syrien fliegen, um dort ihren Glaubensbrüdern im Kampf gegen den Diktator zu helfen?«, fragte eine Schülerin und erntete dafür Applaus von der Mehrheit der Anwesenden. Die Lehrkräfte schüttelten irritiert den Kopf. Dann stand ein Schüler auf und hielt eine Brandrede, in der er sich über den Westen und seine dekadente Moral ausließ. Er zeigte mit dem Finger auf seine Lehrerinnen und Lehrer und sagte: »Auch ihr seid unmoralisch und ungläubig!« Er erntete tosenden Applaus.

Für die Lehrer und mich endete der Tag mit der traurigen Erkenntnis, dass die Seuche des Islamismus an ihrer Schule tatsächlich längst um sich gegriffen hatte. Einer der Lehrer sagte zu mir: »Dass so viele den Dschihad unterstützen, wussten wir nicht.« Am Ende entschied man sich, den Schüler, der sie so beschimpft hatte, wegen Volksverhetzung anzuzeigen. Nur wenige Monate später zogen ein Schüler und eine Schülerin in den Dschihad nach Syrien.

Ahmad Mansour, dem ich diese Geschichte erzählte, war wenige Wochen nach mir an jener Schule zu Gast: »Ich war über die Situation dort sehr beunruhigt. Auch wenn ich dort wunderbare Lehrer(innen) getroffen habe, die alles Mögliche versuchen, bekam ich das Gefühl, dass es an dieser Schule – wie an vielen anderen – keine Methode, kein Konzept für Integration gibt. Stattdessen herrscht jede Menge Resignation. Man redet nicht über Werte oder Geschlechterrollen oder Verschwörungstheorien. Man hat genug damit zu tun, dass die Schüler nicht aufeinander oder auf die Lehrer losgehen. Es wäre aber zu kurz gegriffen, die Schulen dafür verantwortlich zu machen. Wir brauchen pädagogische Konzepte, neue Lehrpläne, eine andere Ausbildung der Pädagogen und Rückendeckung der Politik. Das alles ist leider bislang nicht oder nur ungenügend vorhanden.«

Neosalafismus und Angstpädagogik

Tatsächlich schrecken Politik und Gesellschaft immer erst dann für einen Moment hoch, wenn junge Menschen von der Schulbank in den Dschihad ziehen. Warum wurde mir bis heute noch keine einzige Studie über »Frühradikalisierung an deutschen Schulen« vorgelegt? Ist es vermessen, so etwas zu fordern? Wäre es nicht sinnvoll, wenn man in enger Zusammenarbeit mit den Pädagogen so früh wie möglich Radikalisierungstendenzen bei Schülern aufspüren würde, bevor diese auf die radikale Bahn geraten? Ich habe manchmal das Gefühl, dass die Islamismusforschung vor allem dann Ergebnisse liefert, wenn es darum geht, Islamismus zu relativieren, indem man von Turboradikalisierung und religiösen Analphabeten spricht, die den Islam irgendwie falsch verstanden haben müssen. Das ist Quatsch. Es gibt keine Radikalisierung über Nacht, sie ist immer das Ergebnis einer Entwicklung.

In jüngerer Zeit hat die Islamismusforschung aufhorchen lassen mit einer feinen Unterscheidung zwischen Salafismus und Neosalafismus, der sich wiederum in puristischen, politischen und dschihadistischen Neosalafismus unterteilen lässt. Tatsächlich war der klassische Salafismus früher elitär und verlangte seinen Anhängern ein langjähriges Studium der klassischen islamischen Literatur ab. Die Salafisten kommunizierten früher in der Regel auf Hocharabisch miteinander und hielten sich von der Politik fern. Sie glaubten an eine Veränderung der

Gesellschaft durch moralische Kontrolle, nicht durch politisches Engagement. Gleichwohl war ihr Gedankengut natürlich immer auch politisch. Es war und ist die Basis auch für die dschihadistische Ideologie, da Salafisten die Welt in Gläubige und Ungläubige unterteilen, die Einführung der Scharia fordern und den Dschihad als Mittel der Politik nicht ablehnen.

Neosalafisten dagegen müssen keine studierten Islamkenner sein. Sie verwenden eher eine Jugendsprache und mischen sich in politische und gesellschaftliche Diskussionen ein. Sie sehen sich als Vorhut einer Revolution und als Garanten der Veränderung. Sie bilden Gruppen, in denen jedes Mitglied Solidarität und Anerkennung genießt. Man bekommt das Gefühl, zu einer Elite zu gehören, was für junge Menschen, die sich von der Mehrheitsgesellschaft nicht akzeptiert fühlen, besonders attraktiv ist.

Für Ahmad Mansour sind solche Kategorisierungen unsinnig. »Wenn man sagt, der klassische Salafismus sei harmlos, weil er angeblich apolitisch ist, und nur der Neosalafismus gefährlich, ist das ein Irrglaube. Es gibt keinen harmlosen Salafismus, denn jede Ausprägung steht auf ein und demselben Fundament. Und dieses Fundament ist das Hauptproblem. Ich kann verstehen, wenn der Verfassungsschutz besonderes Augenmerk auf bestimmte Gruppen richtet, weil sie Dschihadisten rekrutieren. Aber weder die Wissenschaft noch die Zivilgesellschaft kann es sich leisten, andere salafistische Gruppen zu verharmlosen und sie sogar als Partner bei der Bekämpfung von Radikalisierung mit einzubeziehen.«

Ich halte Mansour vor, dass es Salafisten gebe, die gegen den IS sind, die sich engagieren. Warum sind sie trotzdem gefährlich? Für Mansour ist Ferid Heider ein Beispiel dafür, wie tief verwurzelt dieses salafistische Fundament auch in einem vermeintlich moderaten, offen und pluralistisch denkenden Imam verwurzelt ist. Heider wurde 1979 in Berlin geboren und ist heute Imam an zwei Moscheegemeinden; außerdem bildet er über einen Fernkurs Jugendliche zu muslimischen Missionaren aus. Träger dieses Kurses ist der Deutsche Informationsdienst über den Islam e. V., der sich offen zum Salafismus bekennt. Studiert hat Heider unter anderem an einer privaten Hochschule in Frankreich, die als »islamistische Kaderschmiede mit engen Verbindungen zur fundamentalistischen Muslimbruderschaft gilt«. Die Unterrichtsmaterialien, die Heider in seinem Kurs verwendet, zeigen diesen Einfluss offenbar deutlich.[1]

»Leute wie Ferid Heider«, sagt Ahmad Mansour, »halte ich für problematisch. Er wird als Referent eingeladen, unter anderem bei der Friedrich-Ebert-Stiftung, und er hält in Anwesenheit der Kanzlerin eine Rede bei der Gedenkfeier für die Opfer des Anschlags in Berlin. Er und ein Imam aus der Gülen-Bewegung repräsentierten die Muslime zwei Tage nach dem Anschlag bei diesem Gottesdienst. Das ist eine Legitimierung, die Heider nicht verdient. Denn er hat als Buchhändler und als Prediger Bücher in Deutschland verbreitet wie *Erlaubtes und Verbotenes im Islam* des radikalen Muslimbruders Jusuf al-Qaradawi, die gegen ein Zusammenleben von Muslimen und Nichtmuslimen agitieren. Er zementiert die Opferhaltung der Muslime, indem er sagt Muslime werden überall bekämpft; indem er die Ereignisse in Myanmar [die Vertreibung der muslimischen Rohingya] als Angriff auf den Islam darstellt, aber nichts zum Angriff auf die Jesiden durch den IS sagt. Heider hat uns beide und Seyran Ateş auch schon als ›Islamhasser‹ bezeichnet. Ist das sein Beitrag zum friedlichen Miteinander? Es kann doch nicht sein, dass salafistische Muslimbrüder, die Hass und Antisemitismus verbreiten, von Politik und Gesellschaft hofiert werden.«

Am schlimmsten sei es für ihn, wenn sie eine Plattform erhielten im Namen des Dialogs. Wenn solche Kräfte ein Forum bekämen, das suggeriere, sie seien in dieser Gesellschaft angekommen. Denn das seien sie ganz und gar nicht, sondern würden, im Gegenteil, diese Gesellschaft unterwandern wollen. »Man stelle sich einen Flüchtling oder einen Migranten vor, der nach jenem Anschlag in Berlin erschüttert und zutiefst verunsichert war. Er will in Zukunft radikale Imame meiden. Dann sieht er, wie Ferid Heider vor der Kanzlerin beim Gedenkgottesdienst predigt. Dann ist er für ihn doch ein moderater Imam. Natürlich wird Heider in der Öffentlichkeit sagen, dass er gegen al-Kaida ist, gegen den IS und überhaupt gegen den Dschihad – dennoch halte ich ihn für einen Islamisten, denn er verbreitet die Ideologie des Islamismus und arbeitet mit dessen Feindbildern.«

Mansour hält alle, die mit Angstpädagogik arbeiten, für Islamisten, auch wenn sie (offiziell) keiner islamistischen Organisation angehören. Sie würden immer mit zwei Gedanken arbeiten, die letztlich auch für den Dschihad entscheidend seien: mit Strafe und der Wertlosigkeit des irdischen Lebens. »Gott hat gewisse Sachen erlaubt und andere verboten. Wenn man das Verbotene tut, landet man in der Hölle. Das Leben im Diesseits ist nur eine Prüfung, man soll es nicht genießen, sondern es als Tunnel betrachten, um ins Paradies zu kommen. Das ist die Grundlage für die Idee des Martyriums. Es gibt viele Muslime, die durch Krisen gehen, geliebte Menschen verlieren oder sich scheiden lassen und sich erst in solchen Momenten ernsthaft der Religion zuwenden. In der Hoffnung, dass sie nach diesem verkorksten Leben die Belohnung im Himmel kriegen. Das Problem sind diejenigen, die nicht so lange warten wollen, sondern eine schnelle Lösung anstreben. Deshalb beginnt der Dschihad nicht erst beim IS, sondern bei den Eltern und den Imamen, die mit Angstpädagogik arbeiten. Und dann ist der Weg in die Radikalisierungsfalle vorprogrammiert«, sagt Ahmad Mansour.

Islam und Islamismus – verschiedene Schichten ein und derselben Ideologie?

Aber sind Angstpädagogik, die Verachtung des hiesigen Lebens zugunsten des Jenseits und die Glorifizierung des Märtyrertodes nur Randerscheinungen innerhalb des Islam? Handelt es sich dabei um Gedanken, die nur bei Dschihadisten zu finden sind? Ich habe mit Ahmad Mansour einen langen Disput über den Unterschied zwischen Islam und Islamismus geführt: »Ich sage nicht, dass der Islam für Radikalisierung verantwortlich ist, sondern ein gewisses Islamverständnis, das mit Angstpädagogik und Kategorien wie *halal* und *haram,* also ›verboten‹ und ›erlaubt‹, arbeitet«, sagt er. Zur Untermauerung seiner These erzählt Mansour eine Geschichte. »Ich wollte von muslimischen Schülern einmal wissen, ob es für Gott einen Unterschied zwischen den folgenden Szenarien gibt. Szenario 1: Ein Mann verführt eine Frau, hat mit ihr einen One-Night-Stand und haut danach ab, ohne sich jemals wieder bei ihr zu melden. Szenario 2: Ein Mann lebt vier oder fünf Jahre mit einer Frau zusammen, die er liebt, ohne mit ihr verheiratet zu sein. Fast alle sagten, es mache keinen Unterschied, beides sei eine Sünde.«

Ich entgegne Mansour, dass diese Geschichte für mich keineswegs Ausdruck eines bestimmten Islamverständnisses ist. Denn weder der Koran noch die klassische islamische Theologie unterscheiden zwischen außerehelichem Geschlechtsverkehr aus Liebe oder aus purer Lust am sexuellen Abenteuer. Beides gilt als Sünde und wird mit Körperstrafen geahndet. Gläubige berufen sich also ebenso auf klare Aussagen des Koran, auf den Werdegang des Propheten und auf die Meinungen der vier anerkannten Rechtsschulen des Islam, wie das auch Islamisten tun. Könnte man demnach nicht auch sagen, das Verhältnis von Islam zu Islamismus ist wie das von Orangen zu Orangensaft? Ohne das eine ist das andere nicht möglich? Oder, um ein neues Bild zu etablieren: Kann man sich das alles vorstellen wie verschiedene Schichten einer Zwiebel? Ganz außen die Schicht des militanten Dschihadismus und die Tausenden Kämpfer, die mitmachen. Darunter die Ideologie, die die Welt in Gläubige und Ungläubige unterteilt und den Märtyrertod als die höchste Stufe des Glaubens sieht und sich dabei direkt auf den Islam beruft. Darunter die Millionen konservativen Muslime, die zwar keine militanten Islamisten sind, dennoch diese Ideologie gutheißen und sich weder vom Dschihad noch vom Traum des Kalifats lösen. Darunter schließlich die Schicht der »normalen« Gläubigen, die zwar den Dschihad und den Terror ablehnen, jedoch mit Angstpädagogik ihre Kinder erziehen und das irdische Leben als wertlos erachten. Wenn alle Schichten einander stützen und die Zwiebel als Ganzes erst möglich machen, wie kann man dann trotzdem behaupten, dass nur die äußere Schicht das Problem ist?

Für mich persönlich lassen sich die Schichten nicht voneinander trennen, eine liegt auf der anderen, jede führt zur nächsten. Deshalb ist es für mich auch entscheidend, nicht nur die äußere Schicht zu analysieren. Das wäre ein wenig wie ein Herumdoktern an den Symptomen, ohne den Ursachen auf den Grund zu gehen. Mansour bleibt jedoch bei seiner Unterscheidung zwischen Islam und Islamverständnis, gibt jedoch zu, dass der Islamismus kein Randphänomen innerhalb des Islam sei. Im Gegenteil. »Das ist inzwischen leider in vielen Bereichen Mainstream-Islam. Ich habe die Hoffnung, dass sich in Zukunft eine neue Richtung innerhalb der muslimischen Gemeinden zumindest in Europa etabliert, noch nicht aufgegeben. Es gibt individuelle Versuche in dieser Richtung, aber noch ist keine Bewegung daraus entstanden.«

Deutlich wird Mansour, wenn er Begriffe wie »religiöse

Analphabeten« und »Turboradikalisierung« als Erklärungsmuster für Radikalisierungsprozesse hört. Für ihn sind solche Begriffe eine bewusste Manipulation der Debatte, »weil dahinter eine politische Haltung steckt, die besagt, dass a) das Ganze mit Religion nichts zu tun hat, und b), dass es sich bei den Attentätern um psychisch labile Persönlichkeiten handelt, die aus persönlichen Motiven handeln. Ich lehne beide Erklärungsmuster ab, weil sie apologetisch sind und nicht lösungsorientiert. Aber wie gut, dass viele Attentäter uns ein Testament hinterlassen, in dem sie ihre Motive klar definieren. Ob Mohammed Atta, Anis Amri oder die Attentäter von Ansbach oder Würzburg – alle haben eine Botschaft hinterlassen, die auch von meinem Imam um die Ecke hätte stammen können. Ein religiöses Narrativ, wie sie ihre Tat bewerten und legitimieren, theologisch sauber gedeckt. Religiöse Analphabeten waren sie nicht.«

Ahmad Mansour weiß, wovon er spricht, er betreut junge Dschihadisten und diskutiert mit ihnen im Rahmen von Deradikalisierungsprojekten über Religion. »Sie wissen genau, was es für sie bedeutet, Muslim zu sein. Sie wissen einiges über die Entstehung und Entwicklung des Islam. Sie wissen, was im Koran steht und was *halal* und was *haram* ist. Ob sie jetzt theologisch was draufhaben oder nicht, ob sie wissen, wie und wann sie beten sollen, ist eine andere Sache, aber ihre Grundhaltung ist immer religiös.« Das sei die entscheidende Gemeinsamkeit, wenn man sich die Attentäter der vergangenen Jahre ansehe. Es gab darunter Arme und Reiche, Gebildete und Ungebildete, geborene Muslime und Konvertiten, beruflich Erfolgreiche und Versager, charismatische Redner und willenlose Mitläufer. Sie stammten aus allen Erdteilen, hatten unterschiedliche Sozialisationen. Nur eines hatten sie gemeinsam: Sie teilten die gleiche Religion und eine politische Ideologie, die sich direkt aus dieser Religion legitimiert.

Brief an einen jungen Muslim …

… der glaubt, Islamismus oder Dschihadismus seien die Lösung für seine Probleme. Die Idee zu diesem Brief kam mir schon nach dem Anschlag auf den Weihnachtsmarkt auf dem Breitscheidplatz in Berlin. Doch ich war zu aufgewühlt, um ihn zu verfassen. Im Rückblick war 2017 ein »Rekordjahr«, was durchgeführte oder vereitelte Terroranschläge in Europa angeht. Die Geschichten von Messer- und Lastwagenattacken häuften sich. Ich war wütend und hilflos, dass so viele Städte, zu denen ich eine enge Verbindung hatte, vom Terror heimgesucht worden waren. Da ich aber meine Wut in etwas Positives verwandeln wollte, entschied ich mich, direkt zu jungen Muslimen zu sprechen. Nach einem Besuch in Helsinki, der ebenfalls von einem Attentat überschattet war – in Turku hatte ein junger Marokkaner Passanten angegriffen und zwei Frauen erstochen –, verfasste ich den Brief als eine Videobotschaft, die ich in Arabisch, Englisch und Deutsch ins Netz stellte. Auf Facebook und YouTube wurden die Videos insgesamt über 6 Millionen Mal angeklickt. Die Kommentare auf Facebook waren ganz unterschiedlich. Es gab wie so oft viele Beschimpfungen, aber auch erstaunlich viel Zustimmung seitens der jungen Muslime. Offenbar hatte die Botschaft einen Nerv bei ihnen getroffen. Weil die Botschaft viele Aspekte enthält, warum sich junge Muslime radikalisieren, möchte ich diesen Brief hier zitieren:

Viele junge Muslime in Europa sind müde und wütend. Sie leiden unter vielen Problemen, für die sie keine Lösungen finden, und haben kaum Zukunftsperspektiven. Einige von ihnen suchen nach einem schnellen Weg der Erlösung. Nach einer Art Abkürzung, die sie über Nacht ins Paradies befördern soll – im Diesseits oder im Jenseits. Manche reisen in den Irak oder nach Syrien und schließen sich den Dschihadisten an. Andere mieten sich einen Lastwagen und überfahren damit unschuldige Passanten oder kaufen sich ein Messer und stechen damit wahllos auf jeden ein, der ihnen über den Weg läuft. Sie glauben, dadurch einen Ausweg für sich gefunden zu haben und dem Islam und den Muslimen einen Dienst zu erweisen. Doch sie zerstören ihr Leben und das Leben anderer und machen Muslimen das Leben noch schwerer, als es ohnehin schon ist.

In den vergangenen Monaten und Jahren sind viele unschuldige Menschen in europäischen Städten diesen sinnlosen Gewalttaten zum Opfer gefallen. Der Rhythmus dieser Anschläge wird immer schneller. Es finden sich immer mehr junge Muslime, die in diesen Anschlägen einen Ausweg aus ihrer Verzweiflung suchen. Die Europäer fragen sich, warum unschuldige Menschen sterben müssen. Auch friedliche Muslime sind es leid, sich ständig nach jedem Anschlag rechtfertigen zu müssen.

Lieber junger Muslim,

ich weiß nicht, wie Du zu diesen Anschlägen stehst. Vielleicht bist Du dagegen, aber Du bist still und äußerst Dich nicht dazu. Ich verstehe, dass Du die Verantwortung für die Taten anderer nicht trägst. Aber Du trägst Verantwortung, wenn Du diejenigen, die im Namen des Islam Hass verbreiten, gewähren lässt. Bitte erhebe Deine Stimme und positioniere Dich deutlicher gegen Hass und Gewalt, bevor es zu spät ist. Bevor wir alle verlieren!

Vielleicht relativierst Du diese Gewalt aber und sagst, auch im Irak und in Syrien fallen täglich Unschuldige einem sinnlosen Krieg zum Opfer. Dann will ich Dir sagen, dass man einen Fehler niemals durch einen größeren Fehler korrigieren kann.

Man darf auch einen Mord nicht gegen einen anderen Mord aufwiegen.

Oder vielleicht sympathisierst Du mit den Attentätern und heißt ihre Gewalt gut. Dann sage ich Dir: Wer einem Verbrechen stillschweigend zustimmt, ist selber ein Verbrecher. Vielleicht gehst Du sogar noch einen Schritt weiter, bist von Deiner Wut berauscht und willst selbst ein paar Ungläubige überfahren oder mit einem Messer angreifen. Dann ist der Rest dieser Botschaft für Dich:

Lass mich Dir zunächst eine Frage stellen: Willst Du in den Augen Deiner Familie und Deines Gastlandes als Held gelten oder von allen als Loser und Verbrecher betrachtet werden? Willst Du leben und andere an Deinem Leben teilhaben lassen, oder willst Du sterben und andere Unschuldige mit in den Tod reißen? Willst Du, dass Deine Eltern auf Dich stolz sind, oder willst Du, dass Deine Mutter Kummer und Leid empfindet, wenn sie Deine entstellte Leiche identifizieren muss?

Glaub mir, nicht alle Abkürzungen führen tatsächlich zum Ziel. Ich verstehe Deinen Ärger und Deine Wut. Vielleicht, weil ich ähnliche Erfahrungen gemacht habe, als ich in Deinem Alter war. Ich kann mir vorstellen, woher Deine Wut kommt. Vielleicht leidest Du schon seit Deiner Kindheit an Marginalisierung und Unterdrückung. Vielleicht stehst Du von allen Seiten unter Druck, Familie, Mehrheitsgesellschaft, Moschee, Schule, Freunde. Vielleicht fehlte Liebe und Zuneigung in Deiner Kindheit. Vielleicht schämte sich Dein Vater dafür, Deine Mutter vor Dir zu umarmen, aber er schämte sich nicht dafür, sie vor Dir zu schlagen. Vielleicht wurdest Du selbst geschlagen und hast dadurch gelernt, dass Gewalt die erste und einfachste Strategie zur Konfliktbewältigung ist. Vielleicht hast Du Dich für einen Ausbildungsplatz oder einen Job beworben, wurdest aber zurückgewiesen, weil Du den fal-

schen Namen hast, oder weil Du nicht qualifiziert genug bist. Es steckt nicht immer Rassismus dahinter.

Vielleicht hat Deine Familie in der Heimat alles verkauft, um Dir die Fahrt nach Europa zu finanzieren. Vielleicht hast Du Dein Leben riskiert und kamst über das Meer und hast hier das Paradies nicht gefunden, das Du Dir erhofft hast. Vielleicht wurde Dein Asylantrag nach einer langen Zeit des Wartens abgelehnt. Das ist hart, gar keine Frage.

Jeder, der seine Heimat verlässt, um woanders zu leben, hat mit vielen Schwierigkeiten zu kämpfen: andere Sitten, andere Speisen, andere Temperaturen, finanzielle Nöte, familiärer Druck, Unterdrückung der Sexualität oder außereheliche sexuelle Kontakte, die Schuldgefühle und Angst vor der Hölle mit sich bringen. Dazu kommen Sprachbarrieren, Missverständnisse und Alltagsrassismus.

Ja, auch die Europäer haben ihre Fehler. Aber auch wir sind keine Engel und sind nicht besser, sonst hätten wir nicht unsere Länder verlassen, um hier zu leben. Selbst unsere Politiker und Geschäftsleute aus der islamischen Welt kommen hierher, um sich behandeln zu lassen und Urlaub zu machen. Selbst einige Imame aus den Golfstaaten, die Dich für den Dschihad in Syrien rekrutieren wollen, kommen hierher, um sich operieren zu lassen oder einfach um shoppen zu gehen. Ihre Kinder schicken sie aber nicht in den Dschihad, sondern an die besten Universitäten des Westens.

Eigentlich wollte ich Dir sagen, dass Wut manchmal gesund sein kann, wenn man die wahren Gründe seiner Wut kennt. Erst wenn man seine Wut unterdrückt, beginnt das Problem. Wenn man einen Topf mit Wasser füllt, den Deckel drauflegt und auf das Feuer stellt, explodiert der Topf bald oder läuft über. Nimmt man den Deckel aber ab, verdunstet das Wasser allmählich, bis der Topf leer ist.

So verhält es sich auch mit der Wut. Wenn Du sie unter-

drückst, explodiert sie und verletzt Dich und andere in Deiner Nähe. Wenn Du aber den Deckel hochhebst und im Topf die wahren Gründe Deiner Wut erkennst, dann verschwindet Deine Wut wieder, oder Du richtest sie nicht mehr gegen die Falschen. Tust Du das aber nicht, kommt ein anderer und überzeugt Dich, dass der wahre Grund Deiner Wut eigentlich der ungläubige Westen ist oder der Krieg in Syrien oder Dein christlicher Nachbar. Du folgst ihm, weil Du ein guter Mensch bist, einen Sinn für Gerechtigkeit hast, Dir selbst und Deinen Glaubensbrüdern helfen willst. Aber dieser Mann wird Dir keine wirklichen Lösungen bieten. Er ist nicht ehrlich an Deinem Leben oder dem der syrischen Kinder interessiert, vielmehr will er Deinen Tod. Denn Dein Tod erhöht seine Aktien als Dschihad-Rekrutierer und macht sein Bankkonto dicker.

Wer Dich wirklich mag, wird Dich nicht in den Tod schicken und selber am Leben bleiben. Er wird Dir Wege für ein besseres Leben im Hier und Jetzt aufzeigen. Denn keine Sache in diesem Leben hat es verdient, dass Du dafür stirbst! Dagegen gibt es viele schöne Sachen, für die es sich lohnt, zu leben. Aber wenn Du verzweifelt bist, erscheint Dir der Tod als Erlösung. Gerade warst Du hilflos und schwach, und jetzt willst Du Gott höchstpersönlich vor seinen Feinden schützen. Was für ein Gefühl der Macht! Was für eine Anmaßung! Was für eine Gotteslästerung, Gott vor seinen eigenen Geschöpfen schützen zu wollen! Und dann noch zu glauben, dass dieser Gott auf Dich mit 72 Jungfrauen als Belohnung wartet, wenn Du seine angeblichen Feinde tötest. Sex als Belohnung für den Tod von Unschuldigen. Wie absurd!

Hast Du Dich jemals gefragt, warum Du ein Muslim bist? Du hast Dein Muslimsein – sofern Du kein Konvertit bist – nur einem genetischen bzw. geografischen Zufall zu verdanken. Du bist Muslim, weil Deine Eltern Muslime sind oder weil Du in einem muslimisch geprägten Land geboren wurdest. Auch

Deine angeblichen Feinde, die Du Ungläubige nennst, haben sich ihr Geburtsland mitsamt der dort dominierenden Religion nicht ausgesucht. Einer von diesen Ungläubigen hat das Penizillin erfunden, das Millionen von Menschen vor dem Tod rettete. Ein anderer erfand das Handy, das Du benutzt, oder die Klimaanlage, die den Sommer in unseren heißen Ländern erträglicher macht. Stell Dir vor, dass dann einer kommt, der sonst in seinem Leben noch nichts geleistet hat, und einen dieser Erfinder mit einem Lkw oder Messer tötet. Dieser Mörder kommt danach ins Paradies und der Erfinder in die Hölle? Ist das Dein Verständnis von Gerechtigkeit?

Hast Du eigentlich schon einmal daran gedacht, dass eines Deiner Opfer eventuell in einer Pharmafabrik arbeitet, die genau die Medikamente produziert, die Deine Mutter wegen ihres Herzleidens oder ihres Rheumas einnimmt? Oder stell Dir vor, diese Frau, die Du gerade überfahren hast, hat ein kleines Kind. Kannst Du ihm in die Augen schauen und sagen: Deine Mutter hat mir zwar nichts getan, aber ich habe sie kaltblütig getötet, weil der barmherzige Gott mir dies befohlen hat? Kannst Du das wirklich mit ruhigem Gewissen sagen?

Findest Du es nicht traurig, dass Muslime jeden Tag behaupten, der Islam sei die Religion des Friedens und der Barmherzigkeit, während andere Muslime im Namen des Islam jeden Tag Unschuldige umbringen? Ungläubige ebenso wie Muslime, die in den Augen der Radikalen vom rechten Glauben abgefallen sind. Ist es nicht traurig, dass das Wort »Allahu Akbar«, das Muslime täglich im Gebet rezitieren, heute Menschen erschreckt, wenn sie es irgendwo auf der Straße, in einem Café oder einem Supermarkt hören? Panik wird ausbrechen. Bist Du stolz darauf? Fühlst Du Dich stark?

Hast Du Dich mal gefragt, warum die Imame, die Dich zum Dschihad einladen, nicht selber in den Dschihad ziehen? Warum sie Dich ins Paradies schicken, während sie selbst in die-

sem sündhaften irdischen Leben verharren? Weil sie Millionen von Spenden aus den Golfstaaten kassieren. Diese Spender bezahlen diese Millionen nicht, um den Islam zu verteidigen, wie sie dir erzählen. Es geht eher um Interessen, Ölfelder, Gaspipelines. Und Du bist nur ein Streichholz für sie, das nur einmal zündet und danach weggeworfen wird.

Du machst aber aus der Not eine Tugend und nennst Dich selbst Held.

Aber es gibt nichts Heroisches daran, vor den eigenen Problemen zu fliehen und dabei Unschuldige zu töten. Es ist eher heroisch, den Problemen ins Gesicht zu schauen und sie anzupacken. Heroisch ist es, wenn Du Dein eigenes Leben selbstbestimmt führst, statt ein Trittbrettfahrer zu werden, der willenlos das tut, was ihm befohlen wird oder was andere vor ihm taten. Heroisch ist es, wenn Du gegen Hass und Gewalt kämpfst, anstatt ein Instrument von Hass und Gewalt zu werden. Heroisch ist es, wenn Du Deiner Schwester hilfst, ein selbstbestimmtes Leben zu führen, statt ihr Leben in ein Gefängnis zu verwandeln.

Auch ich hatte viele Probleme, als ich so alt war wie Du. Das Studium lief nicht gut, ich hatte psychische und finanzielle Probleme. Zu meiner Verzweiflung gesellte sich der Hass gegen Ungläubige, die ich zum Sündenbock für meine ganz persönlichen Probleme auserkoren hatte. Das ist einfach, das ist bequem. Schuld sind die anderen. Es ist mühsam, genauer hinzusehen, den wahren Ursachen nachzuspüren und an sich zu arbeiten. Man wird so lange ein Opfer bleiben, ein Gefangener des eigenen Hasses, solange man nicht Verantwortung für sich selbst übernimmt, sondern diese Verantwortung anderen zuschiebt. Aber dann habe ich meinen Hass in den Griff bekommen. Ich habe hart gearbeitet, Autos gewaschen und mein Studium abgeschlossen. Danach arbeitete ich an der Uni, schrieb Bücher und wurde erfolgreicher Schriftsteller.

Ich bin kein Einzelfall. Ich kenne viele Migranten, die bei null angefangen haben und jetzt erfolgreiche Menschen sind, weil sie sich nicht als Opfer sahen und weil sie hart gearbeitet haben.

Auch Du solltest nicht so schnell aufgeben. Eine Krise zu haben könnte eine Chance sein, um zu wachsen und zu lernen. Die Ablehnung eines Asylantrags oder das Scheitern bei der Jobsuche ist nicht das Ende der Welt. Deine Chance wird irgendwann kommen.

Sei Dir sicher, dass Hass Dir niemals Frieden bringen kann. Und wenn Du Deinen Frieden hier in diesem Leben nicht findest, wirst Du ihn auch im Paradies nicht finden. So pflanze Liebe, und Du wirst Liebe ernten. Suche das Gute in Dir, bevor Du Dich über das Böse bei den anderen beschwerst!

Gib niemals auf und lass dich von niemandem instrumentalisieren. Sei frei und LEBE! Du bist kein Opfer, sondern ein Mensch mit viel Potenzial. Also, mach was daraus!

Salam!

9

Orient und Okzident

Antithese mit Tradition

Das Morgen- und das Abendland sehen sich bereits seit dem siebten Jahrhundert als Antithese zueinander. Auch wenn es im Laufe der Geschichte gelegentliche Phasen des Friedens und des Kulturtransfers zwischen den beiden Kontrahenten gegeben hat, bestimmten fast immer Konflikte und Hass die Beziehung zueinander. Die Erfolge der einen Seite waren fast immer zwangsläufig mit Verlusten der anderen verbunden. Im jeweiligen Kollektivgedächtnis werden eher die traumatischen Erfahrungen betont, nicht die Gemeinsamkeiten. Während die einen an Kreuzzüge und Kolonialismus denken, denken die anderen an die Eroberung Konstantinopels, die Türken vor Wien und den 11. September. Jede Seite wusste die Konturen der eigenen Identität über Jahrhunderte durch die Abgrenzung zur Identität der anderen zu schärfen. Jede Seite hielt oder hält die eigenen Werte für überlegen und allgemeingültig und die der anderen für dekadent beziehungsweise barbarisch.

Die Geschichte von Orient und Okzident ist eine Geschichte voller Mythen, voller Asymmetrien, Kränkungen und Mangel an Vertrauen. Die Araber verbrachten Jahrhunderte in Spanien als Kolonialmacht, es kam zu einer kurzen Phase der Zusammenarbeit mit Juden und Christen, aber nie zu einer wirklichen Vermischung oder einer Kultursymbiose, in der alle gleichberechtigt und gemeinsam teilhatten an der Blütezeit. Die westlichen Kolonialherren wiederum verbrachten Jahrhunderte im Orient, die Errungenschaften der Moderne und die Gedanken der Aufklärung im Gepäck, ohne dass auf dieser Basis neue, gemeinsame Werte entstanden wären. Die Kolonialherren hielten sich selbst oft nicht einmal an ihre eigenen Werte im Umgang mit den Kolonialisierten. Deshalb waren ihre Ideen und Vorstellungen auch nur für eine bestimmte Schicht attraktiv, die mit den Kolonialherren gut zusammenarbeitete und von ihnen profitierte. Der Kolonialismus hat fast überall auf der Welt hässliche Spuren hinterlassen, und es dauerte lange, bis die ehemaligen Kolonien sich von den Schatten der Vergangenheit befreien konnten. In der islamischen Welt aber hinterließ der Kolonialismus eine so tiefe narzisstische Wunde, dass sie auch mit der Zeit nicht zu heilen scheint. Denn die faktische Überlegenheit des Westens widerspricht dem islamischen Gottesplan, der den Sieg des Islam über alle Kulturen verspricht.

Seit Jahrzehnten nun leben Millionen von Muslimen in Europa, sie genießen die Vorzüge der Freiheit und des Wohlstandes, dennoch sind sie und ihre Religion hier immer noch fremd und exotisch. Viele Europäer empfinden die hier lebenden Muslime als eine Gefahr für die innere Sicherheit. Und viele Muslime blicken mit Skepsis auf die Freiheit und haben Angst, ihre Seele an den Westen zu verlieren. Diese Distanz ist bemerkenswert, liegen die Kulturräume Arabien und Europa doch geografisch und auch religiös näher beieinander als Asien und Europa. Und doch schaffen es die Asiaten besser und schneller, sich in westlichen Gesellschaften einzugliedern und sich westliche Werte zu eigen zu machen, als Muslime. Vietnamesen, Thailänder, Japaner, Koreaner und Chinesen sind mit Sicherheit ebenso stolz auf die eigene Kultur und versuchen, diese auch in der Fremde zu bewahren. Aber sie sehen ihre Kultur nicht als die bessere Alternative zur westlichen Zivilisation. Sie empfangen genau wie Muslime die Programme der Satellitensender aus der Heimat, doch diese warnen sie nicht vor der Moral des Westens und schüren keine Verschwörungstheorien. Obwohl auch Asien in der Vergangenheit schlechte Erfahrungen mit westlicher Aggression gemacht hat, hat hier die Erziehung zum Hass gegen den Westen keine Tradition.

Selbstverständlich sind viele Muslime auch vom Westen fasziniert und sehen sich nicht als Vorkämpfer des Islam in Europa. Doch ein Rest Skepsis und Angst bleibt immer im Hinterkopf, dass man seine islamische Identität zugunsten der westlichen verlieren könnte. Selbst in den säkularen muslimischen Milieus ist eine Gegenüberstellung von West und Ost ein zentrales Thema. Das prominenteste Beispiel dafür ist Edward Saids Buch *Orientalismus,* das eine einzige Klage gegen den Westen darstellt, ohne die eigenen Versäumnisse des Orients zu thematisieren.

Anders als das Christentum, dessen Anhänger drei Jahrhunderte nach seiner Entstehung immer noch eine kleine Minderheit stellten, die unter nichtchristlicher Herrschaft leben mussten und so früh eine gewisse Adaptionsfähigkeit entwickelt haben, war der Islam sehr früh in seiner Geschichte politisch erfolgreich und errichtete sein Weltreich unter anderem auf den Trümmern des christlichen Byzantinischen Reiches. Von wenigen Ausnahmen abgesehen kannte er über Jahrhunderte die Situation einer Minderheit nicht. Deshalb hat er ein Selbstverständnis der Dominanz und Gestaltung entwickelt und musste auch nie eine Minoritätentheologie entwickeln. Stattdessen war der Sieg über die westlichen Mächte in Spanien, Sizilien, Konstantinopel, Nordafrika und auf dem Balkan die Grundlage für das Entstehen vieler islamischer Reiche.

Als der Islam seine Macht verlor, stieg Europa militärisch, wissenschaftlich und wirtschaftlich auf und kolonialisierte weite Teile der arabischen Welt. Das letzte islamische Reich, das gefallen war, war das Osmanische Reich, das letzte Kalifat. Dieses musste sich in einer direkten Auseinandersetzung mit dem Westen geschlagen geben. Seine Gebiete wurden unter westlichen Mächten aufgeteilt. Diesen Machtverlust können viele Muslime bis heute nicht verkraften. Viele träumen immer noch davon, dass sich irgendwann das Rad der Geschichte doch noch drehen und der Islam die Macht über die Welt wiedererlangen wird. Dieser Traum legitimiert sich durch ein heiliges Versprechen Allahs im Koran. Der Sieg des Islam über alle anderen Religionen und über die Ungläubigen ist nicht nur ein Traum, sondern ein politischer Auftrag, den Gott höchstpersönlich allen Gläubigen erteilt.

Von tödlichen Identitäten und rückwärtsgewandten Utopien

»Der Islam ist als Fremder geboren und wird als Fremder wiederkehren. Selig sind die Fremden«,[1] hat Mohamed prophezeit. Nicht jeder Muslim, der nach Europa auswandert, nimmt diesen Auftrag ernst und nicht jeder will Europa islamisieren, doch für viele Islamisten und Vertreter des konservativen Islam ist dieser Traum eine Orientierung für die Zukunft. Manche arbeiten daran, dass diese Prophezeiung bald Realität wird, andere behalten sie zumindest im Herzen. Alle aber wissen, dass der Islam nicht gekommen ist, um sich in irgendetwas zu integrieren, sondern um alles von oben zu bestimmen und den Willen Gottes auf Erden durchzusetzen. Das Prinzip »Andere Länder, andere Sitten« und »Jeder soll nach seiner Fasson selig werden« ist für den gläubigen Muslim nicht bindend. Denn es gibt im Islam keine Gleichwertigkeit von Werten und Sitten. Nur die islamische Moral ist wirklich eine Moral. Und Moral ist gleich auch Gesetz. Von einem Muslim wird erwartet, dass er und der Islam eine Einheit bilden und dass er sich nicht nur von den unislamischen Werten distanziert, sondern diese auch aktiv bekämpft, während er die islamischen Werte nicht nur unter Muslimen, sondern überall, wo er lebt, verbreiten soll.

Nun kommen immer mehr Muslime als Migranten oder Flüchtlinge nach Europa. Fast immer sind sie der hiesigen Gesellschaft materiell unterlegen. Sie kommen mit einem Gefühl der moralischen Überlegenheit hierher und machen in der Realität eher Erfahrungen der Unterlegenheit. Das vertieft die historische Kränkung. Immer häufiger zeigen sie ihre religiösen Symbole und stellen religiöse Ansprüche. Sie treffen auf eine relativ säkulare Gesellschaft, in der die Religion kaum eine Rolle in der Identitätsbildung und in der alltäglichen Kommunikation spielt. Diese Asymmetrie verunsichert viele Menschen im Westen, die glaubten, die Religion hinter sich gelassen zu haben. Menschen, die die Werte von Meinungsfreiheit oder Gleichberechtigung von Mann und Frau in einem langen Kampf auch gegen die Kirchen durchgesetzt haben und nun sehen, wie eine andere Religion diese Werte auf europäischem Boden nicht nur infrage stellt, sondern bekämpft.

Das Thema Kopftuch war nie wirklich ein Thema, solange nur Putzfrauen oder Fabrikarbeiterinnen diese trugen. Aber nun wollen muslimische Lehrerinnen, Richterinnen, Staatsbedienstete und Bankangestellte auch im Dienst das Kopftuch tragen. Je nachdem aus welcher Perspektive man diese Entwicklung sieht, erscheint sie positiv oder negativ. Positiv ist: Immer mehr Muslime schaffen den Aufstieg und wollen im öffentlichen Raum auftreten. Die muslimischen Verbände wollen wie die Kirchen den Status der Körperschaft des öffentlichen Rechts erhalten und mehr Aufgaben in Bildung, Medien und Gesundheitswesen übernehmen. Sie wollen öffentlich beten und ihren Gebetsruf durch Lautsprecher ertönen lassen. Im Sinne von Hannah Arendt will derjenige, der den öffentlichen Raum betritt und in ihm auftritt, Staatsbürger werden. Doch viele Europäer, denen die Religion nicht mehr viel bedeutet, reagieren ängstlich auf solche Phänomene und befürchten eine Unterwanderung durch den Islam. Eine vermeintlich starke, selbstbewusste religiöse Identität trifft auf eine unsichere, weiche Identität. Das schafft Spannung und vertieft die Kluft. Vielen ist unklar, ob Muslime ihre Religion modernisieren oder die Moderne islamisieren wollen.

Wir befinden uns inmitten eines Konflikts der Identitäten. Der Politikwissenschaftler Aladin El-Mafaalani sieht in diesem Konflikt eine Chance. Er verwendet die Metapher eines Esstisches: Früher waren die Deutschen unter sich und saßen alleine am Tisch. Die Gastarbeiter kamen hinzu und wurden nicht zum Tisch gebeten. Sie saßen auf dem Boden und beschwerten sich nicht darüber, dass sie ausgeschlossen wurden. Ihre Kinder und Enkelkinder dagegen wollen mit am Tisch sitzen. Anders als die Generation ihrer Eltern stellen sie mehr Ansprüche an Deutschland. Gleichzeitig stellt auch die Mehrheitsgesellschaft mehr Ansprüche an sie, was Sprache, Bildung und Integration angeht. Das, so El-Mafaalani, sei an sich positiv, denn das sei ein Zeichen dafür, dass sie einerseits dazugehören wollten und dass die Gesellschaft sie andererseits dazu einlade.

Teilt man El-Mafaalanis Analyse, dann ist die zunehmende Sichtbarkeit des Islam in Deutschland also eher Zeichen einer gelungenen Integration oder zumindest ein Schritt in die Richtung dorthin. Aber sind diese Sichtbarkeit und der öffentliche Auftritt wirklich immer ein Zeichen des Dazugehören-Wollens? Daran habe ich große Zweifel. Denn auch Salafisten, Islamisten und Erdoğan-Anhänger beanspruchen den öffentlichen Raum und wollen – um im Bild zu bleiben – am Tisch Platz nehmen. Und mehr noch: Sie wollen sogar mitkochen und die Rezepte der Demokratie verändern. Dass viele von ihnen dabei Krawatten tragen und deutsche Philosophen zitieren, macht sie noch lange nicht zu modernen Humanisten. Sie wollen sich nicht eingliedern, sondern sie wollen die Spielregeln dieser Gesellschaft zu ihren Gunsten manipulieren. Im Namen von Teilhabe und Integration wollen sie das Kopftuch als Symbol der Selbstbestimmung salonfähig machen. Sie wollen muslimische Schülerinnen vom Schwimmunterricht befreien und spezielle Schwimmzeiten für Frauen in öffentlichen Bädern durchsetzen. Sie wollen die Regeln der Scharia als Teil des Justizsystems anerkannt sehen. Sie engagieren sich in deutschen Parteien, in Stadträten und Integrationsbeiräten, nicht weil ihnen das Gemeinwesen am Herzen liegen würde, sondern weil sie dort ihre Interessen und ihr Islambild Schritt für Schritt salonfähig machen wollen.

Die gute Nachricht ist: Nicht jeder Muslim ist ein Salafist, Islamist oder ein Erdoğan-Anhänger. Nicht jeder setzt das um, was der Islam von ihm verlangt oder ihm erlaubt. Nicht jeder betet fünf Mal am Tag, nicht jeder heiratet vier Frauen, nicht jede Frau trägt ein Kopftuch, und nicht jeder will für die Sache Gottes sterben, damit der Islam über alle Religionen siegt. Genauso wenig wie jeder Europäer von einem abendländischen Reich träumt, in dem die Weißen unter sich bleiben; ebenso stempelt nicht jeder Europäer einen Muslim als Integrationsverweigerer oder potenziellen Terroristen ab.

Die schlechte Nachricht ist: Die Radikalen auf beiden Seiten werden immer stärker, sie haben eine große Mobilisierungskraft. Sie kapern die Debatten über die Differenzen und Gefahren und vergiften das Klima durch das Schüren von Angst und durch krude Verschwörungstheorien. Sie entwickeln sich zu starken Magnetfeldern, die an den Rändern der Gesellschaft immer mehr Anhänger anziehen und die Mitte paralysieren. Die Politik der Angst und der Ausgrenzung hat Konjunktur wie seit Langem nicht mehr. Beide Pole teilen die gleichen einfachen Weltbilder, beide spalten die Welt in Freund und Feind auf, beide sind autoritätshörig und halten freiheitliche Werte und die Demokratie für eine Schwäche. Es ist ein wenig so, als würden sich zwei Kinder mobben und dabei gegenseitig hochschaukeln: Je mehr die eine Seite schimpft, desto aggressiver reagiert die andere, und je aggressiver die Reaktion der einen Seite ist, desto mehr Spaß hat die andere, und desto mehr legt sie nach. Und so geht die Spirale der Provokation immer weiter, sodass kaum mehr ein moderater Diskurs geführt werden kann, denn den Ton geben seit Langem die Radikalen an. Je unsicherer, komplexer und problematischer die Zukunft erscheint, desto erfolgreicher werden diejenigen sein, die ihr Heil in einfachen Lösungen und in der Vergangenheit suchen.

Identitätskonflikte, Aus- und Abgrenzung

Die erste Generation der Migranten kümmerte sich nur um das Geldverdienen. Die zweite kümmerte sich um den Aufstieg. Für die Kinder der dritten und vierten Generationen ist das Thema Identität von zentraler Bedeutung. Sie bestimmen dabei oft nicht selbst darüber, wo sie hingehören, sondern lassen sich von den dominanten Diskursen im Gastland und im Herkunftsland ihrer Vorfahren massiv beeinflussen. Die Eltern, die Türkei, die türkischen Medien nehmen Einfluss auf die Frage, wo sie hingehören. Je mehr Ablehnung sie in Deutschland erleben, desto mehr halten sie an einer Identität fest, die ihnen Akzeptanz verspricht. Je mehr man Erdoğan in europäischen Medien kritisiert, desto mehr erscheint er jungen Türken und vielen jungen Muslimen arabischer Abstammung als Held und Retter. Für diese Generationen wird die Frage nach

Identität und Zugehörigkeit immer mit dem Thema Abgrenzung gekoppelt sein. Keine andere Generation war mehr Loyalitätskonflikten ausgesetzt als die gegenwärtige. Die Eltern wollen, dass ihre Kinder beruflich und materiell erfolgreicher sind als sie. Sie wollen andererseits auch, dass die Kinder konservativer und religiöser werden als sie – ein klassisches Phänomen bei Minderheiten, die in der Diaspora leben.

Um erfolgreich zu sein, müssen sie sich aber der Mehrheitsgesellschaft mehr öffnen und mehr Kompromisse eingehen. Das geschieht oft auf Kosten von Religion und Tradition, auf Kosten des Kollektivs. Die Moscheen werfen jungen Muslimen oft vor, dass sie unislamisch leben. Sie machen ihnen ein schlechtes Gewissen und jagen ihnen Angst vor der Hölle ein. Ihnen wird deutlich gemacht, dass die Zugehörigkeit zu einer Gruppe automatisch bedeutet, dass man sich von einer anderen abzugrenzen hat. Wenn sie das tun, kommt die Mehrheitsgesellschaft und wirft ihnen vor, nicht wirklich deutsch zu sein, weil sie an veralteten Strukturen festhalten.

Und so stehen sie ständig unter Druck und werden von mehreren Seiten in die Zange genommen: Herkunftsland, Familie, Moschee und Community auf der einen Seite, die Mehrheitsgesellschaft auf der anderen. Sie sehen sich genötigt, den Islam gegen Kritik zu verteidigen, auch wenn sie ihm selbst in Teilen kritisch gegenüberstehen. Sie geraten in einen Teufelskreis aus Religion und Nationalismus und leiden unter der Angst, ihre Identität zu verlieren. Das geben sie jedoch nur selten zu, sondern verstecken diese Angst hinter Beleidigtsein, Schwingen der Rassismuskeule, Chauvinismus und moralischer Überlegenheit.

Nicht viel anders ist es bei manchen deutschen Nationalisten und Rechtsradikalen, die ihre Angst durch lautes Gebrüll und Demagogie übertönen. Und so wie die türkischstämmigen Erdoğan-Anhänger oft von der Wiederherstellung des Osmanischen Reiches träumen, träumen die deutschen Reichsbürger davon, dass das Rad sich zurückdreht und Deutschland in der Vergangenheit sein Glück findet. Doch keiner der beiden hat jemals im 19. Jahrhundert gelebt, und keiner weiß, wie schlimm es tatsächlich damals war. Man macht nur eine Utopie daraus, die sich als Zufluchtsort vor der Überforderung in einer sich rasant verändernden Welt herausbildet.

Die Nationalisten wollen nicht wirklich, dass der Islam sich reformiert oder dass Muslime sich wie Deutsche fühlen und benehmen. Im Gegenteil, sie fühlen sich sogar von gebildeten säkularen Muslimen, die in der Öffentlichkeit stehen, mehr provoziert als von Islamisten. In Wirklichkeit lieben sie die Islamisten, weil sie mit ihnen die rückwärtsgewandte Utopie teilen.

Diese Retroutopien sind extrem gefährlich, weil sie die Gegebenheiten der Gegenwart ignorieren und sich an einer idealisierten Vergangenheit orientieren. Nichts ist gefährlicher als eine Gesellschaft, in der die eine Seite Mohamed und die andere Seite Karl den Großen als politische und moralische Vorbilder sehen. Nichts ist gefährlicher als Gruppen, die den Individualismus zugunsten eines imaginären Kollektivs aufgeben. Denkverbote, Einschüchterung, Hass und Verschwörungstheorien sind die Vorboten dieser Geisteshaltung. Geistige Pogrome, Gewalt und Spaltung sind die Spätfolgen.

Wie die Globalisierung radikalen Kräften in die Hände spielt

In beiden Lagern treffen wir auf eine immer größer werdende Zahl an jungen Menschen, die sich nach einem starken Führer und nach absoluten Autoritäten sehnen, die ihnen Orientierung und Halt geben in einer sich rasant verändernden Welt. Dieses

Phänomen ist gekoppelt mit der Formung einer Identität, die auf Abgrenzung beruht. Wir gegen die anderen. Donald Trump ist mit der kontinuierlichen Bezugnahme auf diese Spaltung zum Präsidenten der USA gewählt worden.

In einer postmodernen Welt, in der Religion, Männlichkeit und Nation nicht mehr die Eckpfeiler einer stabilen Identität sind, wachsen Nationalismus, Chauvinismus und religiöser Fanatismus als Motoren einer Konterrevolution gegen die Aufklärung. Die Sehnsucht nach Stärke, Religion und Nation erzeugt die Phänomene, die wir jetzt in der Türkei, in Deutschland, in Russland und in Amerika sehen. Nicht nur Männer sind dafür anfällig, auch viele Frauen engagieren sich mittlerweile in rechten Gruppen und Parteien, die zurück zu den alten Gesellschaftsmodellen wollen, wo es noch klare Rollenzuteilungen gab. Bei Muslimen ist es der Islamismus, der auf viele und erschreckend junge Menschen eine unwiderstehliche Anziehungskraft ausübt. Auch auf Muslimas, die sich damit in die Rolle der Dienerin des Mannes fügen. Das merkwürdige daran ist: Diese Frauen, die ihre Freiheit für eine patriarchalische, islamistische Ideologie aufopfern, sehen sich keineswegs als willenlose Geschöpfte, sondern eher als Superheldinnen und Vorkämpferinnen für die Freiheit. Und das ist das Heimtückische an diesen Ideologien: Sie verkaufen den Menschen die Demagogie als Weisheit und die totale Unterwerfung als die wahre Freiheit. Wie ein Mann, der eine Domina besucht und sich von ihr misshandeln lässt und am Ende das Ganze als den Höhepunkt seiner sexuellen Freiheit versteht.

Das hat Folgen auch für die Integration. Unter Migranten, gerade unter den jüngeren, die bereits hier geboren wurden, herrschen Ambiguität, Ambivalenz und moralische Desorientierung. Es fehlt der Gründungsmythos einer gemeinsamen Identität für Deutsche und Migranten. In diese Lücke stoßen die Islamisten und andere rückwärtsgewandte Kräfte. Sie sagen, wenn alle Stricke reißen, entscheidet der Koran, der Prophet. Und die radikalen Rechten kommen und sagen, wenn alle Stricke reißen, entscheidet das Volk, dem man endlich seine Stimme zurückgeben müsse.

Die große philosophische Frage ist, wer hat die psychische Stärke, den schwierigen Weg zu gehen und die Ambivalenz auszuhalten? Wer ist bereit, für die Freiheit wirklich zu kämpfen und nicht nur ein paar Allgemeinplätze dazu von sich zu geben? Wer kann nicht nur seine Argumente und Bedürfnisse abwägen, sondern sich in die Lage des anderen versetzen, um multiperspektivisch zu denken und zu entscheiden?

Die Konflikte und die starke Polarisierung im Lande lassen dafür kaum einen Spielraum. Die Vernünftigen sind zwar immer noch in der Mehrzahl, aber die Konkurrenz schläft nicht. Und die Angst steckt mehr Menschen an als Mut. Die Ideologen kommen mit einfachen, aber attraktiven Identitätskonzepten. Sie bieten ihren Anhängern nicht nur Anerkennung, sondern Macht an. Sie werten sich auf, indem sie andere abwerten. Sie genießen es, dass andere Angst vor ihnen haben. Sie sprechen nicht nur die Sorgen der Menschen an, sondern berauschen sie mit Allmachtsfantasien. Sie bieten ihnen nicht nur Teilhabe und Halt, sondern auch die Aussicht, bald wieder zu den Siegern zu gehören.

Das, was Islamisten mit ihren Gegnern machen, machen auch radikale Rechte mit Menschen, die anderer Meinung sind: Sie schüchtern sie ein, brüllen sie nieder, sie schimpfen über die Medien, die »Lügenpresse«, sie verachten die Politiker und die Staatsorgane. Sie kämpfen nicht für die Freiheit, wie sie immer behaupten, sondern sehnen sich nach der Demontage der offenen, freien Gesellschaft, damit sie ihre totalitäre Ideologie umsetzen können.

Nach außen hin scheinen Islamisten und Rechte sich zu hassen. Aber Islamisten verachten die Linken und ihre Werte mehr, auch wenn diese für Islamisten im Moment nützlicher sind. Denn die Linken stehen für sexuelle Freiheit, Meinungsfreiheit, Geschlechtergerechtigkeit, Offenheit gegenüber Homosexualität und viele andere Werte mehr, die die Islamisten verachten. Auch die Rechtsextremisten hassen Islamisten nicht, denn sie liefern ihnen Munition für ihre Politik, die auf Angst basiert. Nicht die radikalen Muslime sind Zielscheiben ihres Hasses, sondern die erfolgreichen säkularen Migrantenkinder mit muslimischem Hintergrund. Denn diese beweisen, dass nicht alle Muslime gleich sind und dass eine Integration doch möglich ist.

Noch ist die Mitte der Gesellschaft größer als die Ränder. Aber diese Mitte wird immer sprachloser. Die Ränder sind nicht nur lauter, sondern verfügen auch über die besseren Mobilisierungsstrategien. Fakt ist: Europa wandelt sich, mit, ohne und gegen den Islam. Auch der Islam wandelt sich, mit, ohne oder gegen Europa. Doch für beide war der Begriff »Wandel« nie wirklich attraktiv. Anders als in Amerika, wo dieser Begriff positiv besetzt ist und von Optimismus getragen wird, verunsichert er viele in Europa und in der islamischen Welt. Während Barack Obama in Amerika mit dem Aufruf »Change« und »Yes, we can« die Präsidentschaftswahlen 2008 gewonnen hat, machen viele europäische Politiker Wahlkampf damit, entweder den Menschen Angst vor dem Wandel einzujagen oder sich als Garanten für Stabilität in einer durch den Wandel aus den Fugen geratenen Welt zu präsentieren. Ob ein Wandel gut oder schlecht ist, hängt immer davon ab, wie man diesen Wandel gestaltet.

Die Frage aber bleibt, wer verändert wen mehr: Europa den Islam oder der Islam Europa? Und auf wessen Kosten geschieht der Wandel? Im Sinne der hegelschen Dialektik gibt es zu jeder These eine Antithese. Später entsteht eine Synthese. Überreaktionen und Empörung können darauf hindeuten, dass momentan keine Synthese entsteht, sondern eher eine Unterwanderung. Sie können ein Beleg für die große Gefahr sein, dass Europa sich gerade selbst aufgibt.

Es könnte aber auch ganz anders sein: Die lauten Schreie der Empörung können genauso gut die Geburtswehen einer neuen Welt sein, in der die Kulturen sich näherkommen und voneinander lernen. Die dunklen Momente der Geschichte waren nie das Ende der Geschichte, sondern der Beginn eines Prozesses, an dessen Ende die Synthese stand. Der Zweite Weltkrieg ist in der jüngeren Vergangenheit der beste Beweis dafür.

Diese Synthese sollte aber ein tragfähiges Konzept hervorbringen für ein stabiles Gemeinwesen und ein friedliches Zusammenleben. Wir brauchen keine Synthese von Islam und Europa, sondern von Freiheit und Verantwortung; von Spiritualität und Vernunft; von Toleranz und Wachsamkeit.

10

Synthese bedeutet nicht Burkini

Warum manche Werte nicht verhandelbar sein sollten

Synthese bedeutet nicht, dass man einen Kompromiss zwischen Freiheit und Unfreiheit macht. Es gehört zwar zum politischen Ritual, immer wieder zu behaupten, dass unsere Freiheit und unser Grundgesetz nicht verhandelbar sind. Aber ist es wirklich so? Überprüfen wir es doch einmal! Der Tierschutz ist Bestandteil unseres Grundgesetzes. Das Schächten von Tieren ist per Gesetz nicht erlaubt. Dennoch gibt es Ausnahmen. Warum? Weil Muslime und Juden im Namen der Glaubensfreiheit, die im Artikel 4 des Grundgesetzes verankert ist, *halal*- bzw. koscheres Fleisch essen wollen. Und das, obwohl die Bundestierärztekammer schon 2007 Schächten als Tierquälerei bewertet und eine strikte Einhaltung des Verbotes gefordert hat. Gegenüber dem ARD-Politmagazin *Report Mainz* erklärte die Kammer, es würden an die 500 000 Schafe jährlich ohne Betäubung geschächtet und minutenlang einen qualvollen Tod erleiden, bis sie vollkommen ausbluten.

Das Recht auf körperliche Unversehrtheit ist in Artikel 2 garantiert. Trotzdem erlauben wir die Beschneidung von Kindern, weil das für Muslime und Juden ein Teil ihrer Tradition ist. Viele Mediziner und Psychotherapeuten warnen seit Jahren davor, dass die Beschneidung von Jungen nachhaltige körperliche und psychische Konsequenzen haben könnte. Professor Matthias Franz, Facharzt für Psychosomatische Medizin und Psychotherapie und Psychoanalytiker an der Heinrich-Heine-Universität Düsseldorf, hat zu diesem Thema 2012 eine Untersuchung durchgeführt. Er spricht schon von einem »genitalen Trauma« und fordert eine breite gesellschaftliche Debatte und ein Handeln der Politik. Anders als bei der Genitalbeschneidung von Mädchen haben weder das eine noch das andere bislang stattgefunden.

Kinderehen sind per Gesetz verboten, doch Ausnahmen sind möglich. So dürfen Minderjährige ab 16 heiraten, wenn ein Partner volljährig ist und die Eltern der Ehe zustimmen. Bei Jüngeren behalten sich die Gerichte einen Entscheidungsspielraum vor. Ist einer der Partner allerdings jünger als 14, ist eine Eheschließung nicht möglich. Ein Blick in die Statistiken offenbart, dass kaum »Biodeutsche« eine solche Kinderehe eingehen, wohl aber Muslime, denn im Islam ist dies erlaubt. Mit dem Zustrom der Flüchtlinge hat auch das Problem der Kinderehen zugenommen. Lange konnte man nur spekulieren, erst 2016 veröffentlichte das Innenministerium erste Zahlen: Demnach waren 1475 minderjährig verheiratete Flüchtlinge registriert, 361 davon unter 14 Jahren und deutlich mehr Mädchen als Jungen. Die Dunkelziffer dürfte noch höher liegen. Als Stimmen lauter wurden, diese »Auslandskinderehen« aufzuheben, sprach sich Aydan Özoğuz, Beauftragte der Bundesregierung für Migration, Flüchtlinge und Integration, gegen ein generelles Verbot von Kinderehen aus. Mit der Begründung, man müsse Rücksicht nehmen auf Paare und Familien, die bereits in einem solchen Konstrukt lebten, man dürfe sie nicht einfach so auseinanderreißen. Diese Auslandskinderehen sind ein schwieriges Thema, gerade wenn es um Flüchtlinge geht. Da haben ein sehr junges Mädchen und ein etwas älterer Junge den Weg bis nach Europa geschafft, er hat sie zusammengeschweißt, auch wenn ihre Verbindung vermutlich über ihre Köpfe hinweg arrangiert worden ist. Und nun kommt das Land, von dem sie sich Halt und Hilfe erhofft haben daher und sagt: alles falsch? Hier muss sicher eine genaue Einzelfallprüfung gemacht werden, um Schaden von den jungen Eheleuten abzuwenden. Ganz grundsätzlich aber sollte eine Diskussion darüber geführt werden, ob Ehen von Minderjährigen nicht im Widerspruch zu den Grundrechten stehen und warum man Ausnahmen zulässt.

Eine weitere Forderung, die unter anderem Abgeordnete der CDU/CSU angesichts der Zahlen des Innenministeriums stellten, lautete, dass künftig deutsches Recht gelten müsse, wenn zwei ausländische Staatsangehörige hier heiraten wollen. Bislang gilt das Recht jenes Staates, dem die Eheleute bisher angehörten. Und wenn dort Kinderehen erlaubt sind … Immerhin: 2017 brachte der Justizminister ein Gesetz auf den Weg, das Eheschließungen in Deutschland ausnahmslos für Volljährige erlauben soll. Zudem sollen Ehen grundsätzlich unwirksam sein, wenn einer der Partner noch keine 16 ist. Ein längst fälliger Schritt.

Was sagt uns das? Religion hat Vorrang vor Kinderrechten, Frauenrechten und Tierrechten im Grundgesetz. Es steht darin zwar, dass man nicht aufgrund seiner Religion diskriminiert werden darf, aber es steht dort ebenfalls, dass niemand aufgrund seiner Religion bevorzugt werden darf. Trotzdem werden ständig Ausnahmen gemacht, und zwar unter Berufung auf die Religion – wobei die Debatten über Schwimmunterricht oder schweinefleischfreie (Schul-)Kantinen zwar medienwirksam sein mögen, aber die ganze Dimension nicht offenlegen. Denn es geht auch darum, dass wir, wie bereits dargelegt, ethnisch-nationalen Vereinen, die zum Teil vom Ausland gelenkt werden und die die Voraussetzungen einer Glaubensgemeinschaft nicht erfüllen, gestatten, den Islamunterricht an deutschen Schulen mitzuorganisieren und Lehrerlaubnisse zu erteilen. Staat und Kirchen werten die konservativen Islamverbände auf und überhäufen sie mit Fördergeldern, doch säkulare und kritische Muslime werden übergangen und sogar angefeindet. Längst diskutiert man auch darüber, das Kopftuch bei Lehrerinnen und Richterinnen zu erlauben, und gefährdet damit die Neutralität dieser Ämter. Das macht man im Namen der Toleranz und in der Hoffnung, dass Muslime sich dadurch besser integrieren. Aber so erreicht man keine gelungene Integration, so verfestigt man das Anspruchsdenken des reaktionären Islam.

Nicht nur die Politik knickt hier ein. Die Lebensmittelkette Lidl retuschierte 2017 orthodoxe Kreuze von klassischen Fotos, mit denen griechische Produkte wie Fetakäse beworben werden – etwa Abbildungen der Insel Santorin mit ihren weißen Kuppelkirchen. Nach einem Sturm der Empörung sprach der Konzern von »einem Fehler«. Tatsächlich hatte man muslimische Käufer nicht verprellen wollen. Passend dazu legten die beiden höchsten Kirchenvertreter Deutschlands – Heinrich Bedford-Strohm und Kardinal Marx – im Namen des Respekts gegenüber Muslimen ihre Kreuze ab, als sie den Felsendom in Jerusalem besuchten.

Ist das nun Respekt vor den »Gastgebern« oder Verleugnung des Glaubens, wie Jan Fleischhauer in einer Kolumne des Magazins *Spiegel* mutmaßte? Kunstausstellungen verzichten auf Bilder, auf denen Mekka zu sehen ist. Theater können Voltaires Satire über Mohamed nicht aufführen. Die Mohamed-Karikaturen können nach wie vor in Deutschland nicht abgedruckt werden. Im Freibad der Stadt Neuss wurde die traditionelle Bockwurst abgeschafft, weil Schweinefleisch von Muslimen ungerne gesehen wird. Liegt das wirklich daran, dass man tolerant sein will, oder hat man Angst vor Ärger? Warum schafft man nicht das Essen von Rindfleisch ab aus Respekt vor den Hindus? Warum nicht gleich das Fleischessen verbieten aus Rücksicht auf Vegetarier und Veganer? Vermutlich, weil Hindus und Vegetarier nicht mit Gewalt drohen. Die Liste ließe sich beliebig fortsetzen.

Das Dumme daran ist, dass man mit solchen Aktionen letztendlich seine Angst ins Gewand der Toleranz kleidet. Dass man damit keine Rücksicht auf die Vielfalt nimmt, sondern ihr ein jähes Ende bereitet. Selbst die Justiz nimmt bereits des Öfteren bei der Urteilsverkündung Rücksicht auf kulturelle und politische Gegebenheiten der islamischen Welt. So hatte Kuwait Airways sich 2016 geweigert, einen israelischen Passagier von Frankfurt nach Bangkok zu befördern, was eigentlich gegen deutsches Recht verstößt. Der Passagier hatte bereits ein gültiges Ticket erworben, beim Einchecken kurz vor dem Abflug hatte er seine Buchung aber nicht öffnen können. Weil auf der Website bei der Erfassung der Fluggastdaten in der Rubrik Nationalität die israelische nicht vorgesehen war. Nach Rückfrage bei der Airline per E-Mail erhielt er den lapidaren Hinweis: »Tut uns leid, wir müssen das Ticket stornieren, es hätte gar nicht an Sie verkauft werden dürfen.« Die Kuwaitis beriefen sich auf ihr Heimatgesetz – und ein deutsches Gericht gab ihnen recht, unter Umgehung des deutschen Luftverkehrsgesetzes.

Dass die Justiz einen klaren Akt des Antisemitismus im Namen der kulturellen Befindlichkeit nicht ahndet, ist ein Skandal. Und es ist nicht der einzige: Nach den Ereignissen in der Silvesternacht in Köln empfiehlt die Bürgermeisterin Frauen, beim Feiern zwischen sich und Männern eine Armlänge Abstand zu halten. Nach einer Vergewaltigung regt der Sprecher der Polizei Leipzig an, »besser zu zweit joggen zu gehen« und »nach dem Überholen [von Leuten] sicherheitshalber einen Blick zurückzuwerfen«. Schulen empfehlen Schülerinnen, keine engen Jeans und keine kurzen Röcke mehr zu tragen. In Berlin-Mitte lehnt ein Imbissverkäufer es ab, Juden zu bedienen. In Neukölln und Kreuzberg begibt sich ein Jude in ernsthafte Gefahr, wenn er in der Öffentlichkeit Kippa trägt. Gleichzeitig können dort muslimische Demonstranten demonstrieren und ungestört vor den Augen der Polizei »Juden ins Gas« und »Jude, Jude, du armes Schwein, komm heraus und kämpfe allein!« skandieren.

Das sind keineswegs Einzelfälle. Inwieweit stimmt es also noch, dass unsere Freiheit und unser Grundgesetz nicht verhandelbar sind? Haben wir das Heft noch in der Hand, oder geben wir Schritt für Schritt ein wenig mehr nach, um des lieben Friedens willen? Dieser Frieden ist ein trügerischer. Wenn wir weiterhin in den unterschiedlichsten Bereichen klein beigeben, werden wir auf lange Sicht all das preisgeben, was unsere Gesellschaft ausmacht. Die Lautstarken und die Intoleranten werden gewinnen, weil wir die Freiheit zwar regelmäßig mit sinnentleerten Floskeln preisen, aber wenn es darauf ankommt, nicht bereit oder in der Lage sind, diese Freiheit auch gegen ihre Feinde zu verteidigen. Diese Freiheit ist aber die Voraussetzung dafür, dass die Demokratie funktioniert und wehrhaft bleibt. Wenn wir uns genauso vehement für unsere Werte einsetzen würden wie die Intoleranten für ihre, könnten wir die Demokratie noch retten. Wenn wir endlich begreifen würden, dass das Beste, was wir auch Menschen aus anderen Herkunftsländern anbieten können, die Freiheit ist, nicht die Duldung der Unfreiheit, wäre viel gewonnen.

So gesehen mache ich mir keine Sorgen wegen einer drohenden Islamisierung Deutschlands. Vielmehr mache ich mir Sorgen wegen der Gleichgültigkeit und der Nachgiebigkeit der westlichen Zivilisation. Denn niemand kann eine Zivilisation zerstören, ehe sie sich nicht selbst aufgibt und von innen zerstört!

Tatsächlich sind diese Zersetzungstendenzen bereits weit fortgeschritten. Begünstigt von einer Gesellschaft, die sich ihrer Versäumnisse bei der Integration der ersten Generationen der Migranten und ihrer Nachkommen sehr wohl bewusst ist. Die sich schuldig fühlt und bereit ist, Kompromisse einzugehen, in der Hoffnung, etwas »wiedergutzumachen«. Diese Bereitschaft wird von Kräften instrumentalisiert, die diese Versäumnisse für ihre Zwecke zu nutzen wissen. Zu diesen Kräften gehören politische Strömungen, die schon immer gegen Toleranz, Vielfalt, eine offene Gesellschaft und Multikulti waren, deren Unkenrufe sich zum Teil bewahrheitet haben (auch wenn die Gründe dafür keine Rolle spielen) und deren Ressentiments in der Mitte der Gesellschaft angekommen sind. Sie schreiben sich heute auf die Fahnen, die Politik vor sich hertreiben zu können. Zu diesen Kräften gehört auch der politische Islam, der mit Integration in dem Sinne, wie er von europäischen Kulturen verstanden wird, nicht viel am Hut hat. Der von einer Überlegenheit des Islam ausgeht und – wie in den Kapiteln 7 und 9 dargelegt – in seiner konservativen Auslegung nicht kompatibel mit westlichen Kulturen ist. Zu diesen Kräften gehören aber auch solche, die man dort nicht vermuten würde.

Muslimische Migranten zwischen drei Rassismen

Eigentlich sind Religionskritik, Antiautoritarismus, Einsatz für Meinungsfreiheit, Freiheit der Kunst, sexuelle Freiheit und Kampf für Frauenrechte traditionell linke Spezialgebiete. Es sei denn, es handelt sich um den Islam, dann wird so manches ganz anders bewertet. Während die Linken nichts dagegen haben, wenn Jesus, Moses und Buddha durch den satirischen Kakao gezogen werden, bezeichnen viele Linke eine Karikatur von Mohamed als Angriff auf Muslime. Hat die Linke die Nacktheit und die sexuelle Freizügigkeit zelebriert und das prüde, spießige Bürgertum der 1960er-Jahre kritisiert, bleibt sie, mit wenigen Ausnahmen, stumm, wenn es um die strenge Sexualmoral, die Kontrolle der weiblichen Sexualität und die Homophobie im Islam geht. Und nicht nur das. Das Kopftuch, das ein Symbol der Geschlechtertrennung ist, wird neuerdings von manchen linken Neofeministinnen als ein »Symbol der Selbstbestimmung« deklariert. Heute gilt es eher als rechts, eine Kultur zu kritisieren, in der die Ehre der Frau mit ihrer Jungfräulichkeit verknüpft wird und wo die Sexualmoral noch prüder und spießiger ist als seinerzeit die der Deutschen. Linke, die kein Problem haben, mit Muslimbrüdern gemeinsame Sache zu machen, halten Islamkritik für islamophob und bigott. Man will, dass Muslime als gleichberechtigt behandelt werden, erwartet von ihnen aber weniger als das, was man von sich selbst erwartet.

Wie kann man diese Schizophrenie erklären? Eigentlich bräuchte man dafür einen Psychoanalytiker, denn es stecken gleich mehrere Komplexe dahinter. Der Beschützerinstinkt beziehungsweise Beschützerkomplex ist der erste. Die Linken wollten und wollen stets ihre schützende Hand über eine schwache Gruppe halten. Früher waren es das Proletariat und – als dieser Begriff langsam verschwand – die Arbeiter. Dann entdeckte man die sogenannte Dritte Welt, die vor Imperialismus und Kapitalismus geschützt werden sollte. Schließlich kamen Gastarbeiter, Migranten, Asylsuchende, und die Linke bot sich an als engagierter Kämpfer für die Rechte der Entrechteten. Daraus sind auch enge Bindungen zu Muslimen als Kollektiv entstanden, was leider weniger dem einzelnen Muslim bei der Integration geholfen hat, wohl aber dem politischen Islam beim Ausbau seiner Infrastrukturen.

Wenngleich sich die Linke als Vorkämpferin für die Freiheit sieht, hat sie immer auch nicht nur eine Schwäche für utopieorientierte Kollektive gehabt, sondern auch für diktatorische

Strukturen. Man denke an die Unterstützung der westlichen Linken für Stalin, Khomeini, Arafat, Öcalan und Fidel Castro. Dahinter steckt ein weiterer Komplex: Antiamerikanismus und Antiisraelismus. Da der politische Islam diesen Hass auf Amerika und Israel teilt, ist er ein natürlicher Verbündeter.

Die Linke wusste immer, die Opfer zu hierarchisieren. Dabei stehen Muslime, die Opfer des politischen Islam, sowie Frauen, die Opfer patriarchalischer Unterdrückung werden, auf einer niedrigen Stufe. Denn aus der Sicht der Linken sind Muslime als Kollektiv in erster Linie Opfer des Westens, des Kolonialismus und des Imperialismus.

Sie werden nun vielleicht sagen: Moment! Man darf doch nicht alle Linken und alle Feministinnen in einen Topf werfen. Schließlich gibt es genug Linke und genügend Feministinnen, die den Islam und seine Machtansprüche kritisieren. Da gebe ich Ihnen recht, natürlich gibt es die. Man hört sie nur zu selten, ihre Stimmen gehen unter in jenem dominanten Diskurs, der unter dem Deckmantel des Antirassismus versucht, alle kritischen Stimmen zum Thema Islam oder Migration zu diskreditieren oder, noch besser, zum Schweigen zu bringen. Ich zum Beispiel werde mittlerweile nicht nur von manchen Muslimen als Hetzer und Islamhasser bezeichnet, sondern von vielen, die sich als Antifaschisten bezeichnet. Auf mich wurden brennende Kerzen geworfen, als ich in Dachau auf dem Weg zu einem Vortrag war, zu dem die AfD mich eingeladen hatte. Es spielte keine Rolle, dass ich in meinem Vortrag den Umgang mit der Flüchtlingskrise und die Politik der Angst kritisierte, die die Partei betreibt, es zählte nur, dass ich überhaupt bei der AfD auftrat.

Als ich im November 2017 ein Bild von einem kleinen Mädchen mit Kopftuch sah, das bei einem Fußballländerspiel zwischen Deutschland und England mit den Kickern ins Stadion einlief, postete ich einen Kommentar auf Facebook.

Darin kritisierte ich die Instrumentalisierung des Mädchens für den politischen Islam, der damit für alle sichtbar auch die Fußballwelt erobert hatte. Die Zeitung *Huffington Post* schrieb einen Artikel über meinen Kommentar mit dem Titel »Muslim teilt ein Bild vom Länderspiel und hetzt gegen ein kleines Mädchen mit Kopftuch«. Für sie war das Mädchen nicht ein Opfer von Indoktrinierung und Zwang durch ihre Eltern und die Community, die es so früh in dieses Korsett hineinpressten, sondern ein Opfer meiner angeblichen Hetze. So funktioniert ideologischer Journalismus.

Diese Journalisten vergessen bei ihrer Suche nach Opfern, die sie in Schutz nehmen können, allerdings die wahren Täter – nämlich erstens die, die dem Kind ein Kopftuch aufnötigen, und zweitens die, die jenes Foto in Zukunft dafür nutzen werden, weitere Kinder vom Tragen des Tuches zu überzeugen. Stattdessen stellen sie die Kritiker dieses patriarchalischen Unterdrückungsinstrumentes an den Pranger. Dass die beiden Autoren des Artikels mich als Muslim bezeichnet haben, passt eigentlich gar nicht zum linken Milieu. Die *Huffington Post* würde niemals schreiben: »Muslim vergewaltigt«, »Muslim klaut« oder »Muslim tötet«, wenn es um muslimische Straftäter geht. Das wäre ja ein Verstoß gegen den journalistischen Kodex. Doch zu schreiben »Muslim hetzt«, wenn es um einen Islamkritiker geht, scheint gegen nichts zu verstoßen!

Auf Facebook wurde ich mehrmals gesperrt, weil Islamisten organisierte Kampagnen gegen meinen Account gestartet haben. Merkwürdigerweise wurden die islamistischen Accounts nicht gesperrt, die 2013 zur meiner Ermordung aufriefen, mit einem Foto und dem Schriftzug »Wanted dead«, obwohl nicht nur ich, sondern viele Facebook-Nutzer das Unternehmen informierten. Auch auf Twitter wurde ich schon ohne Grund gesperrt, obwohl ich dort ein Jahr lang nichts gepostet hatte. Erst als ein Rechtsanwalt Twitter anschrieb und nach

Aufklärung fragte, wurde mein Account, auch ohne Angabe von Gründen, wieder freigeschaltet. Das ist kein Einzelfall. Im Namen des Kampfes gegen Hass und Rassismus werden viele Accounts bei Facebook, Twitter und YouTube gesperrt und sogar endgültig gelöscht, nur weil sie sich kritisch zum Islam oder zur Flüchtlingskrise äußern. Seiten, die Hass gegen den Westen und gegen Israel schüren, bleiben dagegen in der Regel unberührt. Das verkrampft die Stimmung und verhindert eine ehrliche Debatte über Probleme, die wir ohne diese Debatte nie lösen können.

Es ist kein Beitrag zu einer ehrlichen Debatte und auch nicht zu einem gedeihlichen Zusammenleben, wenn Linke sich einerseits nicht gegen Auftritte von Salafisten und Hasspredigern wehren, andererseits aber das »Foyergespräch« mit Thilo Sarrazin im Berliner Ensemble verhindern. Es ist kein Beitrag zum Frieden, wenn Linke bei Anti-Israel-Kundgebungen mitmarschieren, wo gerufen wird »Juden ins Gas« oder »Jude, Jude, armes Schwein, komm nach draußen und kämpfe allein!«. Es ist kein Beitrag zur inneren Sicherheit, wenn Gewaltexzesse wie beim G-20-Treffen in Hamburg 2017 als legitimer Widerstand bezeichnet werden.

Aus solchen Haltungen spricht mangelnde Differenzierung, Einseitigkeit, Demagogie und Diskursunfähigkeit – und damit ähneln manche Linke exakt manchen Rechten. Nach meinem Vortrag bei der AfD in Dachau waren viele Anhänger der Partei sauer auf mich, weil ich nicht nur – wie von ihnen erwartet – den Islam kritisiert hatte, sondern auch die Art und Weise, wie die AfD Wahlkampf machte. Ich warnte vor geistiger Brandstiftung, was nicht bei allen Zuhörern auf Gegenliebe stieß. Fairerweise muss ich sagen, dass mir auch einige AfD-Parteimitglieder und -Anhänger darin zustimmten, dass die Partei sich deutlich vom radikalen Rand abgrenzen sollte und sich auf konstruktive Vorschläge zur Lösung der Probleme im

Lande konzentrieren sollte. Doch wie die letzten Landtagswahlen und die Bundestagswahl gezeigt haben, scheint das Gefühl der Parteiführung, dass man mehr Stimmen gewinnen kann, indem man einen radikalen Diskurs führt und beim Wähler das dumpfe Gefühl der Angst und der Ohnmacht anspricht, nicht getrogen zu haben.

Im November 2017 hielt ich einen Vortrag in Chemnitz, in dem es um die Frage ging, ob der Islam reformierbar ist. Die Grundlage dafür war ein Buch, das ich gemeinsam mit Mouhanad Khorchide verfasst hatte. Nach dem Vortrag wurden die meisten Fragen jedoch zur Integration von Flüchtlingen gestellt. Ich sagte, dass man nicht alle Flüchtlinge in einen Topf werfen dürfe; viele würden dieses Land schätzen und sich bald gut integrieren, andere dagegen würden tatsächlich kulturelle, ideologische und persönliche Probleme mitbringen, die eine Integration erschweren würden. Kurz, ich plädierte für eine differenzierte Sichtweise, womit Teile des Publikums ein Problem hatten. Eine Dame stand auf und behauptete, Frau Merkel sei eine Verräterin, die die Flüchtlingskrise ausnutze, um Deutschland zu zerstören. Fast die Hälfte der Anwesenden im Saal applaudierte lautstark. Ich entgegnete, dass ich mit der Politik der Kanzlerin zwar in vielen Punkten nicht einverstanden sei, aber als Politikwissenschaftler und Demokrat diese Behauptung nicht unwidersprochen stehen lassen könne. Wer wirklich ein Interesse an einem ernsthaften Diskurs habe, müsse mit Argumenten und Vorschlägen kommen, statt Politiker als »Verräter« und die Medien pauschal als »Lügenpresse« zu verleumden. Wer nur Verschwörungstheorien vorbringe, stelle sich selbst außerhalb des Diskurses und dürfe sich nicht beschweren, wenn er nicht ernst genommen werde.

Da applaudierte die zweite Hälfte, doch einige verließen den Saal aus Protest, noch während ich redete. Ich verabschiedete jeden Einzelnen mit »Auf Wiedersehen«. Nach dem Ende der Veranstaltung kam ein älterer Herr auf mich zu und brüllte mich wütend an: »Sie sollten lieber im Herzen deutsch bleiben, sonst müssen wir euch alle wieder nach Hause schicken.« Darüber konnte ich nur lachen. Andere haben sich für sein Benehmen bei mir entschuldigt. Einer sagte: »Die Menschen haben einfach Angst, dass die Politiker die Kontrolle über die Lage verlieren.« Ich antwortete: »Das mag schon sein. Aber ich muss keinen Respekt vor der Angst derer haben, die keinen Respekt vor der Menschenwürde haben!« Ich konnte darüber lachen, weil ich mich wehren konnte, aber viele junge Migranten verfügen nicht über die probaten Mittel, um sich gegen diese Form von Diskriminierung zu wehren.

Am Ende gab es doch noch etwas Versöhnliches: Eine Dame, die ganz vorne gesessen und bei beiden Statements applaudiert hatte, kam auf mich zu und sagte: »Danke für Ihr Schlusswort. Das war mir wichtiger als der ganze Vortrag. Wir haben selten die Möglichkeit, über solche Themen sachlich zu diskutieren, deshalb bin ich froh, dass Sie nach Chemnitz gekommen sind!« Und genau solche Gelegenheiten gibt es viel zu selten. Beide Seiten nehmen die Debatte als Geisel, indem schnell der moralisierende Zeigefinger gehoben oder auf Empörungsmodus umgeschaltet wird. So gerät man nur noch weiter in die Einbahnstraße hinein.

Aber nicht nur die Linken und die Rechten verhindern eine ehrliche Debatte. Die Politik und die Wirtschaft haben Interessen in der arabischen Welt und der Türkei, sie wollen weder Partnerschaften noch Exportdeals gefährden. Außerdem gehören die reichen Scheichs aus Katar und Saudi-Arabien mittlerweile zu den großzügigsten Investoren und Aktionären bei den führenden Dax-Unternehmen. In unserer globalisierten Welt ist es schwierig, hier »klare Kante« zu zeigen, zu eng ist alles miteinander verwoben, es bleiben zaghafte »mahnende« Worte, die sehr viel mit Goodwill zu tun haben, aber kein echtes

Druckmittel sind. Hinzu kommen offene und verdeckte Lobbyisten an relevanten Stellen, die Kritik oder die Forderung nach Reformen sofort als Islamophobie abstempeln. Ein Reflex, der auch bei den muslimischen Verbänden in Deutschland immer wieder zu beobachten ist. Sie haben auch offensichtlich kein Interesse daran, liberale Muslime im Land ernsthaft zu unterstützen. Sicher, es gibt manche Lippenbekenntnisse. Aber keine klare Abgrenzung. Chancen, wie jene Demo in Köln, bei der man unter dem Motto »Nicht mit uns« ein Zeichen gegen den Terrorismus im Namen des Islam setzen wollte, wurden vertan. Der türkische Verband DITIB, der Millionen von Steuergeldern kassiert, um die angebliche Integrationsarbeit und Deradikalisierung von jungen Muslimen voranzutreiben, weigerte sich nicht nur, an der Antiterrordemo teilzunehmen, sondern verbarg auch seine Schadenfreude über die geringe Beteiligung daran nicht. Und als in Berlin die liberale Moschee eingeweiht worden war, stempelte nicht nur die Fatwa-Behörde in Ägypten, sondern auch einige Islamverbände in Deutschland diese als »unislamisch« ab, weil sie die traditionellen Regeln des Gebets nicht achte. Breites Schweigen auch, als die türkischen Medien eine Hetzkampagne mit Lügen und Diffamierung gegen Seyran Ateş starteten, eine der Initiatorinnen.

Man könnte nun sagen, dass von DITIB und von den türkischen Medien nichts anderes zu erwarten war. Wo aber blieb – und wo bleibt – die friedliche, schweigende Mehrheit der Muslime? Warum lässt sie zu, dass der politische Islam die größte Mobilisierungskraft im Land behält? Warum überlässt man den reaktionären und radikalen Kräften den öffentlichen Raum, um sich dann darüber zu beschweren, dass das Bild des Islam in der Öffentlichkeit schlecht ist? Wer soll dieses Bild denn ändern wenn nicht sie? Warum stehen sie also nicht endlich auf und verschaffen sich Gehör? Wenn wir in diesem

Land auch in Zukunft ein friedliches Miteinander haben wollen, brauchen wir solche Initiativen, wir brauchen Muslime, die sie unterstützen, um jenen Kräften das Wasser abzugraben, die nur darauf warten, diese Demokratie zu zerstören.

Das Problem ist, dass bislang nur der politische Islam die Massen mobilisieren konnte. Das gelingt ihm, weil er das Geld und die Infrastruktur dafür hat und weil er mit Hass, Verschwörungstheorien und der Aussicht auf politischen Machtgewinn arbeitet. Das spricht viele junge Muslime an, die in der Familie und der Moschee mit dem Opferdiskurs sozialisiert wurden und dann bei Demos gegen Israel, gegen die Mohamed-Karikaturen oder für die Errichtung eines aus ihrer Sicht starken Regimes in der Türkei, das dem Westen die Stirn bietet, eine gewisse Größe und Bedeutung verspüren, die ihnen sonst fehlt. Dabei spielt es keine Rolle, ob das ein empfundenes Manko ist oder ein tatsächliches.

Der organisierte Islam bemüht sich um die Massen und bietet sich als Gesprächspartner für die Politik nur dann an, wenn er die Aussicht auf mehr Geld und mehr politische Einflussnahme hat. Hinter diesen Lippenbekenntnissen und der Islamapologetik verbirgt sich der Zweck, der das Mittel heiligt. Wollen liberale Muslime das? Und: Was hätte ein liberaler Islam, falls es ihn tatsächlich gibt, zu bieten?

Die Antiterrordemo und die liberale Moschee wären eine Bewährungsprobe gewesen genau für diese friedlichen Muslime. Man hätte nicht zwingend bei der Demo mitlaufen oder in der liberalen Moschee mitbeten müssen. Aber das Mindeste, was man hätte erwarten können, wäre gewesen, das Motto der Demo in die Tat umzusetzen und Solidarität mit der Moschee zu zeigen, die so sehr unter Beschuss geriet. Doch die schweigende Mehrheit hat auch in diesem Fall geschwiegen. Sie ist für mich deshalb nicht friedlich, sondern passiv, wie die schweigende Mehrheit der Deutschen, die zwischen 1933 und

1945 geschwiegen und zugelassen hat, dass das Land sich und die Welt ins Elend stürzte! Niemand hat sie im Nachhinein dafür gelobt oder in Schutz genommen, weil sie selbst persönlich niemanden erschossen oder ins Gas geschickt haben. Der Satz »Wehret den Anfängen«, einst formuliert angesichts eines drohenden Krieges mit Frankreich 1840, hat auch im 21. Jahrhundert seine Gültigkeit nicht verloren.

Die Tatsache, dass die Politik die konservativen Islamverbände weiterhin als Partner betrachtet, weil sie angeblich die Mehrzahl der Muslime vertreten, ist ein fatales Signal. Es belohnt letztlich jene, die die Mittel und Gelder haben, ihren reaktionären Diskurs weiterzuführen und sich auch in Zukunft Einflussnahme zu sichern. Ich frage mich, ob es nicht an der Zeit ist, den organisierten Islam als Teil des Problems zu sehen und zu erkennen, dass er jeder Liberalisierung entgegensteht. Ist es nicht endlich an der Zeit, von Muslimen nicht als Kollektiv, sondern als Individuen zu verlangen, das zu leisten, was im Gegenzug von der deutschen Mehrheitsgesellschaft immer wieder verlangt wird? Nämlich Ächtung von Hass und Gewalt und mehr Toleranz und Akzeptanz von Vielfalt und Selbstbestimmung zu zeigen. Und was die Muslime selbst angeht: Es ist richtig, wenn sie sich gegen Rassismus von rechts wehren, aber auch der Rassismus von links und jener, der von muslimischer Seite dem Westen entgegengebracht wird, ist gefährlich. Er verhindert nicht nur die Integration, sondern gefährdet den Zusammenhalt dieser Gesellschaft.

11

Flüchtlinge

Bremser oder Motoren einer gelungenen Integration?

Bevor Politik und Gesellschaft auch nur ansatzweise eine Strategie entwickelt hatten, um die vielen Probleme der Integration zu lösen, strömten rund 1,5 Millionen Flüchtlinge allein in den letzten zwei Jahren ins Land. Lange wurde debattiert, ob es richtig war oder nicht, die Grenzen zu öffnen und all diese Menschen ohne genauere Überprüfung aufzunehmen. Darin liegt aus meiner Sicht der größte Unterschied zum Umgang mit Flüchtlingen in der Vergangenheit. Man fühlte den Vietnamesen, die hierherkamen, auf den Zahn, ob sie für oder gegen den Kommunismus waren; man fragte Flüchtlinge aus Kolumbien, ob sie für oder gegen die Rebellen waren, und ob die Kurden, die Asyl beantragten, Anhänger des PKK-Führers Öcalan waren oder nicht. Selbst bei jenen, die seit den Kampfhandlungen in der Ukraine ihrer Heimat den Rücken kehrten, informierten sich die Behörden darüber, ob die Flüchtlinge aus dem Osten oder dem Westen des Landes kamen. Bei den Flüchtlingen aus Syrien, dem Irak und aus Afghanistan wusste man dagegen nicht, wer von ihnen die herrschende Macht im Land unterstützt hatte und wer die Islamisten. So konnte der Mythos entstehen, dass die Syrer hauptsächlich vor dem IS und die Afghanen vor den Taliban geflohen waren, weshalb sie dementsprechend mehrheitlich säkular, zumindest nicht religiös-konservativ eingestellt sein müssten. Tatsächlich befinden sich unter den Geflüchteten Salafisten und Muslimbrüder.

Auch Unterstützer des IS und der Taliban sind hierhergelangt, und die Terrororganisationen brüsten sich in sozialen Medien, »Schläfer« eingeschleust zu haben, Dschihadisten, die nur darauf warten, sich als Märtyrer in Allahs Dienste stellen zu können. Da der Krieg der ausschlaggebende Faktor für eine Aufnahme war, haben wir nun die absurde Situation, dass in Deutschland iranischen Homosexuellen und ägyptischen Kopten Asyl verweigert wird, während so mancher IS- und Taliban-Anhänger Schutz genießt.

Es war aus meiner Sicht richtig, angesichts der Zigtausenden, die auf ihrer Flucht gestrandet waren, Menschlichkeit walten zu lassen. Und vielleicht konnte man in dieser dramatischen Situation auch nicht anders, als zu sagen: Tore hoch. Doch dass der Sicherheitsaspekt dabei in den Hintergrund trat, hatte Folgen. Fakt ist: In Europa hat es in den vergangenen Jahren zahlreiche blutige Anschläge gegeben. Manche wurden verübt von Migranten, die in jenem Land aufwuchsen, in dem sie nun töteten. Manche wurden aber auch von Dschihadisten begangen, die mit dem großen Strom von Flüchtlingen auf den Kontinent kamen. Das totale Versagen verschiedenster Sicherheitsbehörden im Fall Anis Amri ist ein trauriger Beleg dafür, dass es noch kein wirkungsvolles Konzept gibt, um die Taten solcher Terrortouristen zu verhindern. In der Gesellschaft sorgt das für Unruhe und Verunsicherung, unter den Flüchtlingen, die sich ernsthaft hier eingliedern wollen, schürt es Furcht. Furcht vor einem Generalverdacht, vor Pauschalurteilen.

Die Situation wird auch dadurch erschwert, dass immer wieder Berichte bekannt werden über Flüchtlinge, die ihre Identität verschleiert haben, sich als schutzberechtigte Syrer ausgegeben oder Dokumente vernichtet haben, die ihre Herkunft aus sicheren Drittstaaten belegen würden. Nicht alle, die damals ins Land hineingelassen wurden, waren tatsächlich schutzbedürftige Flüchtlinge. Jene, die aus den Maghrebstaaten nach Deutschland kamen, haben kaum eine Bleibeperspektive; wer kann, taucht unter, hält sich mit kriminellen Geschäften und Drogenhandel über Wasser.

Natürlich kann man an der Grenze nicht erkennen, wer Islamist ist und wer nicht und wer schutzbedürftig ist oder aus wirtschaftlichen Gründen und Perspektivlosigkeit seine Heimat verlassen hat. Fast genauso unmöglich ist es aber, nachdem vollendete Tatsachen geschaffen wurden, jene herausfiltern zu wollen, die eine potenzielle Gefahr für unsere Gesellschaft darstellen. Da hilft es auch nicht viel, zu wissen, dass die Mehrheit der Flüchtlinge friedlich und friedliebend ist. Denn es reicht, wenn von 1,5 Millionen nur 10 Prozent fanatisch, kriminell, antisemitisch oder gewaltaffin sind. Das macht am Ende 150 000 Menschen, die zusätzlich zu den hier bereits lebenden Fanatikern und Kriminellen das Land unsicherer machen werden. Diese 10 Prozent werden es schaffen, die gut integrierten Migranten *und* die neu zugewanderten Asylbewerber in Misskredit zu bringen.

Es hilft heute nichts, darüber zu klagen, dass es überhaupt so weit gekommen ist. Sich zu fragen, ob man diese humanitäre Katastrophe an der ungarischen Grenze nicht anders hätte lösen können. Diese Katastrophe hat viel früher ihren Ausgang genommen, wir haben sie nur bestens ignorieren können, solange sie uns nicht direkt betroffen hat. Ich sage nur Lampedusa. Das Gezerre um Zuständigkeiten und Verteilungsschlüssel ist unwürdig für Europa – aber das wäre ein anderes Buch.

Was ich kritisiere, ist, was seitdem passiert ist. Ich sage, nicht viel, und meine damit, dass kein offener Dialog stattgefunden hat zwischen Politik und Gesellschaft. In einer einmaligen Allianz aus Regierung und Medien herrschte von einem bestimmten Zeitpunkt an Konsens darüber, dass gewisse Fragen nicht zulässig sind. Jeder, der sich laut Sorgen darüber machte, wie das denn nun wirklich zu schaffen sei, und erst recht jeder, der vor den negativen Folgen warnte, lief Gefahr, als herzloser Rechtspopulist verunglimpft zu werden. Zu schön war das neue Deutschlandbild, die Willkommenskultur, die offenen Arme, mit denen man die Flüchtlinge empfing.

Was fehlte, war eine sachliche Analyse ohne Denkverbote. Was fehlte und fehlt, ist ein klares Konzept, das nicht nur auf kurzfristige Erfolge abzielt, sondern langfristig ausgerichtet ist. Das alle Ebenen umfasst – von der Bildung über den Arbeitsmarkt bis hin zum Wohnungsmarkt – und nicht genauso kopflos und unter falschen Prämissen agiert wie seinerzeit bei den Gastarbeitern. Das auch vor kritischen Aspekten nicht die Augen verschließt, wie vor kulturellen und religiösen Clashs, die es natürlich gibt und die – wenn man sich mit ihnen nicht auseinandersetzt – jede noch so offene Gesellschaft vor eine Zerreißprobe stellen werden.

Und wie lautet nun die Antwort der Politik? Reichen Durchhalteparolen und mehr Poller auf Weihnachtsmärkten und in Fußgängerzonen aus? Reicht es, Frauen nahezulegen, sie sollten nicht alleine joggen gehen und beim Feiern eine Handlänge Abstand zu Männern halten? Oder in Bädern für getrennte Schwimmzeiten zu plädieren, um Frauen vor Belästigung zu schützen? Das ist doch Augenwischerei und ein weiterer Beleg dafür, dass man ein wenig an den Symptomen herumdoktert, sich aber nicht an die Ursachen heranwagt.

Ähnlich hilflos sind die Versuche, Flüchtlinge vor Pauschalverdächtigungen und Generalverdacht zu schützen. Da werden »syrische Superhelden« in den Medien präsentiert, die einen Terroristen überwältigt haben oder bei der freiwilligen Feuerwehr im Saarland mitwirken. Da schweigt man sich bei Tatverdächtigen in den Medien über deren Herkunft aus, wenn es nicht notwendig ist. Da werden Studien veröffentlicht, wie die des Sozio-ökonomischen Panels, das in Zusammenarbeit mit dem Institut für Arbeitsmarkt- und Berufsforschung (IAB) die Flüchtlinge befragte und zu dem Ergebnis kam, dass die Sehnsucht nach Freiheit und Demokratie die meisten Flüchtlinge nach Deutschland geführt habe. Ich will gar nicht ausschließen, dass das für viele ein Motiv war, doch Probleme lassen sich mit solchen Studien nicht lösen. Sie dienen, wie ich bereits eingangs erwähnte, der Beruhigung der Bevölkerung. Sie sollen ein positives Bild zeichnen, Stigmatisierung verhindern, Mut machen. Das ist legitim – nur wem hilft das? Was fehlt, sind Inhalte hinter dem viel zitierten Satz »Wir schaffen das!«.

Zwischen Hoffnung, Angst und Ernüchterung

Ich habe zahlreiche Flüchtlinge für dieses Buch befragt, mal in Einzelgesprächen und mal in der Gruppe. Einige meiner Gesprächspartner sind Teil des Kulturprojektes »R.future-TV«, an dem sich rund vierzig Flüchtlinge beteiligen. Es wurde schon vor Jahren von Nina Coenen ins Leben gerufen, mit dem Ziel, Flüchtlingen das Leben in Deutschland näherzubringen. Es geht um Werte und Regeln in einer Demokratie, um Themen wie Religion, Frauenrechte, Homosexualität, Umgang mit den Deutschen und Fair Play. Die gemeinsam mit Flüchtlingen gedrehten Filme werden auf Deutsch und Arabisch produziert, sie laufen deutschlandweit auf dem Flüchtlingssender H2D und sind auch im Internet abrufbar.

Meine Gesprächspartner gehören also zu einer Gruppe von Flüchtlingen, die sich engagieren und den Dialog suchen. Bei unseren Gesprächen kam auch ich zu dem Ergebnis, dass die meisten Flüchtlinge friedliche Menschen sind, die die innere Sicherheit des Landes nicht gefährden. Viele mögen Deutschland und werden sich hier gut integrieren – sofern man ihnen die nötige Hilfestellung dazu gibt. Gleichzeitig handelt es sich aber bei vielen um Menschen, die vom Krieg traumatisiert sind und die jene Probleme mit hierhergebracht haben, die für die Zerstörung ihrer Heimatländer mitverantwortlich sind: Fanatismus, rückständige Frauen- und Gesellschaftsbilder, Neigung zur Gewalt und geringe Affektkontrolle. Menschen, die mit der Freiheit überfordert sind, die ihre Moral- und Rollenvorstellungen nicht einfach durch den Besuch eines Integrationskurses abstreifen können. Die kulturellen Unterschiede sitzen viel tiefer, als man denkt. Menschen, die unter den langen Asylverfahren leiden, in Lethargie verfallen oder sich Alkohol und Drogen hingeben. Gerade bei allein geflüchteten jungen Männern führt die Abwesenheit der Kontrolle seitens der Familie zu moralischer Desorientierung und Ausschweifungen.

Fast alle meine Gesprächspartner kamen mit einem positiven Bild nach Deutschland. Bei den meisten ist dieses Bild auch geblieben, bei anderen hat sich inzwischen Ernüchterung breitgemacht. Zu drückend sind viele Probleme: dass die meisten von ihnen immer noch in Sammelunterkünften leben, in denen kein Deutsch gesprochen wird und in denen die ethnischen und religiösen Konflikte und die soziale Kontrolle so stark sind. Dass sie nur arbeiten dürfen, wenn ihr Aufenthaltsstatus geklärt ist, und dass die Bearbeitung der Anträge zu lange dauert. Diese Vorläufigkeit belastet alle, die davon betroffen sind, sehr stark und erschwert die langfristige Planung. Die Frage des Familiennachzugs ist ebenfalls ein Thema, das vielen Sorge bereitet. Einige meiner Gesprächspartner erzählten, solange das nicht geklärt sei, könnten sie sich weder auf das Sprachenlernen konzentrieren noch auf andere Integrationsmaßnahmen, weil sie in Gedanken immer bei ihrer Familie seien. Diejenigen, die bereits mit der Familie hier leben, plagen wieder ganz andere Sorgen. Viele fragen sich, wie sie ihren Kindern Orientierungshilfe geben können, in einem Land, in dem sie sich selbst kaum zurechtfinden. Manche werden versuchen, in der Religion und der Abgrenzung eine Antwort zu finden. Die Integration wird das nicht erleichtern.

Mohamed ist ein 34-jähriger Schiit aus Bagdad und lebt nun in einem Asylbewerberheim in Berlin. Im Irak, so erzählt er, habe er sich auf der Straße permanent umgedreht, um zu überprüfen, wer sich in seiner Umgebung befand: Sunniten, Schiiten oder al-Kaida-Anhänger. Der ehemalige Polizist verlor mehrere Familienmitglieder im Krieg und überlebte selbst einen Anschlag nur knapp. In Deutschland muss er das zwar nicht mehr fürchten, doch im Heim muss er wieder aufpassen, wer sich in seiner Nähe befindet: »Das Heim ist ein kleiner Irak. Es ist voller Konflikte und Gewaltpotenzial, und man muss aufpassen, was man sagt.«

Er mag Deutschland und schätzt die Freiheit hier, aber er kann nicht alle Werte, die hierzulande »unter die Kategorie Freiheit« fallen, akzeptieren. »Die Deutschen sind dagegen, dass eine Frau ein Kopftuch trägt, aber für sie ist es o. k., wenn ein Mann mit einem anderen Mann Sex hat. Sie sagen, das ist Freiheit. Ich sage, das ist gegen die Natur. Warum ist Homosexualität Freiheit, ein Kopftuch aber nicht? Deshalb muss ich meinen Kindern immer wieder sagen, dass wir andere Werte haben.« Er erzählt, dass er neulich mit seiner neunjährigen Tochter in der Straßenbahn gefahren sei und sich vor ihren Augen ein Mann und eine Frau geküsst hätten. »Ich habe meiner Tochter sofort gesagt: Schau weg!« Die Emotionalität, mit der er diese harmlose Szene beschrieb, zeigt, wie viel Angst in ihm steckt, dass sich seine Tochter eines Tages so wie die Frau in der Straßenbahn benehmen könnte.

Es gibt Einflüsse, vor denen er seine Kinder schützen möchte, gegen die er aber nicht ankommt. Das macht ihm Angst. »Einmal war ein afghanischer Junge im Heim unverschämt zu mir. Ich packte ihn am Kragen, um ihn zu disziplinieren. Er schrie mich plötzlich an: Du hast kein Recht, mich zu schlagen. Das hat er nicht von seinen Eltern, sondern von den Deutschen in der Schule gelernt. Unsere Kinder sind nicht so.« Mohamed betont, dass er kein gewalttätiger Mensch sei, »aber manchmal schlage ich meine Kinder, damit sie etwas lernen. In der Schule sagt man ihnen, wenn dein Vater dich schlägt, geh zur Polizei. Ich will nicht, dass die Deutschen zwischen mir und meinen Kindern stehen. Ich weiß, was das Beste für meine Kinder ist.«

Tamer, 38 Jahre alt, ist irakischer Sunnit und hat zwei Töchter. Die ältere ist zwölf. Tamer erlaubt ihr, sich mit den Jungs in der Schule zu unterhalten, aber nicht draußen. »Ich versuche, meine Tochter zu schützen. Ich möchte sie so früh wie möglich gegen gewisse Einflüsse und Versuchungen immunisieren.« Und was würde passieren, wenn sie irgendwann einen Freund hat, vielleicht sogar einen deutschen, will ich von Tamer wissen. »Wenn ich es nicht schaffe, sie hier nach unseren Werten großzuziehen, dann werde ich sie irgendwann wieder in den Irak zurückschicken müssen.«

Derar ist ein 22-jähriger Syrer aus Aleppo und einer der wenigen aus der Gruppe, der nicht mehr im Heim lebt. Einer der Gründe war die massive soziale Kontrolle. »Ich hatte eine deutsche Freundin, die mich hin und wieder im Heim besuchte. Das fanden einige nicht in Ordnung. Immer, wenn sie da war, sammelten sich die Sittenwächter vor dem Zimmer und verlangten, dass ›die Deutsche‹ geht. Es wurde immer schlimmer, ich hatte Angst, dass sie ihr oder mir etwas antun.« Derar hatte Glück, er durfte das Heim offiziell verlassen und umziehen. Obwohl sein Asylstatus noch nicht geklärt war, hatte der Maschinenbauer eine Arbeitserlaubnis bekommen und einen Job bei VW. »Die haben damals richtig Druck gemacht, dass ich arbeiten darf.«

Über die starke soziale Kontrolle im Heim beklagten sich fast alle meiner Gesprächspartner. Mohamed erzählt, dass seine Frau einmal weinend zu ihm gekommen sei. Die syrischen Frauen im Heim hätten sie gerügt, weil sie kein Kopftuch trägt, und gesagt, sie würde in der Hölle landen. Rani, ein 24-jähriger Jeside aus dem irakischen Sindschar, berichtet, dass er im Heim keinen Alkohol trinken dürfe. Nicht nur die anderen Bewohner würden ihm das verbieten, auch der türkischstämmige Securitymann.

Man könnte erwarten, dass Derar, der als Einziger aus der Gruppe ein »westliches« Leben führt, einen Job und eine Freundin hat, zu Themen wie Erziehung und Werte eine andere Meinung vertritt. Allein der Umstand, dass er selbst Opfer der sozialen Kontrolle im Heim geworden ist, hätte ihn milder stimmen können, was Selbstbestimmung angeht. Doch er hat in Teilen sogar noch eine radikalere Meinung als die anderen. »Ich will keine Kinder in die Welt setzen. Nicht in Deutschland. Ich kann hier mein eigenes Kind nicht disziplinieren, ich darf ihm keine Ohrfeige geben, um ihn vor dem schlechten Weg zu schützen, sonst kann das Kind mich bei der Polizei anzeigen. Das will ich nicht.« Derar hat sich über die deutschen Gesetze informiert. Seine Feststellung: »In Deutschland gibt es eine Hierarchie: Ganz oben ist das Kind, dann kommen die Tiere, dann kommt die Frau, und ganz unten ist der Mann. Wenn ich das Kind, das Tier oder die Frau schlage, bin ich erledigt.«

Falls er doch eines Tages Kinder hätte, wie würde er sie dann erziehen, frage ich ihn. Hier zeigt er sich kompromissbereit, bis zu einem gewissen Grad: »Jedes Land hat seine Sitten. Hier ist Geschlechtertrennung nicht möglich. Ich kann meiner Tochter nicht verbieten, sich mit Jungs anzufreunden. Aber Sex vor der Ehe geht nicht.« Und wenn das Kind ein Sohn wäre und schwul wird? »Schwul? Nein. Das geht nicht. Ich würde ihn behandeln lassen. Wenn er nicht geheilt wird, trenne ich ihm den Kopf vom Körper ab. Deshalb will ich ja hier keine Kinder haben, das habe ich von Anfang an gesagt!«

Mohamed schlägt hier deutlich gemäßigtere Töne an: »Warum soll ich meinen Sohn umbringen, nur weil er homosexuell ist? Er kann nichts dafür. Es sind genetische und psychische Defekte, die dafür verantwortlich sind.«

Osman ist 37, ein Kurde aus Kobanê in Syrien. Er ist aus der Stadt geflohen, als sie vom IS eingenommen wurde, und kam mit seiner Frau und sechs Kindern nach Deutschland. Er hat andere Probleme, als sich Sorgen um die Moral seiner Kinder zu machen. Er wünscht sich, dass seine Kinder mehr Kontakt zu Deutschen haben. »Alle reden von der Integration, aber im Heim kann es keine Integration geben. Meine Kinder reden mittlerweile besser Afghanisch als Deutsch, weil sie ständig mit afghanischen Kindern spielen und keine Deutschen sehen.«

Dass seine Familie bei ihm ist, darüber ist er zwar sehr froh, aber die Integration erleichtert das aus seiner Sicht nicht automatisch. »Wären sie nicht bei mir, würde ich mich ständig fragen, wie es ihnen geht und ob sie überhaupt noch leben. Jetzt sind sie hier, und nun mache ich mir Sorgen um ihre Zukunft.« Die Zeit rennt, und er kommt seit zwei Jahren nicht voran. Er will das Heim verlassen, aber er darf nicht, weil er keinen Job hat. Einen Job wird er erst kriegen, wenn er einen gesicherten Status hat. Und selbst wenn er eines Tages einen Job aufnehmen darf, wird es einer im Niedriglohnsektor sein, von dem er seine gesamte Familie nicht ernähren könnte. »Entweder hast du einen guten Job mit einem Gehalt von 4000 Euro, um deiner Familie ein würdiges Leben zu ermöglichen, oder du lebst dauerhaft auf Kosten des Staats. Ersteres schaffe ich mit meiner Qualifikation nicht, und Zweiteres will ich nicht. Ich will keine Sozialhilfe, ich will arbeiten. Aber bis dahin ist es noch ein langer Weg.«

Manchmal ist Osman so frustriert, dass er glaubt, es sei völlig umsonst gewesen, dass er sein eigenes Leben und das seiner Familie auf der Flucht riskiert hat. »Ich dachte, Deutschland würde mich beschützen und mir helfen, meinen Kindern eine bessere Zukunft zu ermöglichen. Ich dachte, hier würden wir frei sein. Aber in Wirklichkeit stehen wir hier im Heim unter einer Art Hausarrest.«

Ich frage Osman, welche Art von Freiheit er seinen Kindern wünschen würde. Schließlich hatte er gesagt, er wolle, dass seine Kinder mehr Kontakt zu Deutschen hätten. Hier gerät er ein wenig ins Schlingern. Wegen der Sprache und um die neue Kultur kennenzulernen. Ob er es auch akzeptieren würde, dass seine Tochter einen jungen Deutschen in der Schule kennenlernt und mit ihm eine Beziehung eingeht? »Nein! Das würde auch nie passieren. Meine Kinder gehen in die Schule, und ich weiß nicht, was man ihnen dort erzählt. Aber wenn sie ins Heim zurückkommen, rede ich mit ihnen und sage ihnen, dass wir kulturelle rote Linien haben, die sie nicht überschreiten dürfen.«

Sherif, 43 und aus Syrien, ist der offenste in der Gruppe, was das Thema Freiheit angeht. »Wir machen den Fehler, uns bei der Kindererziehung auf die Sexualität zu konzentrieren. Unsere Länder haben viele Probleme und sind voller Korruption und Heuchelei, aber die Hauptsache ist für uns, dass das Mädchen eine Jungfrau bleibt. Ist das gesund? Wir müssen uns fragen, warum Deutschland so ein reiches Land ist. Für mich hat das auch mit Freiheit zu tun. Persönliche Freiheit und Selbstbestimmtheit machen die Deutschen besser in der Bildung und in der Wirtschaft. Hier gibt es Gesetze, und die Menschen halten sich daran. Es gibt auch eine Moral, aber die bedeutet mehr als sittliches Verhalten. Sie bedeutet Arbeitsethos, Achtung der Rechtsstaatlichkeit, Wahrung der Menschenrechte, Umweltschutz. Bei uns gibt es all das nicht. Jeder macht schlimme Sachen, Hauptsache, man wirkt nach außen hin moralisch, Hauptsache, das Mädchen bleibt keusch. Deshalb sind unsere Länder zerstört. Wenn wir tatsächlich Moral hätten, würden wir uns nicht gegenseitig umbringen: Sunniten, Schiiten, Alawiten und Drusen.«

Er wendet sich an Osman und Mohamed, die mit ihren Familien in Deutschland leben: »Eure Kinder müssen keinen Krieg und keinen Hunger fürchten. Ich habe meine Kinder seit zwei Jahren nicht mehr gesehen. Warum musst du deine Kinder kontrollieren? Warum musst du sie schlagen? Warum versuchst du nicht, deine Kinder durch Liebe und Freundschaft zu erreichen? Das funktioniert viel besser als Gewalt.«

Sherif redet sich richtig in Rage. Er weiß, dass es viele drückende Probleme gibt und Gründe für manchen Frust. Aber: »Stellt euch vor, es gäbe Krieg in Deutschland und die Deutschen müssten nach Syrien oder in den Irak fliehen. Was würde dort mit ihnen passieren? Würden wir ihnen all das bieten, was sie uns hier anbieten? Ihr lebt hier in Sicherheit. Seid froh und sagt: Allah sei Dank!«

Helfer, die nicht helfen

Viele meiner Gesprächspartner hatten die Hoffnung, von hier bereits integrierten Landsleuten oder Glaubensbrüdern Unterstützung und Hilfe zu erhalten. Eine Hoffnung, die vielfach enttäuscht wurde. Zugespitzt äußerten sie, dass die »Alteingesessenen« sich auf Kosten der Flüchtlinge bereichern würden. »Besonders Libanesen und Türken wissen, dass viele Flüchtlinge Arbeit brauchen. Ich selbst habe mit anderen einen Monat lang im Geschäft eines Türken schwarzgearbeitet. Am Ende des Monats bekamen wir kein Gehalt. Er wusste, dass wir ihn nicht anzeigen würden, weil es keinen Vertrag gab und weil Schwarzarbeit illegal ist«, erzählt einer. Das ist offenbar kein Einzelfall, jeder scheint solche Erfahrungen gemacht zu haben oder zumindest jemanden zu kennen, dem es so ergangen ist. »Auch bei der Wohnungssuche helfen Türken und Araber, die im Lageso oder im Heim arbeiten. Es ist nicht leicht, eine Wohnung zu finden, und man ist froh über die Hilfe. Aber wenn ich dann höre, dass sie für eine Familie bis zu 7000 Euro kassieren, dann verzichte ich darauf lieber«, sagt Mohamed. Alle am Tisch nicken zustimmend. »Jeder im Heim weiß inzwischen: Halte dich fern von Türken und Arabern, die dir eine Wohnung oder einen Job anbieten!« Und was ist mit den richtigen Flüchtlingshelfern? Da gebe es ganz tolle, die sich wirklich engagieren würden, und andere, die ihre eigenen Interessen verfolgen und dafür die Flüchtlinge einspannen würden.

Das bestätigen mir auch Nina Coenen und Sami Alkomi, die das Medienprojekt »R.future-TV« betreuen. Nina kritisiert, dass manche links orientierte Helfer Flüchtlinge für Demos gegen den Kapitalismus missbrauchen würden. Kaum würden sich die Flüchtlinge freuen, ihre erste deutsche Bankkarte in Händen zu halten, fänden sie sich in einem Protestzug wieder, in dem laut gerufen wird: »Brecht die Macht der Banken und Konzerne!« Frage man sie dann, warum sie bei so etwas mitgehen, entgegneten sie, ein Betreuer habe ihnen gesagt, wenn du eine eigene Wohnung willst, solltest du das machen. Das seien zwar Einzelfälle, aber die würden nun einmal im Gedächtnis hängen bleiben.

Nina nennt mehrere Probleme, die die Integration der Flüchtlinge erschweren: die Bürokratie, Helfer, die ihre Schützlinge als Opfer betrachten und sie nicht motivieren, sich für Deutschland einzusetzen, und die radikalen Moscheen, die aktiv um die Neuankömmlinge werben. Als sie im

Rahmen ihres Medienprojekts mit Flüchtlingen einen Film über Religionen machen wollte, fragte sie, wo sie beten, und stellte erschrocken fest, dass die meisten von ihnen Moscheen besuchen, die unter Beobachtung des Verfassungsschutzes stehen. Auch alteingesessene Migranten benennt Nina als Hürde, denn sie würden den Flüchtlingen selten helfen, sich hier weiterzuentwickeln, sondern sie als billige Arbeitskräfte auf dem Schwarzmarkt einsetzen oder ihnen Tipps geben, wie sie sich am Gesetz vorbeimogeln können. Ein Problem seien hier auch so manche Securitymänner mit Migrationshintergrund, die sich unangemessen verhielten und die Flüchtlinge religiös indoktrinierten. So musste eine ganze Sicherheitsfirma in einer Notunterkunft ausgewechselt werden, nachdem Mitarbeiter die Bewohner zum Beten animiert, ihre Kleidung kommentiert, Koransuren aufgehängt und sogar IS-Videos angeschaut hatten, sagt Nina Coenen und beruft sich dabei auch auf einige Flüchtlinge und Helfer, die den Fall in dieser Unterkunft erlebt haben.[1] Einer der Flüchtlinge berichtete zudem in einem der Filmprojekte der Gruppe über Radikalisierung davon.

Antisemitismus oder Antizionismus?

Ich frage Nina, wie solche radikalen Einflüsse in ihrer Gruppe wahrgenommen würden. Sie bestätigt, dass viele unter der sozialen Kontrolle leiden würden, die in der Regel religiös motiviert sei. »Falsches Verhalten« werde sanktioniert, teilweise mit Gewalt. Die wenigsten würden es wagen, offen zu sagen, wie sie selbst dazu stehen. In den letzten Jahren habe es zwei Themen gegeben, die sie mit den Flüchtlingen behandeln wollte, aber kaum Freiwillige dafür gefunden habe: Antisemitismus und Radikalisierung. Zu groß sei die Angst vor Anfeindungen gewesen. »Nur mit verfremdeten Gesichtern und verzerrter Stimme wagte sich der ein oder andere dann doch vor die Kamera.«

Nach dem Dreh des »Antisemitismusfilms« wurde der Techniker, ein Flüchtling, im Heim als »Jude« beschimpft. Ein syrischer Sänger, der als Flüchtling aus Aleppo kam und mittlerweile ein gefeierter Künstler in der linken Szene ist, griff das gesamte Medienprojekt auf Facebook an – wegen dieses einen Beitrags. Er und einige arabische Musikgruppen sorgten im August 2017 für einen Skandal, als sie zum Boykott des Festivals »Pop-Kultur« in Berlin aufriefen. Weil die israelische Botschaft als einer der Partner fungierte. Den Boykottaufruf hatte die 2005 gegründete Kampagne »Boykott, Desinvestitionen und Sanktionen (BDS)« übernommen, die sich zum Ziel gesetzt hat, Israel politisch, wirtschaftlich und kulturell zu isolieren. Inzwischen wurde bekannt, dass BDS die Künstler gezielt unter Druck gesetzt hatte. Tatsächlich zogen sämtliche geplanten Acts aus dem arabischen Raum ihre Teilnahme zurück.[2]

»So etwas bekommen natürlich auch die Flüchtlinge mit«, sagt Nina Coenen. »Bei unserem Antisemitismusfilm traute sich nur der Kurde Osman vor die Kamera. Er besuchte mit dem Filmteam ein Konzentrationslager und schilderte seine Eindrücke.« Dieser Besuch habe Spuren bei ihm hinterlassen, sagt sie.

Bei einem unserer Treffen diskutiere ich mit der Gruppe über Antisemitismus. Es wird durchaus differenziert: Osman macht einen Unterschied zwischen Juden und Zionisten. Für ihn sind nur die Zionisten schlimm.

Der Iraker Mohamed macht einen Unterschied zwischen der israelischen Regierung und der Bevölkerung. »Die Bevölkerung ist unschuldig, aber die Zionisten haben einen Plan, unsere Länder zu zerstören«, sagt er.

Der Syrer Sherif trennt zwischen Juden, die in Israel leben, und Juden in der Diaspora. Diejenigen, die in Europa, Amerika oder Russland lebten, seien nicht das Problem. Aber »die, die die Einladung der Zionisten angenommen haben und nach Palästina ausgewandert sind. Und die dort die Häuser der Palästinenser beschlagnahmten, das sind die wahren Schuldigen.«

Der Iraker Tamer verlässt sich auf persönliche Erfahrungen: »Ich kann nur die Juden beurteilen, die ich kennengelernt habe. Sie waren alle tolle Menschen. Die Juden in Israel kann ich nicht beurteilen. Keiner von uns war jemals in Israel. Wir haben von unseren Regierungen und Medien in der arabischen Welt ein Bild über Israel vermittelt bekommen, das sehr negativ ist. Ob es stimmt, weiß ich nicht. Ich wünschte, ich könnte Israel eines Tages besuchen, um mir selbst ein Bild zu machen.«

Das ist eine Idee, mit der Derar überhaupt nichts anfangen kann: »Israel ist mein Feind. Es hat mein Heiligtum besetzt. Wenn die Juden mir die al-Aqsa-Moschee zurückgeben würden, dann hätte ich kein Problem mit ihnen. Aber bis dahin werde ich nie mit einem Juden oder Israeli sprechen.«

Tamer mischst sich ein: »Dein Land ist Syrien. Es wird von einem Krieg erschüttert, und du kümmerst dich um den Krieg zwischen Israelis und Palästinensern?«

»Der Krieg in Syrien ist eine innersyrische Angelegenheit, aber der Krieg in Palästina ist ein Krieg zwischen Juden und Muslimen. Als Muslim geht mich das etwas an. Auch wenn Mekka angegriffen würde, wäre das keine innersaudische Angelegenheit, sondern ein Handlungsaufruf für alle Muslime«, entgegnet Derar.

Der Syrer Sherif bringt zur Unterstützung die Weltverschwörung ins Gespräch: »Die Freimaurer kontrollieren die Welt und entscheiden, wer Präsident welches Landes wird. Das machen sie alles mit jüdischem Geld. Und wenn die Juden Baschar al-Assad nicht als Präsident haben wollen, kann Israel ihn in 24 Stunden loswerden.«

Mohamed holt seinen Geldbeutel heraus und zeigt mir ein Bild von Saddam Hussein: »Dieses Bild verlässt meinen Geldbeutel nie. Ich liebe diesen Mann, weil er ein wahrer Patriot war. Deshalb haben die Israelis und die Amerikaner ihn entmachtet.«

Der Jeside Rani hat bislang kaum etwas gesagt. Leise wirft er nun ein: »Ich habe in einem Restaurant hier bei einem Palästinenser gearbeitet. Als er erfuhr, dass ich Jeside bin, hat er mich entlassen. Ein Jude hätte das nicht getan. Ich erfahre hier mehr Rassismus von Arabern als von irgendjemandem sonst.« Er fordert die anderen auf, sich von der historischen Feindseligkeit gegenüber den Juden zu lösen. Und von der Religion als Triebfeder für und Legitimation von Gewalt: »Mein Gebiet im Irak wurde verwüstet wegen der Religion. Unsere Frauen wurden vergewaltigt, weil sie Jesidinnen sind. Die Hälfte meiner Verwandtschaft liegt jetzt in einem Massengrab in Sindschar. Ich musste fliehen, weil ich Jeside bin.«

Aus der Gruppe kommt lauter Prostest: »Das war der IS, nicht der Islam!«

Für Rani lässt sich das nicht so leicht trennen: »Auch hier im Heim kommen Muslime zu mir und üben Druck auf mich aus, um den Islam anzunehmen. Jesidische Frauen werden belästigt. Ihnen wird gesagt, dass sie alles, was ihnen im Irak widerfahren ist, verdient hätten.«

Wie Extremisten die erhoffte Freiheit bedrohen

Die Frage, ob das Ausfälle extremer Eiferer sind, ein generelles Problem von Muslimen oder gar die Saat von Radikalen, die auch hier aufgeht, lenkt die Diskussion auf das zweite Problemthema, wie Nina Coenen sagte: Radikalisierung. In ihrem

Filmbeitrag erzählte ein unkenntlich gemachter Flüchtling: »Der Einfluss der Islamisten in Deutschland ist sogar größer als bei mir zu Hause. Selbst Sicherheitsleute im Heim kleiden sich wie der IS und posieren mit Messern in der Hand. Und nachts schauen sie IS-Videos auf ihren Laptops.« Er sagte, dass er im Heim einige Flüchtlinge kennengelernt hatte, die in ihrer Heimat für den IS gekämpft hätten.

Karam, ein Anwalt aus Syrien, gehört der Projektgruppe nicht an. Er ist 35 Jahre alt und kam Ende 2014 als Flüchtling in eine Sammelunterkunft nach Chemnitz. Gemeinsam mit 14 weiteren jungen Männern aus Syrien, Afghanistan und dem Irak. »Als ich in das Zimmer kam, stand an der Wand auf Arabisch ›Der islamische Staat bleibt und gedeiht‹.« Der bekennende Atheist beschwerte sich bei einer Mitarbeiterin im Heim, dass IS-Anhänger die Wand beschmiert hätten. Er erntete Achselzucken, die Schmiererei blieb. Die anderen Flüchtlinge im Zimmer störten sich nicht an der Aussage, zwei von ihnen unterstützten sie sogar. »Ich war erschüttert, dass ich vor dem IS in Syrien geflohen bin, um festzustellen, dass er schon vor mir in Deutschland angekommen ist.« Er hatte Angst, dass die anderen herausfinden würden, dass er Atheist ist. »Muslime, die dem Islam abschwören, müssen aus theologischer Sicht getötet werden. Das ist ein Urteil, das jeder Muslim vollstrecken kann. Irgendein Fanatiker könnte auf die Idee kommen, mich umzubringen, um ins Paradies zu kommen«. Karam hat sich nie getraut, eine Dose Bier im Heim zu öffnen. Und als andere Flüchtlinge ihn dabei beobachteten, wie er einmal Fleisch von einem »unislamisch geschlachteten« – also nicht geschächteten – Tier aß, kritisierten sie ihn heftig. »Die Freiheit, die ich mir in Deutschland erhofft habe, gibt es im Heim nicht. Nicht nur darf ich meine Meinung über die Religion nicht sagen, sondern ich darf nicht einmal essen oder trinken, was ich will.«

Eine ähnliche Geschichte erzählt mir ein anderer syrischer Flüchtling. Der 54-Jährige wurde von einem anderen Flüchtling geschlagen, weil er Bier im Zimmer trank. Er sagt, nichts verhindert die Integration mehr als die Unterbringung in einem Heim. »Hier sammeln sich alle Probleme, die wir aus Syrien, dem Irak und aus Afghanistan kennen. Es ist wie unter einem Brennglas. Und über allem schwebt die Angst, was der andere über einen denken könnte. Die Angst, dass einem etwas angetan wird, weil man zur falschen Gruppe gehört. Genau davor bin ich eigentlich geflohen.«

Die AfD als Chance für Flüchtlinge?

Zakarias ist 25 Jahre alt und kommt aus Aleppo. Er hatte das Glück, nicht in einer Sammelunterkunft leben zu müssen, er wurde von einer deutschen Familie aufgenommen. Seine Gastgeber haben ihm ihr Schlafzimmer überlassen und im Wohnzimmer genächtigt. Sie boten ihm finanzielle Hilfe an, brachten ihm Deutsch bei und behandelten ihn wie ein Familienmitglied. »Ich war sehr gerührt von ihrer Gastfreundschaft. Ich dachte bis zu diesem Zeitpunkt, dass Gastfreundschaft eine arabische Spezialität ist. Wobei ich mich schon frage, welche arabische Familie einen jungen Mann monatelang bei sich aufnehmen würde, der einer anderen Religion angehört. Würde der Gastgeber ihn mit seiner Frau alleine im Haus lassen? Würden sie sagen, du gehörst zu uns, wie das meine Gastfamilie getan hat? Sie haben mir nicht nur ein Zimmer angeboten, sondern ließen mich an allen Aspekten ihres Lebens teilhaben. Ganz offen und ohne Vorbehalte. Und das, obwohl ich als strenggläubiger Muslim nach Deutschland kam.«

Zakarias ist ein Beispiel dafür, wie die persönliche, intensive menschliche Begegnung Dinge in Bewegung bringt, zu Veränderung führt und Integration nicht nur erleichtert, sondern vielleicht sogar erst ermöglicht. Das ist eine Erfahrung, die auch meine Interviewpartner gemacht haben, die als Kinder der ersten Gastarbeiter hierherkamen. Es ist die Oma in der Wohnung nebenan, die Kleinstadt oder das Dorf, in dem man den Fremden zumindest mit Neugier begegnet und wo es schwerer ist, unter seinesgleichen zu bleiben. Zakarias lernte schneller Deutsch als die anderen Teilnehmer seines Sprachkurses. Er erlebte den Alltag in einer deutschen Familie, und auch wenn ihm anfangs manches ungewohnt oder seltsam vorkam, machte er zumindest die Erfahrung, dass von dieser neuen Kultur keine Bedrohung ausgeht. Inzwischen absolviert er eine Ausbildung, hat eine deutsche Freundin und kein schlechtes Gewissen mehr, dass er mit ihr zusammenlebt, ohne mit ihr verheiratet zu sein. »All das wäre vermutlich nicht möglich gewesen, wenn ich nach meiner Ankunft irgendwo in einer Sammelunterkunft gelandet wäre.«

Karam und Zakarias haben bis zu den Ereignissen in jener Silvesternacht in Köln kaum Ablehnung in Deutschland erfahren. Erst danach merkten sie, dass die Menschen sie auf der Straße und im Bus skeptisch anschauten. Nach dem Anschlag auf den Weihnachtsmarkt in Berlin nahm die Skepsis noch zu. Karam erzählt, dass er einmal mit einem Rucksack einen Bus bestiegen habe. Als er sich setzen wollte, seien die Leute hektisch von den umliegenden Sitzen aufgesprungen. Zakarias meint, sein griechisch anmutender Name helfe ihm im Kontakt mit Deutschen: »So kann ich meine syrische Identität ein wenig vertuschen. Aber am Ende verraten mich meine Augenbrauen dann doch.« Er hat Verständnis für Menschen, die Skepsis gegenüber Ausländern hegen. Je weniger Kontakt jemand zu Ausländern habe, desto größer die Skepsis. Das sei in Syrien nicht viel anders gewesen. Als der Krieg begann, seien viele Syrer zunächst nach Aleppo geflohen. Die offene Handelsstadt habe sie aufgenommen, und viele Menschen hätten geholfen. Doch als die Bewohner von Aleppo selbst fliehen mussten, seien sie in den kleinen Orten im Hinterland nicht willkommen gewesen.

Ich frage die beiden, ob sie Angst vor dem Rechtsruck in Deutschland hätten, der bei der letzten Bundestagswahl die AfD ins Parlament gebracht hat. Karam sagt dazu: »Wenn man immer wieder in den Medien hört, dass eine Frau von einem Flüchtling belästigt oder vergewaltigt wurde oder dass ein Anschlag eines Terroristen verübt oder gerade noch verhindert werden konnte und dass dieser Terrorist als Flüchtling in dieses Land gekommen ist, dann ist es irgendwie normal, Angst zu haben.« Gleichzeitig herrsche natürlich Angst unter den Flüchtlingen, denn eine Partei wie die AfD oder eine Bewegung wie Pegida würde darauf abzielen, Flüchtlinge von Deutschland fernzuhalten.

Genau darin liege aber auch eine Chance: »Man kann als Flüchtling Angst haben und sich über Rassismus beschweren, oder man gibt sich noch mehr Mühe, um seine Bleibeperspektive hier zu verbessern.« Also schneller Deutsch lernen, schneller einen Job kriegen und auf eigenen Beinen stehen, das sollte die Antwort der Flüchtlinge auf die AfD sein. »Wenn wir ein aktiver Teil der Gesellschaft werden, kann keine Partei uns mehr nach Hause schicken«, sagt Karam. Und was Gesellschaft und Politik angehe, hätten die rechten Lautsprecher vielleicht auch – ungewollt – dazu beigetragen, dass Integration nun energischer vorangetrieben würde als früher.

Das ist ein Satz, den ich auch schon von Nina Coenen gehört habe, wenn auch nicht in Zusammenhang mit der AfD. »Wenn ich so auf die letzten 15 Jahre zurückblicke, hat sich in Sachen Flüchtlingsarbeit schon einiges verändert. Es gibt viel mehr Initiativen, viel mehr Unterstützung. Die heutigen

Flüchtlinge lernen schneller Deutsch und haben dadurch bessere Perspektiven. Die Anreize sind größer, sich reinzuhängen, denn sie können ihre Bleibechancen natürlich erhöhen, wenn sie einen Ausbildungsplatz vorweisen können oder einen Job finden.« Nina ist der Meinung, dass das Gelingen von Integration maßgeblich von drei Dingen abhängt: von den richtigen Angeboten, die wir ihnen machen, und davon, ob es uns gelingt, sie von den Falschen abzuschirmen. »Vor allem aber müssen wir ihnen dabei helfen, eigenverantwortlich zu denken und zu handeln. Dann werden sie die Freiheit nicht nur zu schätzen wissen, sondern diese auch nicht missbrauchen.«

Flüchtlinge als Chance für Deutschland?

Eigentlich bieten uns die Flüchtlinge, die uns »überrannt« haben, *theoretisch* die große Chance, jene Fehler zu beheben, die einst bei den klassischen Migranten gemacht wurden. Deutschland könnte seine Gesetze anpassen, endlich auch offiziell jenes Einwanderungsland werden, das es längst ist, ohne deswegen das Recht auf Asyl für wirklich Schutzbedürftige antasten zu müssen. Integrationsprojekte könnten ausgeweitet und effektiver gemacht werden. Die Gesellschaft könnte noch dynamischer werden, und wir alle könnten angesichts dieser Herausforderung, die auch in Zukunft bestehen bleiben wird, näher zusammenrücken.

Faktisch ist es aber leider so, dass wir offenbar nichts gelernt haben. Wir betreiben erneut Segregation und lassen Parallelgesellschaften wieder zu, wenn auch vorerst nur in kleinem Rahmen in Form von Sammelunterkünften und Asylantenheimen, in denen die Flüchtlinge unter sich bleiben und wo sich eine ganz bestimmte Kultur des Gehorsams und der sozialen Kontrolle fortsetzt, die vielen schon in ihrer Heimat zur Belastung geworden ist. Wir lassen nach wie vor zu, dass die rückwärtsgewandten Verbände und die radikalen Moscheen einen engeren Draht zu den Flüchtlingen haben als die zivilgesellschaftlichen Institutionen. Nach wie vor blicken wir auf die Flüchtlinge als ein Kollektiv, sehen sie nicht als Individuen, was Pauschalurteile und Vorverurteilungen erleichtert.

Vor allem aber lassen wir uns von der Angst leiten. Diejenigen, die die Flüchtlinge ablehnen, haben Angst vor Überfremdung und Gewalt. Alle werden in einen Topf geworfen, die Tatsache, dass Deutschland aufgrund der demografischen Entwicklung Zuwanderung braucht, wird ignoriert. Und diejenigen, die Flüchtlinge unterstützen, die pro Asyl sind, haben oft Angst vor einer Debatte, die schwierige Themen wie Kriminalität, Radikalität und Gewalt nicht ausspart, weil sie befürchten, dass dadurch rechte Parteien gestärkt werden könnten.

Wir machen Angebote, was Sprachenlernen und Weiterqualifizierung der Flüchtlinge angeht, haben aber keinen Hebel und nur wenige Sanktionsmöglichkeiten, wenn diese nicht angenommen oder wenn gewisse Grenzen überschritten werden. Wir lassen nach wie vor zu, dass »falsche Asylanten« ins Land strömen, von Leistungen profitieren, die ihnen nicht zustehen, und außerdem die Justiz mit ihren Klagen blockieren. Wir haben nach wie vor keine effektive Strategie gegen Kriminalität und Islamismus. Wir überlassen Frauen aus muslimischen Ländern ihrem Schicksal und dulden deren Unterdrückung auch hier in Deutschland, obwohl sie unsere besten Verbündeten wären, damit die Integration gelingt. Wir schaffen es immer noch nicht, einen gemeinsamen Diskurs über Migration und Integration zu finden, der von Angst, Opportunismus oder parteipolitischer Taktik frei ist. Jede Seite hält sich für das Maß aller Dinge und ist nicht imstande, sich der anderen Seite mit Empathie oder wenigstens mit Respekt zuzuwenden.

Die gute Nachricht ist: In jeder Krise steckt immer auch eine Chance, über sich hinauszuwachsen und jenseits der üblichen Lösungsmuster einen Ausweg zu finden. Dafür brauchen wir aber einen klaren Plan, einen fairen Diskurs und die Bereitschaft, diese Krise auch überwinden zu wollen. Wir werden weder mit Ignoranz, Überheblichkeit, Selbstzufriedenheit und Gleichgültigkeit weiterkommen, noch mit Panikmache und Schuldzuweisungen!

12

Integration ist möglich

Ein neuer Marshallplan für Deutschland

Wenn wir uns die letzten Kapitel noch einmal vor Augen führen, können wir also nicht von gelungener Integration sprechen. Sondern davon, dass noch sehr viel dafür getan werden muss, damit sie gelingt. Da, wo Integration bisher tatsächlich gelungen ist, war es in der Regel eine individuelle Leistung. Von Eltern, die ihren Kindern den Weg in diese Gesellschaft frei gemacht und sie angstfrei erzogen haben. Von Kindern, die sich gegen das Diktat der Eltern und der Community durchgesetzt und den Traditionsbruch gewagt haben. Oder die mit ihren Eltern verhandelt haben und sie davon überzeugen konnten, dass Integration für alle das Beste ist. Erleichtert wurden diese individuellen Leistungen durch eine deutsche Oma, eine Bezugsperson im Viertel oder eine Nachbarsfamilie, die den Migranten Deutschland erklärt und ihnen geholfen hat, mit den Herausforderungen in der Fremde klarzukommen. Ein Lehrer oder eine Lehrerin in der Schule, die ohne Angstpädagogik das Vertrauen des Kindes gewonnen, sein wahres Potenzial erkannt und es ohne Vorbehalte gefördert hat.

Die Schlüsselbegriffe für Integration sind also: Freiheit, Selbstbestimmung und Eigenverantwortung. Da wo Integration scheitert, fehlen Freiheit, Selbstbestimmung und Eigenverantwortung. Integration scheitert am Widerstand der Eltern, ihre Kinder frei zu erziehen und sie loszulassen. Sie scheitert an einer Community, die die Moral ihrer Mitglieder überwacht und ihre Entfaltung einschränkt. Sie scheitert an einer Schule, die nicht imstande ist, Werte zu vermitteln und den Kindern klarzumachen, dass hierin die bessere Alternative liegen könnte im Vergleich zu den patriarchalischen Strukturen, die in konservativen Familien vorherrschen. Sie scheitert an Misstrauen und gegenseitigen Unterstellungen. An Asymmetrie und Angst. Sie scheitert daran, dass der Diskurs vergiftet wird: Die Intoleranten in beiden Lagern werden immer lauter und unverschämter, und die Vernünftigen immer leiser und untätiger. Die Wirtschaft und ihre exportorientierten Interessen, der Sozialstaat und seine Profiteure, die Kirchen und ihre Privilegien, die Islamverbände und ihre Agenda wehren sich gegen ein umfassendes Integrationskonzept. Die Politik, die Gesellschaft, die Medien, die Sicherheitsbehörden, die Kirchen und die Muslime selbst haben die Probleme der Integration jahrelang ignoriert oder schöngeredet. Das Versäumnis begann damit, dass man die Entstehung von Parallelgesellschaften zugelassen hat, die sich mit der Zeit zu regelrechten Gegengesellschaften entwickelt haben. Eine Mischung aus konservativem Islam, türkischem Nationalismus und kriminellen Clans hat viele Muslime daran gehindert, sich mit Deutschland zu identifizieren. Die Schulen haben es bislang nicht geschafft, die Kinder gegen den Fundamentalismus, den Nationalismus und das Patriarchat zu immunisieren. Man verschwieg die Probleme aus Gleichgültigkeit oder falsch verstandener Toleranz. Und wenn dann doch eine Debatte in Gang kam, verlief sie nicht offen, sondern gehemmt: aus Angst vor der Rassismuskeule oder davor, eine Minderheit zu stigmatisieren.

All das verhindert die grundlegenden Veränderungen, die dringend notwendig wären. Anstatt dass der Chirurg beherzt zum Messer greift und die nötigen Operationen durchführt, begnügt er sich damit, dem schwer kranken Patienten ein paar Salben und Schmerzmittel zu verschreiben. Einige Politiker wissen mittlerweile um die Dimension der Katastrophe, scheuen sich aber, offen darüber zu reden, aus Angst davor, rechte Parteien zu stärken. Andere wollen etwas verändern, aber möglichst ohne die Gesetze zu verändern und ohne viel Geld dafür auszugeben. Um die gravierenden strukturellen Probleme zu beheben und einen Neuanfang zu wagen, braucht man allerdings beides: Geld und Gesetzesänderungen. Man braucht Mut und Ausdauer. Dem steht jedoch eine Besonderheit unseres politischen Systems im Wege: Die ständigen Bundestags- und Landtagswahlen lassen die Politiker nur in Kurzzeitrhythmen denken und planen. Beim Thema Integration geht es aber um langfristige Maßnahmen, um Visionen, deren Früchte sich erst später werden ernten lassen. Wie diese Früchte sein werden, was die Zukunft bringt, hängt davon ab, welche Weichen wir jetzt stellen.

Deutschland braucht einen Marshallplan für sich selbst. Für die Integration nicht nur von Migranten, sondern für die Integration all jener, die abgehängt sind oder sich abgehängt fühlen und sich vor einer unberechenbaren hochdigitalisierten und globalisierten Zukunft fürchten. Die Mitte der Gesellschaft muss gestützt und gestärkt werden, um die Furcht, abzurutschen, zu mindern. Wir brauchen nicht nur Integrationsangebote, sondern auch Integrations*gebote*. Wir können es uns nicht länger leisten, Integration als eine weitgehend freiwillige Aufgabe zu begreifen. Wir brauchen Konzepte und Anreize, aber auch Sanktionen, Steuerungs- und Kontrollmechanismen. Vor allem aber müssen, wie ich bereits erwähnte, viele verschiedene Akteure zusammenwirken.

Mein Appell an ...

... den Staat

Einer der wichtigsten Akteure ist natürlich der Staat. Aus meiner Sicht gibt es vier große Aufgaben, die dringend angepackt werden müssen.

Das Gewaltmonopol zurückholen: Bevor der Staat über konkrete Integrationsprojekte nachdenkt, muss er zuerst die Kontrolle in den No-go-Areas zurückgewinnen. Eine Null-Toleranz-Politik gegen den radikalen Islamismus, den Links- wie den Rechtsextremismus muss betrieben werden. Alle Netzwerke, egal welcher Gesinnung, die die innere Sicherheit und den gesellschaftlichen Frieden gefährden, müssen mit aller Vehemenz zerschlagen werden. Die dafür nötigen Gesetze müssen im Rahmen der Verfassung verabschiedet werden. Die bereits existierenden müssen effektiver und konsequenter angewandt werden. Die dafür nötigen Ressourcen müssen bereitgestellt, die vorhandenen – etwa aufseiten der Polizei – personell und finanziell aufgestockt werden. Kriminellen Banden und Clans muss das Handwerk gelegt werden. Eine Sonderkommission von Geheimdiensten, Bundesanwaltschaft, Bundeskriminalamt, Finanzamt, Finanz- und Immobilienexperten muss daran arbeiten, zuerst die Geldwege der Kriminellen zu blockieren, ihren kriminellen Sumpf trockenzulegen und dann die Strukturen zu zerschlagen. Die Befreiung der Migrantenviertel von solchen Kriminellen wird ein positives Signal an den Rest der Gesellschaft senden und das Vertrauen in den Staat und seine Organe stärken. Es wäre ebenfalls ein herber Schlag für die patriarchalischen Strukturen, die sich hinter solchen Großfamilien verstecken. Das

Ende der Einschüchterung ist der Beginn der Freiheit. Und Freiheit ist die erste Voraussetzung für die Integration.

Unterwanderung unterbinden: Ja, wir brauchen mehr gesellschaftliche Teilhabe für Muslime. Aber Teilhabe bedeutet nicht das Pochen auf Sonderrechte. Teilhabe bedeutet, Muslimen als gleichberechtigten Bürgern alle Rechte und Chancen zu gewährleisten, nicht aber ihnen im Namen der Religion Sonderkollektivrechte zu geben. Teilhabe bedeutet, die Richtigen am richtigen Ort einzustellen. Stellt man die Falschen ein, nur um ihre Sichtbarkeit zu demonstrieren, werden sie nicht nur scheitern, sondern mehr Ablehnung bei der Bevölkerung erregen. Deshalb muss der Staat genauer hinschauen, wer wo arbeitet. Gerade sensible Bereiche wie Polizei und Justiz müssen vor einer Unterwanderung durch Islamisten, Nationalisten und Clans geschützt werden.

Um Muslime besser zu integrieren, muss die Regierung den Einfluss des politischen Islam auf die Bildung und die sozialen Medien zurückdrängen. Und natürlich darf man keine Paralleljustiz durch sogenannte Friedensrichter auf deutschem Boden dulden. Man sollte aus der Entwicklung in der Türkei der letzten drei Jahrzehnte etwas lernen. Dieses säkulare Land, in dem Frauen, Schwule und Lesben vor einigen Jahren viele Rechte hatten, hat eine Kehrtwende vollzogen in Richtung einer religiösen Diktatur. Erdoğan und die Macht seiner AKP sind nicht über Nacht entstanden. Sie sind das Ergebnis einer schleichenden Unterwanderung der staatlichen Strukturen durch Islamisten. In den 1980er-Jahren hatten diese mehr Teilhabe in der Gesellschaft gefordert. Damals zeigten sie sich apolitisch und beteuerten ihren Respekt gegenüber der säkularen Ausrichtung des Staates. Sie behaupteten, ihnen ginge es nur um Spiritualität und islamische Werte wie Tüchtigkeit und Disziplin, die sie auch in den Schulen vermitteln wollten. Die damalige Regierung genehmigte ihnen die Gründung von religiösen Schulen, die eine ganze Generation prägten und in denen die Saat einer umfassenden islamischen Gesellschaftsordnung gestreut wurde. Die Absolventen dieser Schulen wurden später Lehrer, Polizisten, Richter und Armeeoffiziere. Der Marsch durch die Institutionen war ihre Strategie. Vor fünfzehn Jahren kamen sie dann mit der Kopftuchdebatte. Ebenfalls im Namen der Teilhabe forderten sie, dass Frauen auch an Universitäten und im öffentlichen Dienst Kopftuch tragen dürfen sollten. Das war der Vorbote der Islamisierung. Denn sie wussten, dass gewisse Symbole die Menschen psychisch auf mehr Einfluss der Religion vorbereiten.

Die gleiche Taktik verfolgen die Islamisten in Deutschland. Es ist ihnen bereits gelungen, eigene Kindergärten und Schulen zu gründen sowie Einfluss auf den Islamunterricht zu nehmen. Sie werden demnächst Wohlfahrtsverbände gründen und Krankenhäuser und Altersheime mit staatlichen Fördergeldern bauen. Sie werden wie die Kirchen im Rundfunkrat der regionalen Sender und vielleicht auch bei ARD und ZDF sitzen und mitreden. Sollte die Regierung diese Institutionalisierung des politischen Islam weiterhin unterstützen, wird sie auf diese Weise zulassen, dass das Erdoğan-Modell auch hier Schule machen kann.

Neue Verbündete suchen: Deshalb sollte sich der Staat neben den Islamverbänden andere Verbündete suchen. Zum Beispiel muslimische Wissenschaftler, Intellektuelle, Künstler, Sportler, Menschen- und Frauenrechtler, die für das Gemeinwesen arbeiten und nicht nur die Interessen einer bestimmten Gruppe vertreten. Religionsgemeinschaften sollten erst anerkannt werden, wenn deren Ziel tatsächlich nur die ungestörte Ausübung der Religion ist, nicht die Vertretung ausländischer Interessen und die Verbreitung reaktionärer Ideologien auf deutschem Boden.

Ein Einwanderungsgesetz verabschieden: Zu guter Letzt

sollte der Staat endlich ein modernes Einwanderungsgesetz verabschieden, das zwischen Migranten und Flüchtlingen unterscheidet und das die Migration entsprechend dem Bedarf im Land besser reguliert. Die Verabschiedung eines solchen Gesetzes scheiterte in der Vergangenheit immer daran, dass niemand zugeben wollte, dass Deutschland längst ein Einwanderungsland geworden ist: 20 Prozent der hier lebenden Menschen haben mittlerweile einen Migrationshintergrund. Ein Einwanderungsgesetz mit einem Punktesystem wie etwa in Kanada könnte nicht nur die Einwanderung besser steuern, sondern sie auch an bestimmte Voraussetzungen und Leistungen seitens des Neuzugewanderten knüpfen. Dieses Gesetz könnte die Integration nicht nur als eine freiwillige Leistung, sondern als eine Pflicht vorschreiben. Die Verlängerung des Aufenthaltsstatus müsste dementsprechend an die Erfüllung dieser Pflicht geknüpft werden. Darüber hinaus müssen die gegenwärtigen Lücken und Ungereimtheiten im Asylgesetz geschlossen werden, damit nicht die Falschen davon profitieren und die Richtigen nicht mehr jahrelang auf die Bearbeitung ihrer Anträge warten müssen.

… die Justiz

Das Herzstück eines funktionierenden Staatswesens mit Gewaltenteilung ist eine Justiz, der die Bürger vertrauen und die imstande ist, Menschen, die gegen Gesetz und Verfassung verstoßen, effektiv zu bestrafen. Die Justiz in Deutschland war auch vor der Flüchtlingskrise wegen Personalmangel und Überhäufung mit Klagen bereits überlastet. Dazu kamen nun die neuen Asylverfahren; vor allem Asylbewerber, die eigentlich keinen Anspruch darauf haben, hierzubleiben, blockierten mit ihren Klagen den Justizapparat, um einer Abschiebung zu entgehen.

Damit der Apparat besser funktioniert, ist eine Aufstockung von Personal und Ressourcen dringend geboten.

Immer wieder wurde in letzter Zeit auch der Ruf laut nach einer Verschärfung von Gesetzen. Ein populistischer Reflex, der suggeriert, die innere Sicherheit sei permanent gefährdet. Aus meiner Sicht würde es in vielen Bereichen genügen, wenn die vorhandenen Gesetze konsequent angewendet würden. Ein Straftäter muss – unter Wahrung der Rechtsstaatlichkeit – die Härte der Justiz zu spüren bekommen. Das gilt auch für straffällig gewordene Asylbewerber oder Intensivtäter mit Migrationshintergrund. Gesetzeslücken, die hier eine Abschiebung verhindern, müssen geschlossen werden. Zudem muss mehr Druck auf jene Herkunftsländer ausgeübt werden, die sich weigern, abgelehnte Asylbewerber wiederaufzunehmen. Schließlich handelt es sich um Staaten, die von Deutschland Entwicklungshilfe kassieren oder enge wirtschaftliche Verbindung zur EU haben.

Verfassungsänderungen sollten nicht kategorisch ausgeschlossen werden: Das Grundgesetz ist für die Menschen da, nicht umgekehrt. Es trat 1949 in Kraft und war entstanden unter dem Eindruck der traumatischen Erfahrungen im Dritten Reich. Daher war eine seiner wichtigsten Aufgaben, die Bürger vor der Willkür des Staates zu schützen. Die ersten 19 Artikel, die Grundrechte, sind denn auch eher Bürgerrechte und definieren die Leitplanken für den Staat, innerhalb deren er diese Rechte zu garantieren hat. Heute leben die Deutschen in anderen Zeiten und sind nicht mehr unter sich. Sie brauchen einen Ausbau bzw. Umbau des Grundgesetzes, um die neuen Herausforderungen zu meistern. Zum Beispiel brauchen wir neue verpflichtende Artikel für die Bürger, was freie persönliche Entfaltung und die Gleichberichtigung von Mann und Frau angeht. Nicht nur der Staat muss das garantieren, sondern auch die Bürger müssen das im Alltag und in den Familien durchsetzen. Väter, die ihren Töchtern verbieten, Sport zu treiben oder an Klassenfahrten teilzunehmen, müssen juristisch belangt werden können.

Die Hierarchisierung der Artikel sollte überdacht werden: Es darf nicht sein, dass ein Artikel wie Artikel 4, der die Glaubensfreiheit garantiert, andere Artikel aushebelt. Es muss klar werden, dass die Menschenwürde und die persönliche Freiheit Vorrang haben vor den kollektiven Rechten religiöser Gruppen. Wir brauchen eine Schranke für Artikel 4, die deutlich präzisiert, wo die Grenzen der Religionsfreiheit genau liegen. Sie muss klar trennen zwischen dem Recht auf die ungestörte Ausübung religiöser Rituale (Gebet, Fasten und Pilgerfahrt) und den Aspekten einer Religion, die nicht immer im Einklang mit den anderen Artikeln der Verfassung stehen (Meinungsfreiheit, Tierschutz und Gleichheit der Geschlechter).

Schließlich muss das Staatskirchenrecht modernisiert werden, damit politische Gruppen, die sich als Glaubensgemeinschaften tarnen, nicht die gleichen Privilegien wie die Kirchen beanspruchen. Diese Gruppen nutzen die unvollendete Säkularisierung und die Grauzonen im Grundgesetz aus, um ihre Machtstrukturen aufzubauen. Dadurch erreicht man keine bessere Integration, sondern eine Spaltung der Gesellschaft und eine Stärkung der Kräfte, die die Reform verhindern.

… die Polizei

Schlechte Bezahlung, die anspruchsvollen Dienstzeiten und das schlechte Image motivieren immer weniger junge Menschen, in den Polizeidienst einzutreten. Es ist in unser aller Interesse, dass sich daran etwas ändert. Der Beruf muss wieder attraktiver werden, Polizisten müssen besser ausgebildet, ausgestattet und auch besser bezahlt werden. Nur eine starke, handlungsfähige Polizei ist in der Lage, ihre Aufgaben zu erfüllen. Dazu gehört auch, Räume zurückzuerobern, in denen der Staat sein Gewaltmonopol bereits abgegeben hat oder es zu verlieren droht. Wie bereits erwähnt, gibt es in ganz Europa inzwischen No-go-Areas, wo der Staat und sein verlängerter Arm keinen Einfluss mehr haben. Wo Clans die Herrschaft übernommen haben und die Einwohner des Viertels nach ihren Vorstellungen gängeln und kontrollieren. Betroffen davon sind zunächst vor allem die Einwohner, doch die No-go-Areas wuchern an den Rändern, verleiben sich Straße um Straße ein.

Hinzu kommt, dass die dahintersteckenden Kräfte inzwischen auch den Marsch in die Institutionen angetreten haben. Dass sie – wie in Berlin – gezielt versuchen, ihre Leute in den Polizeidienst einzuschleusen. Generell gilt: Wer Zugang zu Waffen und zu sensiblen Bereichen wie etwa Flughäfen hat, muss vertrauenswürdig sein. Ich will keinen Generalverdacht gegen bestimmte Gruppen aussprechen, aber es ist bekannt, dass gewisse Kreise des politischen Islam genauso wie vom rechten Rand ein Interesse daran haben, in staatlichen Organen Fuß zu fassen. Die Polizei kann es sich nicht leisten, die wahre Gesinnung ihrer Mitarbeiter erst im Nachhinein festzustellen. Wie in Israel sollten alle, die bei der Polizei, in der Justiz und der Armee arbeiten, vorher genau überprüft werden, um mögliche Verbindungen zu antidemokratischen Ideologien oder radikalen politischen Gruppen auszuschließen. Auch wenn man dabei Gefahr läuft, manchmal die Falschen auszuschließen, muss man dieses Risiko in Kauf nehmen. Denn die Falschen einzustellen wäre viel fataler. Nur so garantiert man eine gute Teilhabe derer, die muslimisch oder patriotisch sind, aber die Demokratie nicht infrage stellen.

… die Wirtschaft

Die größten Ressourcen, die Deutschland hat, liegen in den Bereichen Innovation und Entwicklung. Wir sind Exportweltmeister nicht in Sachen Rohstoffe, sondern aufgrund von Produkten, die mit Know-how entwickelt wurden. Die Voraussetzung dafür ist nicht nur eine innovationsorientierte, kreative Forschung. Sondern ein Bildungssystem, das es in der Vergangenheit verstanden hat, auch durch das duale Ausbildungssystem, die benötigten Fachkräfte hervorzubringen.

Um zukunftsfähig zu bleiben, muss dieses Bildungssystem aber modernisiert werden. Und dafür braucht es gewaltige Investitionen, die ohne die Mitwirkung der Wirtschaft nicht zu stemmen sein werden. Der Wirtschaft muss klar sein, dass der Export zwar wichtig ist, aber der Zusammenhalt dieser Gesellschaft vornehmlich davon abhängt, dass ihre Mitglieder zufrieden sind und gebraucht werden. Das wird eine große Herausforderung für die Zukunft werden. Politik und Wirtschaft werden Konzepte erarbeiten müssen, wie ein neuer Arbeitsmarkt 4.0 aussehen kann. Wodurch jene vielen Jobs ersetzt werden können, die durch die weitere Digitalisierung wegfallen werden. Diese Konzepte fehlen bislang, obwohl die Zeit drängt.

Allerdings werden sich nicht alle Arbeitsplätze in die digitale Welt verlagern. Nach wie vor braucht man Schlosser, Bäcker, Metzger und Pflegepersonal. Es herrscht schon jetzt nicht nur Fachkräftemangel, gerade im Handwerk drohen gewaltige Lücken, der Nachwuchs fehlt. Auch weil diese Berufe ein Imageproblem haben, als nicht attraktiv gelten, weil man weniger verdient und sich körperlich anstrengen muss. Ein weiterer Grund für die Nachwuchsprobleme liegt darin, dass man viel zu lang nur auf Abiturienten geblickt hat, Real- und Hauptschüler selbst in einst klassischen Berufsfeldern kaum noch unterkamen. Schüler ohne Abitur – und damit viele Kinder mit Migrationshintergrund – konnten sich nicht nur abgehängt fühlen, sie waren es tatsächlich.

Aufgrund des demografischen Wandels wird sich das in Zukunft ändern, gleichzeitig sollten Handwerk und Wirtschaft dennoch aktiv werden. Es ist wichtig, dass Kinder und Jugendliche früh auf die Digitalisierung vorbereitet werden. Aber auch wie eine Autowerkstatt, eine Bäckerei oder ein Friseursalon funktioniert, sollten sie wissen. Dafür sind Kontakte zwischen Schulen, kleinen Betrieben und Unternehmen notwendig. An Haupt- und Realschulen gibt es bereits entsprechende Projekttage, auch etwas längere begleitende Praktika. Solche Schnupperbesuche sollten regelmäßig stattfinden, nicht nur einmal im Jahr. Durch Besuche der verschiedenen Branchen können die Jugendlichen ein besseres Verständnis für die Möglichkeiten erhalten, die es gibt, und ausloten, was ihnen Spaß machen könnte und was nicht. Dann werden sie ihre Ausbildung auch mit Überzeugung und Begeisterung absolvieren und später im Job produktiver sein. Davon wiederum wird die Wirtschaft profitieren und mit ihr die Gesellschaft.

... die Schulen

Die Welt verändert sich, und die Schulen müssen mitziehen. Fakt ist: Das Bildungssystem und die Unterrichtsmethoden taugen nicht mehr in allen Bereichen, um die Herausforderungen der Gegenwart und der Zukunft zu meistern. Die Schule muss mehr sein als ein Ort der Wissensvermittlung, es muss Raum geben, um die Kinder auf die Welt »da draußen« vorzubereiten. Diese Welt verändert sich, und mit ihr verändern sich gesellschaftliche Strukturen, vermeintliche Gewissheiten geraten ins Wanken.

Das Kapitel »›Kulturelle Kompatibilität‹ und Bildung« hat

gezeigt, dass den Schulen eine Schlüsselrolle bei der Integration zukommt. Dass es aber offenbar nicht gelingt, die Vorzüge unseres freiheitlich-demokratischen Systems in den Köpfen aller Schüler zu verankern. Damit sich das ändern kann, muss viel getan werden. Es beginnt damit, dass Lehrkräfte eine breitere Qualifizierung brauchen, um die Herausforderungen des Schulalltags zu meistern. Derzeit werden sie weitgehend alleingelassen, sie erfahren zu wenig Unterstützung etwa durch Sozialarbeiter und psychologisch geschultes Personal. Nicht nur an Brennpunktschulen ist das ein Problem.

Wer vor einer Klasse steht mit dreißig Schülern aus zig verschiedenen Herkunftsländern, ist mit anderen Schwierigkeiten konfrontiert als ein Lehrer, der in einer eher homogenen Klasse unterrichtet. Seit 2015 müssen zudem junge Flüchtlinge integriert werden, die mit enormen psychischen Belastungen zu kämpfen haben. Hier fehlt das entsprechend geschulte Personal, das mit solchen Traumata umgehen kann.

Lehrer müssen besser auf potenzielle Konflikte vorbereitet werden. Es muss neben dem Abarbeiten des Lehrplans Raum geben für Diskussionen, in denen Schüler über das sprechen können, was sie bewegt. Egal ob es sich um den IS, den Nahostkonflikt, um Erdoğan, Integration oder Flüchtlinge handelt. Wir brauchen eine offene Streitkultur in den Schulen, die nicht aus Kultursensibilität und Angst vor Konflikten wichtige Debatten unterdrückt. Dazu gehört auch, dass die Schule patriarchalischen und autoritären Strukturen etwas entgegensetzen kann. Dass sie in der Lage ist, die Werte der Freiheit und Demokratie als die bessere und attraktivere Alternative zu präsentieren.

Mehr Raum nicht nur für Debatten, sondern auch für Kreativität könnte entstehen, wenn es mehr Ganztagsschulen gäbe. Wenn Schüler und Lehrer mehr Zeit miteinander verbringen, die anders gefüllt wird als nur mit Wissensvermittlung, kann auch ein anderes Vertrauensverhältnis entstehen, weil man den anderen in all seinen Facetten erlebt. Gerade für Kinder mit Migrationshintergrund ist die Schule oft der einzige Ort, an dem sie sich jenseits der Kontrolle der Eltern und der begrenzten Welt der (muslimischen) Community entwickeln können. Umso wichtiger ist es, dass zwischen Lehrern und Schülern ein Vertrauensverhältnis besteht, wodurch kulturelle Differenzen leichter angesprochen werden können.

Diese Differenzen gibt es, und darüber sollte auch offen geredet werden. Zu den heiklen Themen bei muslimischen Schülern gehören unter anderem Patriarchat, Religion, Sexualität und Selbstbestimmung. Es ist wichtig, wie über diese Themen gesprochen wird: Es ist sinnlos, einem unfreien Menschen ständig vorzuwerfen, dass er unfrei ist. Kinder können nichts dafür, in welche Familien sie hineingeboren werden. Das heißt, es sollte nicht darum gehen, auf den negativen Aspekten von etwas herumzureiten, das führt nur dazu, dass der Betroffene sich abgelehnt fühlt und dichtmacht. Es geht darum, und ich wiederhole mich hier, zu zeigen, wie schön Freiheit und Selbstbestimmung sein können.

Die Schule kann die Gedanken und die Geisteshaltung der Aufklärung am besten vermitteln – aber nicht allein dadurch, dass die Kinder über die Theoretiker und Philosophen der Aufklärung lesen, sondern indem sie verstehen, dass die Aufklärung eine Chance für uns alle ist. Aufklärung heißt, dass kein Mensch seinem Schicksal oder seiner Herkunft verhaftet bleiben muss und dass wir durch Vernunft und Erfahrung sehr weit kommen können. Dass Herkunft, Kultur und Religion nur ein Baustein bei der Identitätsbildung sind, aber nicht die Mauer, die uns voneinander trennt. Dass wir alle freie, mündige Individuen sind, die durch Distanz zu unseren Nationen, Religionen und Communitys diese nicht nur klarer sehen, sondern auch optimieren können.

Die Schule sollte nicht der Ort sein, an dem die Kämpfe zwischen den Kulturen/Religionen ausgetragen werden, sondern der Ort, an dem man darüber konstruktiv streitet. Deshalb bin ich auch gegen den konfessionsgebundenen Religionsunterricht, wo Kinder voneinander getrennt werden und Unterweisungen bekommen, sondern für einen gemeinsamen Religionskundeunterricht, an dem alle Kinder teilnehmen. Auf diese Weise erfahren sie etwas über die Religion der anderen, Skepsis und Vorbehalte können abgebaut werden.

Skepsis und Vorbehalte herrschen auch bei manchen Eltern, wenn es um die Schule geht. Gerade für religiöse Eltern ist der Schulbesuch der Kinder mit Ängsten verbunden. Sie fürchten, dass ihre Tochter irgendwann zu ihnen kommt und sagt, ich trage ab jetzt, was ich will, und ich lebe, wie ich will. Sie haben Angst, sie könnte auf einer Klassenfahrt schwanger werden, und verbieten ihr deshalb eine Teilnahme. Sie fürchten, zu einer Zielscheibe in der Community zu werden, wenn sie nicht hart durchgreifen und die konservativen Werte an die nächste Generation weitergeben.

Es ist schwer für Schulen, hier eine Brücke zu bauen. Aber es ist unendlich wichtig. In der Regel treffen Eltern und Lehrer nur dann aufeinander, wenn es gravierende Probleme gibt oder ein klassischer Elternabend ansteht, bei dem unter Zeitdruck der schulische Leistungsstand des Kindes heruntergespult wird. Vertrauensbildender wäre es, Möglichkeiten für einen wirklichen Dialog zu schaffen. Bei gemeinsamen Festen oder Projekttagen, an denen Eltern Einblick in die schulische Arbeit erhalten. Das wird nicht bei allen fruchten, aber manche werden vielleicht begreifen, dass ihre Ängste unbegründet waren. Und dass die Welt »da draußen« keineswegs nur große Gefahren bereithält, sondern auch Chancen, die zu ergreifen sich lohnt.

... die Zivilgesellschaft

Wir brauchen eine neue Wertedebatte: Diese Debatte sollte nicht in politische Lagerbildung münden, sondern darauf abzielen, die Spaltung in der Gesellschaft abzuwenden. Sie sollte nicht gegen Muslime, gegen Linke oder Rechte gerichtet sein, sondern die Chance für uns alle bieten, eine gemeinsame Identität zu definieren. Davon sind wir derzeit weit entfernt, wir erleben, im Gegenteil, gerade eine Werteerosion. Immer mehr Menschen aus allen Lagern stellen die Demokratie und die Freiheit infrage. Wir brauchen eine Debatte darüber, wie wir die Demokratie stärken und die Freiheit gegen ihre Feinde verteidigen können. Es wäre ein starkes Signal an die ganze Gesellschaft und an die Welt, wenn alle Demokraten, Muslime und Nichtmuslime sich für die Freiheit einsetzten und alle ächten und isolieren würden, die diese Freiheit verachten oder sie dafür missbrauchen, ihren »Freiheitsbegriff« zu implementieren.

Teilhabe statt Toleranz: Wir sollten aufhören, Muslime als ein einheitliches Kollektiv zu sehen. Muslime sind vielfältig, haben unterschiedliche Interessen und unterschiedliche Zugänge zu Deutschland. Wir sollten sie erstens als Individuen und zweitens als gleichberechtigte Bürger akzeptieren. Und drittens jene, die deutsche Staatsbürger sind, nicht als Staatsbürger zweiter Klasse betrachten.

Keine Diskriminierung und keine Sonderrechte: Toleranz ist in einer Gesellschaft wichtig, Toleranz bedeutet aber auch in gewisser Weise Duldung und damit, dass eine Gruppe Macht hat über eine andere. Das ist kein passendes Gesellschaftsmodell für das 21. Jahrhundert. Ich will nicht geduldet werden, ich will die gleichen Rechte und Pflichten haben wie ein Herkunftsdeutscher.

Die Mitte der Gesellschaft muss die Zügel dieser Debatte

wieder in die Hand nehmen. Man muss nicht sofort zu einem Konsens kommen, um Frieden und Harmonie vorzutäuschen. Wir können gerne heftig und leidenschaftlich streiten. Aber mit Respekt und zielorientiert. In keinem Fall sollte man diese wichtige Debatte den moralisierenden Linken oder den demagogischen Rechten überlassen. Gleichwohl darf man beide Seiten nicht von der Debatte ausschließen. Schließlich können uns die Extrempositionen bei der Orientierung helfen, wo die Mitte überhaupt liegt.

… die Linken

Dem linken politischen Spektrum haben wir sowohl die Sozialdemokratie als auch den Kommunismus zu verdanken. Linke Vordenker haben den Weg geebnet für die soziale Marktwirtschaft wie auch für die Planwirtschaft. Sie haben die Prinzipien der Toleranz und Freiheit verteidigt, aber auch autoritären Herrschern zugejubelt, die sich dem Kapitalismus nicht beugen wollten.

Gerade in der Integrationsdebatte können wir auf das humanistische Potenzial der Linken nicht verzichten. Gleichwohl appelliere ich an sie, sich von mancher naiven Vorstellung von Multikulti zu verabschieden. Denn, liebe linke Freunde:

»Muslime sind nicht eure Kuscheltiere«, wie es der Psychologe Ahmad Mansour einst formulierte. Sie brauchen eure schützende Hand nicht. Man kann von ihnen das Gleiche erwarten, was man von allen Bürgern dieses Landes erwartet. Nur so holt man die Abgehängten aus der Lethargie und der Unmündigkeit heraus und ermächtigt sie, das eigene Schicksal in die Hand zu nehmen.

Islamkritik ist keine Islamophobie: Jeden als Rassisten zu bezeichnen, der eine kritische Haltung gegenüber dem Islam hat, ist ein Ausdruck von Diskursunfähigkeit.

Haltet Werte wie Meinungsfreiheit, Gleichberechtigung und sexuelle Freiheit nicht nur hoch, sondern fordert deren Erfüllung von allen ein.

Stoppt eure Allianzen mit autoritären Kollektiven, nur weil sie sich gegen den Westen richten, und überdenkt euer einseitiges Deutschlandbild. Sucht die Versöhnung mit eurem Land, denn dieses Land ist wunderbar und hat viel Potenzial. Ihr könnt Neuzugewanderten nur helfen, wenn ihr ihnen helft, Deutschland kennen- und lieben zu lernen, und indem ihr ihnen die Freiheit gönnt, die ihr selbst habt.

… die Rechten

Auch wenn Franz Josef Strauß das anders gesehen hat: Ich finde es legitim, dass es rechts von der Union noch andere Parteien geben darf, sofern sie demokratisch legitimiert sind. Den Einzug der AfD in den Bundestag mag man bedauern, aber er ist nun einmal das Ergebnis einer demokratischen Wahl. So gesehen bildet das neue Parlament die Gesellschaft mit all ihren Strömungen möglicherweise klarer ab als zuvor. Kaum eine Partei polarisiert so stark wie die AfD, kaum einer anderen Partei wurde im Vorfeld der Wahl so viel Raum eingeräumt. Weder sind ihre Wähler und Mitglieder allesamt Rechtsextremisten, noch sind sie die »Retter des Abendlandes«, das längst nicht so gefährdet ist, wie manche Parteigänger fürchten. In einer Demokratie muss es möglich sein, diese unbequeme Partei auszuhalten und sich konstruktiv mit ihr auseinanderzusetzen. Sie zu dämonisieren ist überheblich und hilft niemandem.

Wer aber nun für sich einfordert, Gehör mit seinen Anliegen zu finden, muss im Gegenzug auch selbst zuhören. Gerade weil ich diese Partei und ihre Anhänger ernst nehme, möchte ich ihnen Folgendes sagen:

Berechtigte Islamkritik ist keine Rechtfertigung dafür, ganze Gruppen auszugrenzen. Wir sollten lernen, zwischen den Menschen und der Ideologie zu unterscheiden. Nicht jeder Muslim ist ein potenzieller Terrorist oder Vergewaltiger. Nicht jeder Muslim ist ein wandelnder Koran auf zwei Beinen. Viele Muslime sind aufrichtige Demokraten, darunter auch viele Gläubige.

Ein Gläubiger glaubt, dass Gott ihn beschützt. Ein Fanatiker dagegen glaubt, er müsse Gott beschützen. Ähnlich ist auch der Unterschied zwischen einem Patrioten und einem radikalen Nationalisten. »Ein Patriot ist jemand, der sein Vaterland liebt, ein Nationalist ist jemand, der die Vaterländer der anderen verachtet«, sagte der ehemalige Bundespräsident Johannes Rau einmal. Viele Muslime sind echte deutsche Patrioten. Den Begriff Heimat zu monopolisieren und solche Menschen auszuschließen ist undemokratisch.

Deutschland hat gravierende Probleme mit Migration und mit dem politischen Islam. Man kann diese Probleme nicht alleine dadurch lösen, dass man sich ständig über die Missstände beschwert. Man muss auch auf Migranten zugehen und Lösungen anbieten. Parteien wie die AfD sollten nicht den Dialog mit dem Zentralrat der Muslime suchen, sondern mit säkularen demokratischen Muslimen. Sie sollten Konzepte für Bildung und für den Umgang mit Digitalisierung entwickeln, denn die Lösung solcher Probleme kommt nicht nur Migranten zugute, sondern allen Menschen, die hier leben.

So wie ich immer fordere, nicht alle AfD-Wähler als Nazis zu beschimpfen, sondern stattdessen den Dialog mit ihnen zu suchen, fordere ich auch, nicht alle Muslime als Problemfälle zu deklarieren. Ebenfalls dürfen Menschen, die sich für eine bessere Integration von Flüchtlingen einsetzen, nicht hämisch als »Bahnhofsklatscher« bezeichnet werden. Wir können keine vernünftige Debatte führen, wenn jede Gruppe sich für das Maß aller Dinge hält und die anderen als »Gutmenschen«, »Nazis« oder »Parasiten« herabwürdigt. Bei jeder Gruppe gibt es vernünftige Menschen und solche, mit denen man keinen Kaffee trinken gehen würde. Um den geistigen Bürgerkrieg im Lande zu beenden, sollten die Vernünftigen aller Parteien sich zusammentun und einen Ehrenkodex des fairen politischen Umgangs miteinander vereinbaren, statt einander abfällig und arrogant zu behandeln. Das gilt für die AfD wie auch für die anderen Parteien. Man kann hart in der Sache bleiben, aber man muss immer den Humanismus und das demokratische Bewusstsein als Grundlage des Handelns wahren.

So wie ich von den Muslimen und von den Linken fordere, sich von den Radikalen in den eigenen Reihen zu distanzieren, sie zu ächten und zu isolieren, fordere ich auch euch auf, keinen Fremdenhass und keine Hetze in euren Reihen zu dulden. Denn die Stimmen, die man mit Angst und Hetze gewinnt, drehen sich später gegen die Partei. Wer Politikverachtung, Verschwörungstheorien gegen alle Medien und Hasstiraden in den eigenen Reihen duldet, darf sich nicht wundern, wenn dieser emotionalisierte Diskurs die Handlungsfähigkeit der Partei infrage stellt.

Deutschland verändert sich. Einen Weg zurück gibt es nicht. Wir wollen dieses Land vor den Kräften schützen, die ihm gegenüber feindselig eingestellt sind. Das kann nur gelingen, wenn alle Demokraten sich jenseits ihres politischen oder religiösen Hintergrunds zusammenschließen. Sich aber mit den Hasserfüllten zusammenzutun, um den Hass zu bekämpfen, macht eine Partei unglaubwürdig.

… die Medien

Im Idealfall ist es die Hauptaufgabe des Journalismus, Menschen zu informieren und zwischen Politik und Gesellschaft, Forschung und Gesellschaft zu vermitteln. Denn nicht jeder Bürger ist imstande, komplizierte politische oder wissenschaftliche Zusammenhänge zu verstehen. Im Bereich Kunst und Kultur fungieren die Medien oft als Vorkoster, die dem Leser bzw. dem Zuschauer besondere literarische oder künstlerische Werke empfehlen.

Gerade in Zeiten starker Polarisierung brauchen wir diese vermittelnde und analysierende Rolle des Journalismus dringender denn je. Wir brauchen keine Belehrungen, sondern Journalisten, die einen kühlen Kopf bewahren und sich an ideologischen Grabenkämpfen nicht beteiligen. Unsere Medienlandschaft verfügt zum Glück noch über viele solcher Kollegen, die gewissenhaft recherchieren und sich nur der Wahrheitsfindung verpflichtet fühlen. Doch manche haben längst ihre neutrale Rolle aufgegeben und fungieren als Sprachrohr der einen oder der anderen Seite. Nirgends ist diese Schieflage deutlicher zu sehen als bei den Themen Islam, Flüchtlinge und Integration. Während die einen die Probleme und Gefahren herunterspielen, übertreiben die anderen maßlos, was die Tragweite solcher Probleme angeht. Während die einen lieber über den ehrlichen Syrer berichten, der Geld gefunden und es ganz selbstverständlich bei der Polizei abgegeben hat, schreiben die anderen lieber über den afghanischen Vergewaltiger, der einen ganzen Landkreis in Angst und Schrecken versetzt. Natürlich gibt es die beiden, doch exemplarisch für die Mehrheit der Flüchtlinge stehen weder der eine noch der andere. Wohl aber kann man mit beiden Geschichten auf unterschiedliche Weise Stimmungen beeinflussen.

Gerade bei den Themen Asyl und Flüchtlinge hat das eine

gewisse Tradition. Der *Spiegel* etwa titelte schon 1991 mit »Der Ansturm der Armen«, 2006 gab es den identischen Aufmacher. Das »Boot« war damals »schon voll«, 2015 erlebte der Slogan, mit dem sich die Republikaner Anfang der 1990er-Jahre profilierten, eine Renaissance. Mal schürte man Panik vor Scheinasylanten, warnte vor einer neuen Völkerwanderung, gewalttätigen Banden und Terroristen; dann wieder verbat man sich jede Kritik an der Regierung, als dürfe man das »Wir schaffen das« nicht in Zweifel ziehen.

Zu einer kritischen Analyse gehört auch, dass Probleme, Defizite und Rückschritte ehrlich thematisiert werden. Die Angst, dass der rechte Rand die Erkenntnisse für seine politischen Zwecke missbraucht, ist eigentlich unbegründet. Denn erst dann, wenn die Mitte der Gesellschaft und die Medien sich weigern, diese Debatte zu führen, werden die Rechten daraus Kapital schlagen können.

Natürlich sollten die Medien auch die Erfolge der Integration hervorheben, aber ohne Idealisierung. Genauso wie die Medien zu Recht auf Mängel bei kritischen Studien zum Islam und zur Integration hinweisen, die den wissenschaftlichen Standards nicht entsprechen, müssen sie die gleichen Standards anlegen bei Studien, die uns vorgaukeln wollen, dass die Integration gelungen sei und der Islam längst reformiert wurde.

… die Islamverbände

Auch wenn ich den konservativen Verbänden kritisch gegenüberstehe, halte ich deren Existenz für legitim. Sie vertreten eine Großzahl der Muslime und haben daher den Anspruch, die Interessen ihrer Mitglieder im Rahmen der Verfassung durchzusetzen. Die Betonung liegt hier auf »ihrer Mitglieder«, denn die Mehrzahl der hier lebenden Muslime ist gar nicht organisiert. Deshalb haben die Verbände auch kein Recht, im

Namen aller Muslime, geschweige denn im Namen des Islam zu sprechen.

Sie wollen staatlich anerkannt werden, aber:

Es gibt keine Anerkennung zum Nulltarif: Wer als deutsche Körperschaft des öffentlichen Rechts anerkannt werden will, muss die deutschen Werte nicht nur annehmen, sondern diese auch vermitteln. Wer Förderung beansprucht, muss mit Angeboten an die Gesamtgesellschaft herantreten, statt nur Lippenbekenntnisse zu liefern.

Raus aus der Kontrolle ausländischer Regierungen und Gruppen: Wir leben hier in Deutschland, und die Angebote an deutsche Muslime müssen einerseits der Lebensrealität der Muslime hier, andererseits aber auch der Realität des Landes entsprechen. Die finanzielle Abhängigkeit vom Ausland und von der klassischen Theologie aus der Türkei, Ägypten und Saudi-Arabien führt zu weiterer Stagnation und Radikalisierung. Die Vermittlung von religiösen Inhalten sollte keine geistige und moralische Mauer zwischen Muslimen und dem Rest der Gesellschaft aufbauen, sondern Wege finden, die Religion mit der persönlichen Freiheit und mit der säkularen Grundordnung zu versöhnen.

Dafür brauchen wir eine neue Minoritätentheologie, die sich nicht nach den klassischen theologischen Grundsätzen richtet, die vor Jahrhunderten für eine andere Gesellschaft gedacht waren. Wir brauchen eine Theologie, wie sie die Juden entwickelt haben, nachdem Babylon unter persische Herrschaft geraten war. Um keinen Konflikt mit der Obrigkeit zu provozieren, erklärten sie damals das Prinzip *dina de malakhuta dina,* das Gesetz ist das Gesetz des Herrschers. Dieses Prinzip wurde vom Talmudgelehrten Mar Schmuel ausgerufen und schreibt vor, dass Juden grundsätzlich verpflichtet sind, die Gesetze des Landes, in dem sie leben, zu respektieren und zu befolgen. Das bedeutet auch, dass diese in bestimmten Fällen sogar der Halacha, dem jüdischen Gesetz, vorzuziehen sind. Im 18. Jahrhundert hatte der jüdische Aufklärer Moses Mendelssohn die Juden zur Integration in Deutschland ermutigt. Er sagte ihnen »Seid Juden zu Hause und deutsch auf der Straße«. Die jüdische Reformation Haskala hatte das Ziel, nicht nur die Juden in Europa zu integrieren, sondern auch die europäische Aufklärung bei den Juden zu integrieren. Im 19. Jahrhundert hatte der dänische Pfarrer und Philosoph Nikolai Frederik Severin Grundtvig seine Landsleute auf die Säkularisierung mit den Worten vorbereitet: »Sei zuerst Mensch, dann Christ.« Auch die muslimischen Bosniaken hatten im 19. Jahrhundert eine Minoritätentheologie entwickelt, als sie unter die Herrschaft der christlichen österreich-ungarischen Herrschaft gerieten. Eine Theologie, die die religiöse Identität der Bosniaken bewahrt und dennoch keinen Konflikt mit den Werten der herrschenden Gesellschaftsordnung provoziert. Eine Theologie, die die Spiritualität mehr betont und den Menschen selbst überlässt, was sie essen und wen sie lieben sollten. Ein bosnischer Imam, den ich in Sarajevo getroffen habe, hat eine Tochter, die kein Kopftuch trägt und einen Freund hat. Ich fragte ihn, wie er das mit den islamischen Werten vereinbart. Seine Antwort war einleuchtend: »Wichtig ist, dass meine Tochter das mit ihrem Gewissen selbst vereinbart. Ich kann ihr die Werte vermitteln, was sie daraus macht, ist ihre Sache. Und was für mich als Vater in erster Linie wichtig ist, ist, dass meine Tochter glücklich ist.« Muslime in Europa brauchen also keinen Martin Luther, um den Islam zu reformieren, sondern jemanden wie Mar Schmuel, wie Pfarrer Grundtvig und wie den humanistischen bosnischen Imam.

Raus aus der Opferhaltung: Ja, viele Muslime haben keine gute Ausgangsposition in der Gesellschaft, und ja, es gibt noch diskriminierende Strukturen. Aber in der Opferhaltung zu verharren kann nicht die Lösung sein. Das inflationäre Verwenden des Rassismusvorwurfs verharmlost die wirklichen Rassisten und löst keine Probleme. Außerdem isoliert diese Haltung junge Muslime und macht sie anfällig für Radikalisierung.

... die Kirchen

Die christlichen Kirchen dürfen sich nicht zu Komplizen des politischen Islam machen. Oft verstecken sich die Islamverbände hinter den Kirchen, um noch mehr Privilegien und Fördergelder zu bekommen. Dabei werden sie von den Kirchen gedeckt und aufgewertet. Es ist zum Beispiel aus meiner Sicht ein Skandal, dass die Kirchen sich dafür eingesetzt haben, dass der türkische Verband DITIB im hessischen Rundfunkrat sitzen darf – wenige Tage nachdem bekannt geworden war, dass DITIB-Imame Gegner von Erdoğan in Deutschland bespitzeln. Aber das nur nebenbei. Die muslimischen Verbände haben auch Druck über den Verweis auf die Kirchen ausgeübt, als es um die Einführung des konfessionsgebundenen Islamunterrichts ging. Hier werden Rechte eingefordert, die den Verbänden eigentlich nicht zustehen. Um dies zu legitimieren, arbeiten sie massiv daran, als Religionsgemeinschaft anerkannt zu werden.

Der Dialog zwischen den Religionen ist immens wichtig, er wird aus meiner Sicht aber oft mit den falschen Akteuren geführt. So geschieht es immer wieder, dass die Kirchen den Dialog mit Moscheen suchen, die unter Beobachtung des Verfassungsschutzes stehen bzw. gestanden haben, wie zum Beispiel die Dar-assalam-Moschee in Berlin. Es werden Imame zur Dialogveranstaltung eingeladen, die gegen die Integration arbeiten. Das muss dringend unterbunden werden.

Gleichzeitig sollte der Dialog um andere Partner erweitert werden. Es reicht nicht, nur konservative Imame zum Dialog einzuladen und sich mit ihnen über gemeinsame Werte und Feste zu unterhalten. Denn das Hauptproblem, das die Kirchen und die muslimischen Imame haben, ist nicht ihre Beziehung zueinander, sondern ihre Beziehung zur säkularen Welt. Man muss auch mit den säkularen, kritischen Christen und Muslimen den Dialog führen, um das Zusammenleben besser zu gestalten.

Auch der reine interreligiöse, theologische Dialog muss ehrlicher geführt werden. Eigentlich wäre die Rede von Papst Benedikt XIV. in Regensburg im Jahr 2008 ein guter Anstoß gewesen für eine Debatte über das Wesen Gottes und das Gewaltpotenzial im Islam und im Christentum. Durch die Empörung der Muslime und die Beschwichtigung mancher Kirchenvertreter wurde diese Chance vertan.

... die Migrationsforschung

Die Migrationsforschung hat in der Vergangenheit wichtige Erkenntnisse geliefert. Gleichzeitig war sie teils harscher Kritik ausgesetzt, sie lasse sich von der Politik vereinnahmen, liefere keine lupenrein-objektiven Ergebnisse.

Jeder, der in der Forschung tätig ist, sollte sich im Klaren darüber sein, dass man sich nicht mit den Objekten seiner Forschung identifizieren darf. Es ist nicht die Aufgabe der Forschung, Menschen Angst zu machen oder ihnen die Angst zu nehmen. Es reicht, wenn man die Realität abbildet, wie sie ist. Man muss die Migranten weder verurteilen noch in Schutz nehmen. Man muss aber der Politik die wahre Dimension eines Problems aufzeigen, damit diese die richtigen Maßnahmen ergreifen kann.

Was aktuell noch fehlt, für die Debatte aber wichtig wäre, ist eine umfassende Studie über die Situation muslimischer Frauen in Deutschland, und zwar was die Themen persönliche

Freiheit und Selbstbestimmung angeht. Außerdem brauchen wir eine Studie über Frühradikalisierung in den Schulen; dabei muss auch die Frage beleuchtet werden, auf welche Weise radikale Kräfte die Kinder so früh erreichen können und welchen Beitrag das Elternhaus dazu leistet.

Und schließlich brauchen wir eine Studie über alle Flüchtlinge in Deutschland, nicht nur über die, die ab 2015 ins Land gekommen sind. Was ist beispielsweise aus jenen geworden, die vor 15 Jahren aus dem Irak kamen? Wie viele von ihnen sind heute gut integriert? Wie viele sind in ihre Heimat zurückgegangen? Was hat ihnen geholfen, wo hätten sie sich mehr Unterstützung gewünscht? Solche Untersuchungen können wichtige Fingerzeige geben, was wir bei den neu angekommenen Flüchtlingen besser machen können.

… die Flüchtlinge

In euren Heimatländern herrschen Krieg, Gewalt und Unterdrückung. Viele von euch haben alles verkauft oder sich verschuldet, um hierherzukommen. Viele von euch sind ohne ihre Familien gekommen. Es ist eine schwierige Situation. Dennoch könnt ihr euch glücklich schätzen. Während viele eurer Landsleute immer noch im Bombenhagel leben, seid ihr endlich in Sicherheit. Viele in der arabischen Welt beneiden euch, dass ihr nun in Wohlstand und Freiheit leben dürft. Versucht, diese positiven Seiten zu sehen, und verfallt nicht in Lethargie, auch wenn ihr manchmal das Gefühl habt, die Zeit würde stillstehen. Habt Geduld mit eurer neuen Heimat, sie wird auch Geduld mit euch haben müssen.

Atmet Freiheit und Demokratie, sie sind das Beste, was dieses Land zu bieten hat. Versperrt euren Familien nicht den Zugang dazu und importiert nicht die Krankheiten eurer Gesellschaften, die euer Land kaputt gemacht haben. Fanatismus,

Intoleranz, sektiererische Gewalt und Antisemitismus haben hier keinen Platz.

Viele Menschen in Deutschland haben ihr ganzes Leben gearbeitet und bekommen nun eine Rente, die wenig höher oder sogar niedriger ist als das, was ihr vom Staat an Mietzuschuss, Sozialhilfe, Krankenversicherung und Kindergeld bekommt. Also verharrt nicht in der bequemen Ecke des Empfängers und arbeitet an euch, damit das System weiterhin Hilfsbedürftige und Asylsuchende unterstützen kann.

Viele freiwillige Helfer haben euch monatelang geholfen und euch gegen Hass und Demagogie in Schutz genommen. Ihr solltet nun dieses Land vor dem Hass der Islamisten schützen. Lasst euch von diesen Menschenfängern nicht verführen im Namen der Religion. Sie haben dazu beigetragen, eure Länder zu zerstören, und wollen ihren Hass auch nach Europa tragen. Meldet Hassprediger und Dschihadisten, die sich unter euch gemischt haben, an die Polizei und schützt eure Kinder vor deren Propaganda.

Lernt die deutsche Sprache, denn sie ist euer wichtigster Schlüssel zur Integration. Respektiert die Gesetze dieses Landes und habt Zivilcourage, wenn ihr seht, dass eure Landsleute die Gesetze brechen. Achtet eure Nachbarn und die Art, wie sie leben. Betrachtet die Welt nicht durch die Brille der Religion und stellt euch moralisch nicht über andere. Leben und leben lassen, das ist der dritte Schlüssel zur Integration.

13

Ein Blick in die Zukunft

Damit Integration gelingt, ist – wie bereits erwähnt – eine enorme Kraftanstrengung der verschiedensten Akteure nötig. Einiges habe ich im vorangegangenen Kapitel zumindest angerissen. Manches davon wird sich umsetzen lassen, anderes vielleicht ins Reich der Sozialromantik verwiesen werden. Und manche Adressaten meiner Appelle werden diese erst gar nicht hören.

Aber ich denke, es ist klar geworden, dass wir an einer entscheidenden Wegkreuzung stehen: Wir können wie bisher nur ein wenig an den Symptomen herumdoktern, oder wir können uns an die Ursachen wagen und Erfolge wie Misserfolge klar benennen und Konsequenzen daraus ziehen.

Je nachdem können sich daraus zwei Szenarien entwickeln, die ich mit Utopie bzw. Dystopie überschrieben habe. Wobei ich hoffe, dass die Utopie keine bleiben wird!

Die Utopie

Der Staat schafft Strukturen, die eine bessere Teilhabe von Migranten ermöglichen, und beseitigt jene Strukturen, die diese Teilhabe bislang verhindert haben. Der Staat ermöglicht eine effiziente Bildung und eine bessere Qualifizierung für junge Menschen mit Migrationshintergrund. Er unterstützt sie dabei, Fuß zu fassen auf dem Arbeitsmarkt, und geht gegen Diskriminierung und Alltagsrassismus vor. Einer gemeinsamen europäischen Politik gelingt es, die Außengrenzen zu sichern und die illegale Masseneinwanderung zu stoppen. Ein Einwanderungsgesetz wird endlich auf den Weg gebracht, damit Migranten nicht länger versuchen, über den Umweg Asyl nach Deutschland zu gelangen. Das Asylrecht an sich bleibt bestehen, Schutzbedürftige werden schneller anerkannt, abgelehnte Bewerber konsequenter abgeschoben. Bundesregierung und EU schließen entsprechende Abkommen mit den Herkunftsländern.

Politik und Wirtschaft schmieden gemeinsam mit den Schulen einen Bildungspakt. Die Kinder werden frühzeitig mit den Gegebenheiten einer digitalisierten Welt vertraut gemacht, lernen gleichzeitig aber, dass diese »schöne neue Welt« ohne die alte sehr arm wäre. Die digitale Revolution vernichtet nicht nur Arbeitsplätze, auch neue werden geschaffen. Die Schulen reagieren, setzen neue Schwerpunkte bei der Wissensvermittlung.

Eine neue Wohnungspolitik bringt frischen Wind in die abgeschotteten Migrantenviertel und führt zu mehr Durchmischung der Bevölkerung. Der Einfluss der Clans wird zurückgedrängt, kriminelle Strukturen werden zerschlagen. Integrationsverhinderer werden effektiv bekämpft, das gilt für Hassprediger und Friedensrichter genauso wie für rassistische türkische Nationalisten.

Junge Muslime wenden sich vom reaktionären Islam ab. Die Gräueltaten des IS führen zu einem Umdenken unter jungen Muslimen, was den Traum vom Kalifat und die Einführung der Scharia angeht. Die politisch-gesellschaftliche Seite des Islam verliert mehr und mehr an Bedeutung, die spirituelle Seite der Religion gewinnt die Oberhand. Die neuen Theologen und Imame lösen sich von der Theologie und der politischen Bevormundung ihrer Herkunftsländer und entwickeln eine Minoritätentheologie, die der Freiheit der Individuen nicht mehr im Wege steht und die mit der Lebensrealität und den Bedürfnissen junger Muslime in einer modernen Gesellschaft kompatibel ist. So finden die gläubigen Muslime eine spirituelle Heimat, ohne sich gänzlich von ihrer Religion abwenden zu müssen.

Eine Debatte über Werte wird nicht mehr nur immer dann aus der Mottenkiste geholt, wenn ein Wahlkampf ansteht. Sie wird kontinuierlich, offen und ehrlich geführt – nicht gegen Muslime, sondern mit ihnen. Das ist die wichtigste Grundlage für ein friedliches Zusammenleben.

In meiner Utopie wächst das Bewusstsein in Deutschland, dass auch Menschen anderer Hautfarbe und anderer Religionen Deutsche sein oder werden können, wenn sie sich mit dem Land identifizieren und seine Werte ohne Vorbehalte bejahen. Die Trennlinie wird nicht mehr zwischen Migranten und »Biodeutschen«, zwischen Muslimen und Christen, sondern zwischen Demokraten und Nichtdemokraten gezogen.

Wir erleben einen Aufstand der Anständigen. Demokraten aus der Mitte der Gesellschaft, Muslime, Christen, Juden und Atheisten, wehren sich gemeinsam gegen Islamisten, gegen Links- und Rechtsextremisten. Durch die Auseinandersetzung mit den Extremen findet die Mitte eine gemeinsame Identität und entwickelt ein Gesamtkonzept, das nicht nur die Interessen der einzelnen Gruppen berücksichtigt, sondern in erster Linie die Interessen des Gemeinwesens. Wenn das gelungen ist und eine stabile gemeinsame Identität gefunden wurde, dann haben wir ein Narrativ, einen Gründungsmythos, der über die Landesgrenzen hinausreicht. Wir können zeigen, dass wir fähig sind, Differenzen zu überwinden – durch eine ehrliche Auseinandersetzung, nicht durch Verschweigen. Wir können zeigen, dass Menschen aus der ganzen Welt friedlich zusammenleben können, wenn sie nicht nur an die Freiheit glauben, sondern wenn sie diese Freiheit auch gemeinsam verteidigen.

Die Dystopie

Wir lassen alles beim Alten oder begnügen uns mit kosmetischen Korrekturen. Abschottung, Radikalisierung, Diskriminierung wachsen und bestimmen den Umgang miteinander. Politik und Wirtschaft gelingt es nicht, den Wandel in der Gesellschaft und der Welt zu gestalten. Die politische Lage auf der anderen Seite des Mittelmeers verschärft sich. Immer mehr Kriege führen dazu, dass immer mehr Staaten ihre wirtschaftliche Grundlage verlieren und immer mehr Menschen ihre Heimat. Immer mehr Migranten strömen nach Europa, die Entwicklung überfordert Politik und Wirtschaft. Darüber hinaus verändert die Digitalisierung die wirtschaftlichen Strukturen, viele Jobs gehen verloren. Jobs, mit denen auch unqualifizierte Einwanderer und Deutsche ihren Lebensunterhalt verdienen konnten, gibt es nicht mehr. Es kommt zum Aufstand der Abgehängten, die mit der neuen Welt nicht zurechtkommen. Migrantenviertel wachsen weiter und entwickeln sich immer mehr zu Magnetfeldern für Islamisten und Kriminelle.

Die Ghettos breiten sich in den Großstädten immer weiter aus, Berlin wird zu einem großen Neukölln, Duisburg zu einem großen Marxloh, Bonn zu einem großen Bad Godesberg. Hamburg, Frankfurt und Stuttgart ziehen nach. Die Islamisten starten eine Gegenoffensive gegen einen weichen, verwestlichten Folkloreislam und wollen zurück zu den Grundlagen des Glaubens, so wie sie ihn verstehen. Zurück zur Scharia als letztem Anker gegen eine Welt, die aus den Fugen geraten ist. Jetzt müssen sie nicht mehr behaupten, die Scharia sei mit der Demokratie vereinbar, denn sie brauchen den Segen der Demokratie nicht mehr. Da sie besser organisiert sind und über die besseren Strukturen verfügen, begeistern sie immer mehr junge, frustrierte Menschen, die gering qualifiziert sind und die in der Hightechwelt kaum eine Chance haben. Sie verstärken die Allianz mit den türkischen Nationalisten und den kriminellen Banden. Auch andere Migranten ohne muslimischen Hintergrund und einige verträumte Linke treten dieser Allianz bei, um der immer weiter erstarkenden Rechten etwas entgegenzusetzen.

Die Rechten haben ihre Hochburgen in kleineren Städten und auf dem Land, wo wenig Migranten leben und die Neonationalisten den Ton angeben. Die gleichen anständigen Deutschen, die früher zu den Problemen der Integration geschwiegen haben, schweigen weiter. Diesmal zum Wiederaufstieg des Rassismus. Das Land spaltet sich in kleine Enklaven auf, die kaum noch etwas miteinander zu tun haben. Der Staat verliert die Kontrolle über seine Bürger, die das Vertrauen in die staatlichen Institutionen längst verloren haben. Skepsis, Hass und Aggressivität bestimmen den politischen Diskurs und das Zusammenleben. Nur wer sich zu einer bestimmten Gruppe bekennt, wird gehört – von den anderen Mitgliedern dieser Gruppe. Alle bewegen sich in Echokammern, unabhängige Stimmen gibt es nicht mehr. Ich wandere nach Tunesien aus, wo es noch Säkularität und Freiheit gibt, und erzähle in einem orientalischen Café die Geschichte eines wunderbaren Landes namens Deutschland. Eines Landes, das vor nicht allzu langer Zeit eine funktionierende Demokratie war, dann aber alles aufs Spiel setzte und verlor, weil es nicht mehr bereit war, seine Werte zu verteidigen.

Zugegeben, ich habe die Szenarien bewusst überspitzt, aber ganz unrealistisch sind beide zumindest in Teilen nicht. Migrationsforscher, Bevölkerungswissenschaftler und Wahrscheinlichkeitsforscher können eine mildere Version der beiden Szenarien mit Statistiken und Hochrechnungen belegen. Damit die Dystopie nicht eintritt und Integration tatsächlich gelingt, nicht nur auf dem Papier, müssen sich die verschiedenen Akteure an die Arbeit machen. Jeder muss sich des Ernstes der Lage bewusst sein und alles tun, was in seiner Macht steht. Wir haben die Chance, Weichen, die in der Vergangenheit nicht oder falsch gestellt wurden, neu zu stellen. Wir haben die Chance, aus Fehlern zu lernen, vorausgesetzt, wir erkennen an, dass welche gemacht wurden. Wir haben die Chance, eine Diskussion darüber zu führen, in welcher Gesellschaft wir leben wollen. Wir sollten sie ergreifen.

Anhang

Dank

Meiner Lektorin für die hervorragende Redaktion, die kritischen Einwände und hilfreichen Anregungen. Alexander Simon und Stefan Ulrich Meyer für ihre Unterstützung.

Besonderer Dank gebührt meinen Gesprächspartnern: Seyran Ateş, Güner Balcı, Naika Fourotan, Cem Gülay, Fatma, Hasnain Kazim, Aladin El-Mafaalani, Ahmad Mansour, Aslı Sevindim, Tugay.

Außerdem möchte ich Nina Coenen, Sami Elkomi und den Geflüchteten danken, mit denen ich lange, ehrliche Gespräche führte: Abbas, Abu Dello, Derar, Karam, Mohamed, Osman, Rani, Sherif, Tamer, Zakaria und jenen, die nicht namentlich genannt werden wollten.

Quellenverzeichnis

Einführung
Das Märchen von der gelungenen Integration

1 http://www.sueddeutsche.de/politik/erdogan-rede-in-koeln-im-wortlaut-assimilation-ist-ein-verbrechen-gegen-die-menschlichkeit-1.293718-2

2 Bassam Tibi: Europa ohne Identität? Die Krise der multikulturellen Gesellschaft, München 1998, S.154

3 https://www.destatis.de/DE/Publikationen/Datenreport/Datenreport.html

4 http://www.spiegel.de/karriere/bewerbungen-muslimische-frauen-mit-kopftuch-haben-es-schwer-a-1113042.html

2
Migrationshintergrund oder Migrationsvordergrund?

1 http://www.spiegel.de/politik/deutschland/vereinigte-arabische-emirate-minister-haelt-deutsche-moschee-kontrolle-fuer-zu-lasch-a-1177841.html

3
Migration damals und heute

1 Massimo Livi Bacci: Kurze Geschichte der Migration, Berlin 2015

4
Was ist schiefgelaufen?

1 Max Frisch, zitiert in: Stich-Worte. Ausgesucht von Uwe Johnson, Frankfurt am Main 1975, S. 189

5
No-go-Areas und totale Kontrolle

1 http://www.spiegel.de/politik/deutschland/koeln-anti-terrorismus-demo-war-ein-flop-zeit-der-onkel-tom-tuerken-vorbei-a-1152870.html

2 https://www.berliner-kurier.de/berlin/polizei-und-justiz/parallelgesellschaft-die-macht-der-mafia-familien-in-berlin-28763480

6
Das Kopftuch

1 https://derstandard.at/2000056579232/Van-der-Bellen-sorgt-mit-Statement-zu-Kopftuch-fuer-Aufregung

7
»Kulturelle Kompatibilität« und Bildung

1 http://www.zeit.de/2009/05/B-Vietnamesen
2 https://www.nzz.ch/gesellschaft/vietnamesen-integrationswunder-ld.1311265
3 http://www.spiegel.de/lebenundlernen/schule/islamunterricht-schavan-befuerwortet-imame-als-religionslehrer-a-756812.html

8
Die »Generation Allah« und das Schweigen der anderen

1 Siehe dazu auch: http://www.deutschlandfunk.de/zwischen-islam-und-islamismus-verdacht.724.de.html?dram:article_id=99746

9
Orient und Okzident

1 Sahīh Muslim, kitab al-iman, Hadith 145

11
Flüchtlinge

1 Mehr dazu siehe auch unter: https://www.emma.de/artikel/der-syrer-die-deutsche-335175
2 http://www.tagesspiegel.de/kultur/pop-kultur-ohne-arabische-bands-klaus-lederer-findet-festival-boykott-widerlich/20198068.html